Erich Lutz / Michael Netscher
Handbuch ökologischer Kindergarten

Erich Lutz / Michael Netscher

Handbuch ökologischer Kindergarten

Kindliche Erfahrungsräume neu gestalten

Herausgegeben vom Bund für Umwelt und Naturschutz Deutschland (BUND)

Herder Freiburg · Basel · Wien

Danksagung

Das vorliegende Handbuch wurde vom Projekt UMWELTERZIE-HUNG IM VORSCHULALTER des Bund für Umwelt und Natur-schutz Deutschland e. V. (BUND) erstellt. Gefördert wurde die Arbeit am Handbuch durch die Deutsche Bundesstiftung Umwelt, Osnabrück. Dieser ist der BUND zu aufrichtigem Dank verpflichtet. Das Handbuch ist aber auch Ergebnis von über dreijährigen Diskus-sionen, zahlreichen Exkursionen zu Kindergärten und intensivem Erfahrungsaustausch. Für die Unterstützung unserer umweltpädago-gischen Arbeit danken wir der Deutschen Angestellten-Kranken-kasse (DAK), der Quelle AG und MOMO-Stiftung für Kinder, Um-welt und Gesundheit.

Illustrationen: Konzeption: Erich Lutz
Ausführung: Theora Krummel
Einbandgestaltung: Hermann Bausch
Einbandillustration: Barbara Theis

Inhalt

Über das Handbuch

Im vorliegenden Handbuch finden Laien und Fachleute konkrete Beispiele zur ökologischen Umgestaltung bereits bestehender Kindergärten: ErzieherInnen, Eltern, Landschaftsplaner, Architekten oder Gärtner. Aber auch beim Neubau von Kindergärten leistet das Handbuch wertvolle Hilfe.

Alle Vorschläge sind der Praxis entnommen. Sie stammen aus den Umgestaltungen der Kindertagesstätte „Klein & Groß" in Königs Wusterhausen und des Kindergartens St. Johannes in Emmendingen. Sie können deshalb auch alle problemlos umgesetzt werden. Darauf haben wir besonderen Wert gelegt. Mit dem Handbuch möchte der Bund für Umwelt und Naturschutz Deutschland (BUND) allen, die mit Kindergärten zu tun haben, Mut machen, mit der ökologischen Umgestaltung ihrer Einrichtung zu beginnen.

Spielerisches Naturentdecken und ganzheitliche Naturbegegnung gehören mittlerweile zum pädagogischen Alltag vieler Einrichtungen. Die ErzieherInnen, aber auch die Eltern, die ihre Kinder naturpädagogisch geführten Kindergärten anvertrauen, verbinden hiermit die Hoffnung:

- Kindern eine gesunde Entfaltung in naturnaher Umgebung zu ermöglichen;
- Kinder zur Liebe zur Natur, zur Achtung vor der Umwelt zu erziehen.

Will Umwelterziehung glaubhaft bleiben, ist es eine Grundvoraussetzung, daß umweltgerechtes Verhalten durch die ErzieherInnen glaubhaft vorgelebt und von den Kindern nachgelebt werden kann. Neben der umweltpädagogischen Qualifizierung der ErzieherInnen rückt die bauliche Aus- und Umgestaltung des Kindergartens in den Mittelpunkt. Diese ist orientiert an ökologischen, umweltverträglichen, gesundheitsfördernden und kindgerechten Kriterien.

Der ökologische Kindergarten nimmt im Zukunftsfähigen Deutschland, der Kampagne von BUND und MISEREOR, eine zentrale Stellung ein. Gerade Kinder zwischen drei und sechs Jahren sind besonders sensibel und empfänglich für Neues. In diesem Alter werden Normen gesetzt, die späteres Verhalten entscheidend beeinflussen. Der ökologische Kindergarten handelt zukunftsorientiert, prägt er doch Lebensstile, die mit „nachhaltig", „verantwortungsvoll" oder „im Einklang mit der Schöpfung" umschrieben werden können. Der ökologische Kindergarten ist somit Grundlage für ein „nachhaltiges Verhalten von Kindesbeinen an". Er wird zum Leitbild für eine neue, ökologisch orientierte Pädagogik, die ihre Fortsetzung in den weiterführenden Bildungsinstitutionen erfährt.

Oberstes Prinzip bei der Umgestaltung eines Kindergartens ist die Umweltverträglichkeit und Ressourcenschonung während der Arbeiten und bei der Materialauswahl. Es werden möglichst natürliche Materialien wie Holz, Natursteine, Naturfarben und -leime verwendet, die entweder biologisch abbaubar, kompostierbar oder grundwasserneutral sind. Bei der Umgestaltung wird in jedem Einzelfall geprüft, ob vorhandene Materialien wiederverwendet werden können. Anstelle neuer Stoffe und Geräte werden bevorzugt gebrauchte Produkte und Recyclingstoffe eingesetzt.

Folgende „Umgestaltungs-Abschnitte" kommen im Handbuch zur Sprache: Freiflächen, Spielplatz, Garten, Naturschutz, Umfeld des Kindergartens, Innenräume, Gebäudesanierung, Energie und Wasser sowie Ernährung.

Das Handbuch gibt Hilfe zur Selbsthilfe. Es erleichtert den ökologischen Umbau von Kindergärten. Nur wenn alle Beteiligten selbst aktiv werden und die Umgestaltung in die eigenen Hände nehmen, können sie ihren Kindergarten nach eigenen Wünschen umbauen.

Was ist jedoch zu tun, wenn es um zusätzliche Hilfe von außen geht, wie bei der Suche nach Fachleuten oder nach Kooperationspartnern? Das Handbuch gibt hierzu nützliche Hilfestellungen und verweist auf Behörden oder Institutionen, wie Umweltämter, Umwelt- und Naturschutzverbände oder Verbraucherschutzorganisationen. Sie erhalten Tips, wie Ihnen der kommunale Recyclinghof kostengünstig wiederverwertbare Baumaterialien zur Verfügung stellt oder wie Ihnen das Grünflächenamt mit heimischen Stauden und Heckenpflanzen aushilft.

Ein besonderes Augenmerk bei der Umgestaltung liegt auf den Interessen der Kinder und der ErzieherInnen, die in der Einrichtung leben und arbeiten. Immer dann ist die Motivation bei der Umgestaltung am größten, wenn alle Beteiligten schon während der Planungsphase ihre Ideen und Vorstellungen einbringen können. Wir empfehlen deshalb, jede Umgestaltung zuerst mit einer Fantasiewerkstatt zu beginnen. Hier kommen die Ideen aller zum Tragen, sie werden gewichtet, und es werden die ersten Entscheidungen getroffen.

Dann erst beginnt mit der Entwicklung eines Gesamtkonzeptes die eigentliche Planung. Das Handbuch geht hier systematisch vor. Es unterteilt die Gesamtaufgabe in einzelne Planungs- und Umgestaltungs-Abschnitte und schafft somit einen Organisationsrahmen, der übersichtlich und nachvollziehbar ist.

Was darf die Umgestaltung kosten, wo sind ihr finanzielle Grenzen gesetzt? Das sind Fragen, die bei jeder ökologischen Kindergartenumgestaltung unweigerlich den Blick auf die Finanzierung lenken. Sicher, die Kassen vieler Träger sind seit langem überstrapaziert. Deshalb zeigen wir Ihnen, wie Sie neue, unkonventionelle Wege bei der Mittelbeschaffung begehen können. Im Kapitel „Wenn's am Geld fehlt" geht es um Sponsoren und Mäzene, um Sach- und Geldspenden, um Stiftungen und Förderprogramme, kurzum, die Umgestaltung auf solide finanzielle Füße zu stellen.

Wenn ein Kindergarten ökologisch umgestaltet wird, verbinden alle Beteiligten hiermit ein Stück Hoffnung. Die Umgestaltung zeigt Wege auf, sparsamer mit Baumaterialien, Wasser oder Energie umzugehen; sie zeigt auch, wie das ErzieherInnenteam und die beteiligten Eltern und Kinder für die Umwelt sensibilisiert werden. Der ökologische Kindergarten ist somit ein idealer Lernort für umweltschonendes Verhalten und hat Vorbildcharakter. Deshalb unsere Entscheidung, die Kapitel „Zeitung und Fernsehen im Kindergarten" und „Die Umgestaltung dokumentieren" in das Handbuch aufzunehmen. Hier geht es um das kleine Einmaleins der Medienarbeit, um die Präsentation des ökologischen Kindergartens für eine breite Öffentlichkeit. Und nebenbei wird ein Kindergarten, der des öfteren in der Zeitung steht oder von dem gar im Fernsehen berichtet wird, auch interessant für mögliche Geldgeber.

Mit der ökologischen Umgestaltung eines Kindergartens kann von heute auf morgen begonnen werden. Der Umfang und die Intensität der Umgestaltung werden jedoch von Kindergarten zu Kindergarten unterschiedlich sein. Das Handbuch bietet deshalb unterschiedliche Nutzungsmöglichkeiten:

● Als Nachschlagewerk für Einzelaspekte, wie den Bau von Weidentipis oder der Anlage eines Spielhügels.

● Für Bauanleitungen und Tips zum preisgünstigen Bezug ökologischer Baumaterialien.

● Als Fachbuch für eine komplette Umgestaltung, die Schritt für Schritt nach der Anleitung des Buches vollzogen werden kann.

In systematischer Reihenfolge gibt das Handbuch Auskunft über konzeptionelles und fachgerechtes Planen, es stellt verschiedene Umgestaltungs-Abschnitte vor und gibt Informationen zur Mittelbeschaffung, Öffentlichkeitsarbeit und Dokumentation.

Querverweise am Ende der einzelnen Kapitel erleichtern die Handhabung, vertiefen und vernetzen bereits vorhandenes Wissen. Zahlreiche Grafiken und eine umfangreiche Bebilderung illustrieren den Text.

1. Die Natur in den Kindergarten bringen

Ist Ihnen eigentlich schon einmal aufgefallen, daß wir täglich den Begriff „Kindergarten" verwenden, obwohl es in den seltensten Fällen wirklich um einen Garten geht, in dem die Kinder untergebracht sind? Für viele Kindergärten wäre die Kennzeichnung „Kinderhaus mit Auslauf" wesentlich zutreffender. Im 19. Jahrhundert war sogar von „Kinderverwahranstalten" die Rede. Schon allein dieses Wort läßt uns heute eine Gänsehaut verspüren. Unseren Kindern möchten wir solche Einrichtungen keinesfalls mehr zumuten. Aber auch die „Kinderhäuser mit Auslauf" der Gegenwart sind grundsätzlich verbesserungswürdig.

Mit diesem Handbuch möchten wir einen Weg aufzeigen, wie Sie mehr Natur in den Kindergarten bringen können.

Mit der ökologischen Umgestaltung des Kindergartens können Sie heute noch beginnen. Wir haben am Anfang dieses Handbuches zehn Umgestaltungs-Vorschläge angeführt, die sofort umsetzbar sind. Sie

brauchen hierzu weder Firmen noch Fachleute, keine teuren Materialien, wenig oder gar kein Geld, Sie müssen keine langen Planungsphasen abwarten und benötigen keine Baugenehmigungen. Alles was Sie brauchen, ist ein wenig Mut und Selbstvertrauen, die Umgestaltung anzupacken.

In vielen Kindergärten haben ErzieherInnen und Eltern mit viel Eigeninitiative und Engagement Beachtliches auf die Beine gestellt. Die Bilder und Beschreibungen aus solchen Projekten sollen Ihnen im folgenden Kapitel zeigen, wie das neue Gesicht Ihres Kindergartens aussehen könnte.

2. Kindergärten bekommen ein neues Gesicht

Wo einst ein Klettergerüst aus Eisen stand, treffen sich heute die Kinder in der Baumhalle.

Spielhügel bringen Bewegung ins Gelände.

Der Heuhaufen wird bezogen.

Traumhöhlen zum Kuscheln und Sichwohlfühlen

Regenwasser aus der Dachrinne und Grundwasser aus der Pumpe beleben das Spiel.

Wo Wasser fließt, wird es spannend.

Das neu umgestaltete Außengelände wächst bald zu schönen Versteck- und Erlebnisplätzen heran.

Ein Bächlein zum Schiffe schwimmen lassen, zum Durchwaten, zum Frösche beobachten, zum Hinabspucken von der Brücke ...

Anstelle des eintönigen Rasens hat sich mit der Umgestaltung Vielfalt eingestellt.

3. Zehn Umgestaltungs-Vorschläge, die sofort in die Tat umzusetzen sind

Jeder Kindergarten weist andere Rahmenbedingungen auf. Eine Umgestaltung bedarf deshalb immer eines individuell angepaßten Konzeptes. Wir schlagen Ihnen drei Möglichkeiten vor, wie Sie die Umgestaltung Ihres Kindergartens in Angriff nehmen können. Klären sie die Situation anhand der nachfolgend beschriebenen Kriterien.

1. Fall
Sie wollen schnell und mit überschaubarem Aufwand einige Schlüsselbereiche in Ihrem Kindergarten umgestalten. Ob Sie später eine umfassende Umgestaltung durchführen wollen, haben Sie noch nicht entschieden und halten es sich noch offen.

Unser Tip: Setzen Sie unsere zehn Umgestaltungs-Vorschläge in die Tat um. Entweder Sie halten sich an unsere Reihenfolge oder Sie wählen Beispiele aus, die in Ihrem Kindergarten zunächst am einfachsten zu realisieren sind.

Wenn Sie dieses Projekt bewältigt haben, können Sie besser einschätzen, ob Sie eine umfassende Umgestaltung durchführen wollen.

2. Fall
Sie wollen umfassend umgestalten und zugleich schnelle Ergebnisse erzielen.

Unser Tip: Beginnen Sie mit unseren zehn Umgestaltungs-Vorschlägen. Stellen Sie aber die folgenden Punkte zurück: 3.2 „Das grüne Indianerdorf", 3.3 „Nanu – was wächst denn da?" und 3.5 „Es grünt so grün: mit Pflanzen den Kindergarten beleben". Es ist sinnvoll, diese Projekte in eine Gesamtplanung einzubinden und dann auszuführen, wenn ein Entwurf für das Außengelände vorhanden ist.

3. Fall
Sie wollen gleich das große Projekt einer umfassenden Umgestaltung in Angriff nehmen.

Unser Tip: Integrieren Sie unsere zehn Vorschläge in die Gesamtplanung. Durch Querverweise am Ende der Vorschläge und der einzelnen Kapitel ist die Verbindung zu allen fachverwandten Themen leicht herzustellen. Steigen Sie gleich in die Umgestaltung ein, und beginnen Sie mit der in Kapitel 4 vorgestellten Fantasiewerkstatt.

Vorschlag Nr. 1:
Die Natur – der schönste Kindergarten

Kinder sind von sich aus keine „Stubenhocker“. Sie sind unternehmungslustig, wißbegierig und immer bereit, auf Entdeckungsreise zu gehen. Deshalb gibt es keine vernünftigen Gründe, daß sich Kinder länger als unbedingt notwendig im Gebäude aufhalten. Kinder sollen, so oft es nur möglich ist, nach draußen in die Natur gehen, wo sie Erfahrungen aus erster Hand machen können.

Ob der Himmel blau oder wolkenverhangen, ob es feucht kühl oder trocken warm ist – mit der richtigen Kleidung läßt sich bei jedem Wetter etwas unternehmen! Richten Sie einen Raum ein, wo die Kinder nasse Sachen aufhängen und die Schuhe wechseln können. Damit haben Sie die wichtigste Voraussetzung geschaffen, um den Kindergarten in die Natur verlegen zu können.

Expedition in die Natur

Befindet sich Ihr Kindergarten auf dem Land oder in der Vorstadt, haben Sie einen besonders einfachen Zugang zur Natur.

In der Stadt, wo naturnahe Flächen nicht allzu häufig vorhanden sind, ist es wichtig, sich einen Überblick über das nutzbare Angebot zu verschaffen. Manchmal gibt es mehr Naturräume, als es uns auf den ersten flüchtigen Blick scheint. Neben den bekannten Grünanlagen und Parks können Grünzüge entlang der Flüsse und Kanäle lohnenswerte Ziele sein. Aber auch auf Baulücken und ungenutzten Freiflächen, die jahrelang sich selbst überlassen waren und auf denen sich ein kleiner „Urwald" entwickelt hat, können die Kinder gefahrlos spielen .

An Bach und Wiese

Wo Wasser fließt, ist immer etwas los. Hier gibt es für die Kinder unzählige Möglichkeiten zum Spielen und Entdecken. Mit Steinen oder Sand können sie einen Damm bauen und den Bach zu einem Planschtümpel aufstauen. Aus zwei Erlenblättern sind schnell kleine Segelschiffchen zusammengesteckt, die stromabwärts um die Wette schwimmen.

*Abb. 1
Blattschiffchen*

Aufmerksame und stille Beobachter entdecken vielleicht eine Blindschleiche am Ufer oder sehen eine Ringelnatter, wie sie gerade durch den Bach schwimmt. Hornissen kommen ans Bachufer geflogen und tanken Wasservorrat auf, Gelbrandkäfer hängen an Luftblasen unter der Wasseroberfläche und lauern auf Beute. Libellen tanzen über dem Wasser und werfen ihre Eier ins nasse Element ab.

Schon ein kleines Fleckchen Wiese ist ein Bilderbuch der Natur. Kräuter, Gräser und Blüten laden zum intensiven Betrachten und zum Staunen ein. Auf den Blüten der wilden Möhren treffen sich die meisten Besucher. Fliegen, Solitärbienen und Schmetterlinge holen sich dort ihre Nahrung. Eine bunte, pelzige Raupe klettert behende an einem Stengel hoch, während ein Schmetterling sich auf einer Blüte niederläßt und Nektar mit seinem langen Rüssel aufsaugt. Kaum zu glauben, daß die Raupe es fertigbringt, sich bald in einen ebenso schönen Schmetterling zu verwandeln!

Nicht nur im Frühling und Sommer ist es an Bach und Wiese interessant. Die Landschaft im Herbst wartet mit Veränderungen auf, die lohnenswerte Entdeckungen bieten. Die Zugvögel sammeln sich und fliegen nach Süden, der Bauer macht den letzten Schnitt auf seinen Wiesen, und die Pflanzen tragen Früchte und Samen. Es ist die Zeit des Erntens und Vorrätesammelns für den nahen Winter. Pflücken die Kinder Hagebutten und lesen vom Baum gefallene Äpfel auf, ist die Freude nachher im Kindergarten groß, wenn ein duftender Tee aufgegossen wird und die Falläpfel im Backofen brutzeln.

Ein Ausflug im Winter zu Bach und Wiese birgt manche Überraschung. Gab es zuvor Frost, hat das Eis am Bach bizarre Formen hervorgebracht. Flache Pfützen sind zugefroren, auf denen es sich prima schlittern läßt. Die im Frühling in bunten Farben blühende

Wiese ist unter einer Schneedecke verschwunden. Von kleinen Buckeln können die Kinder mit dem Schlitten hinuntersausen, oder sie bauen auf der Kuppe einen Schneemann, der beim nächsten Besuch freudig begrüßt wird – wenn die Sonne ihn nicht geschmolzen hat!

Im Wald Zu allen Jahreszeiten lohnt es sich, mit den Kindern in den Wald zu gehen. Ein naturnah aufgebauter Mischwald bietet die größte Vielfalt und Abwechslung. Eine Spiel- und Entdeckungstour wird dort nie langweilig. Die Kinder können verschiedene Tierfährten miteinander vergleichen, den Verlauf einer Ameisenstraße verfolgen oder dem Gesang der Vögeln lauschen. Ein umgedrehter toter Ast birgt die Überraschung, daß er gar nicht so tot ist, wie es von oben den Anschein hat: Asseln, Käfer und Pilze haben hier ihren Lebensraum.

Aber auch die Spuren und Hinterlassenschaften größerer Tiere sind im Wald zu entdecken: Ein großes tiefes Loch mag von einem Fuchs oder einem Dachs bewohnt sein. Aufgewühltes Erdreich am Wegesrand weist auf das Werk von Wildschweinen hin, und den Verbiß junger Bäumchen haben Hirsch und Reh verursacht.

Am Feld Am interessantesten sind die kleinräumig gegliederten Felder und Weiden, wo Feldgehölze stehen und Hecken die Wege säumen. Gerade dort, an den bewachsenen Wegesrändern, herrscht Vielfalt und bunte Abwechslung. Wilde Erdbeeren, Haselnuß-, Himbeer- und Brombeersträucher locken im Sommer mit ihren Früchten. Auf Steinen sonnen sich Zauneidechsen und Feuerwanzen. In feuchten Gräben leben Frösche, Molche und Kröten; Igelkolben, Iris und Vergißmeinnicht sprießen an der Böschung.

Ist ein Bauernhof in erreichbarer Nähe, lohnt sich auf jeden Fall ein Besuch. Mit vorheriger Anmeldung dürfen die Kinder bestimmt eine kleine Besichtigung machen und die Tiere im Stall beobachten und das Leben auf dem Hof erkunden.

Im Park Glücklicherweise sind heute die meisten Parks benutzerfreundlich gestaltet. Der Rasen darf betreten werden, und die Kinder können sich austoben. Viele Spiele, die im kleinen Kindergartengelände schlecht durchführbar sind, können hier ausprobiert werden: Ballspiele, Räuber und Gendarm, Drachensteigen und vieles mehr.

Barfußlaufen kann zu einem neuen, aufregenden Erlebnis werden:

Warmer Sand, feuchtes Gras, weicher Waldboden oder pieksende Splittwege reizen die Fußsohlen und senden ihre Sinnesbotschaft aus.

In vielen Parks sind Wildgehege eingerichtet, wo die Kinder Tiere beobachten können. Wildschweine fressen besonders gerne Eicheln. Von Spätsommer bis Winter können diese unter großen, alten Eichen eingesammelt werden. Hirschen oder Mufflons sind die Blätter und Schalen vom Gemüseputzen eine willkommene Abwechslung. Im Park lebende Eichhörnchen und Meisen sind oft so sehr an den Menschen gewöhnt, daß sie mit etwas Geduld Nüsse oder Sonnenblumenkerne von der ausgestreckten Hand wegholen.

Am Kanal   Kanäle in der Stadt haben oft einen begleitenden Grünstreifen, der zumindest streckenweise zugänglich ist. Abzuraten ist von Stellen, die als Steilböschungen angelegt sind. Die Kinder sollten gefahrlos ans Wasser herankommen können. Dies trifft unter anderem zu, wenn die Ufer mit einer Steinschüttung oder mit Gehölzen befestigt sind und eine Flachwasserzone vorhanden ist. Ein Kanal ist kein naturnaher Fluß, trotzdem sind aber auch dort Naturerlebnisse möglich. Bleßhühner, Möwen, Stockenten und Schwäne sind in allen städtischen Gewässern weit verbreitet und an die Nähe des Menschen gewöhnt. Ein Betrachten aus der Nähe ist den Kindern deshalb leicht möglich. Vor allem wegen der Fütterung im Winter durch viele Stadtmenschen ist es zur Massenvermehrung dieser Arten gekommen. Die Naturschutzbehörden müssen leider immer wieder Bestandsreduzierungen vornehmen. Ein gelegentliches Füttern durch die Kinder in bescheidenen Mengen ist jedoch vertretbar, geht es doch darum, ihnen ihre ersten Kontakte zu den Tieren zu ermöglichen.

Vielleicht sitzt auch ein unermüdlicher Angler am Ufer, der den Kindern seine Fische zeigt und vorführt, wie er den Angelhaken auswirft. Aufregend wird es, wenn ein großes Schiff vorbeituckert und die Wellen ans Ufer schlagen. Wer traut sich zu, bis zuletzt am Wasser stehen zu bleiben und, erst kurz bevor das Wasser aufspritzt, wegzuspringen?

Auf der Freifläche   Freiflächen mit sogenannter Ruderalvegetation (das sind Pflanzen, die eine unbewachsene Fläche zuerst besiedeln) sind für Kinder ein ideales Gelände, weil sie dort ungestört spielen können und viele Möglichkeiten des Gestaltens haben. Nur auf eines muß geachtet werden: Die Freifläche sollte nicht das örtliche Hundeklo sein!

Wo keine Autos fahren und selten Menschen gehen, hat sich die Natur schnell ihren Platz zurückerobert: Beifuß, Springkraut, Brennnessel und Quecke sind überall zu finden. Distel und Goldrute locken Schmetterlinge und Hummeln an. Über die Mauern rankt wilder Hopfen und Efeu.

Material, das zum Spielen gut geeignet ist, liegt fast immer herum: Pflastersteine, Ziegel und alte Bretter. Damit ist schnell eine Hütte gebaut! Sandhaufen laden zum Graben ein, und von Buckeln kann hinabgesprungen werden. In den Büschen läßt es sich prima verstecken. In Wasserlachen zappeln die Mückenlarven, und vielleicht sind sogar Kaulquappen und Wasserläufer zu entdecken.

Städte und Gemeinden sollten gezielt Freiflächen zum Spielen bereitstellen und erhalten. Außer dem Gelände selbst bedarf es wenig: Es sind keine teuren Spielobjekte anzuschaffen, und es ist keine aufwendige Infrastruktur anzulegen! Wenn es möglich ist, sollten mit einem Bagger oder Radlader Gräben und Löcher ausgehoben und ein paar Hügel aufgeschüttet werden. Schon ist das schönste Spielparadies fertig! Die Einflüsse von Natur und Kindern verschaffen dem Gelände ein ständig neues Gesicht, wodurch Abwechslung garantiert ist.

Zur weiteren Information lesen Sie:
Ausflüge im Kapitel „Grüne, kindgerechte Stadtlandschaften" auf Seite 236;
Spielen mit Naturmaterialien im Kapitel „Der Naturbauplatz" auf Seite 171.

Vorschlag Nr. 2: Das grüne Indianerdorf

Das Indianerspielen nimmt nach wie vor auf der Beliebtheitsskala der Kinder einen hohen Rang ein und konnte auch nicht von moderneren Spielen verdrängt werden. Mit diesem Vorschlag wollen wir Ihnen nachfolgend beschreiben, wie Sie mit den Kindern ein kleines Indianerdorf bauen und wo die Kinder nach Herzenslust Indianer spielen können. Ein kleines Hüttendorf ist aber auch für viele andere Spielideen zu gebrauchen, wie „Verstecken" oder die bei Kindern beliebten Familienrollenspiele. Das Dorf wird für die Kinder immer attraktiv sein, und am besten schreiten Sie gleich zur Tat und beginnen mit der Ausführung.

Das wichtigste an einem Indianerdorf sind die Tipis! Keine Angst, Sie brauchen nicht auf Büffeljagd zu gehen und Leder zu gerben. Die Hülle der Indianerhütten läßt die Natur wachsen! Sie müssen nur eine Starthilfe geben und ab und zu regulierend eingreifen. Wie das funktionieren soll? Ganz einfach – wir nehmen als Baumaterial lebende Weidenruten. Das Winterende, bevor die Weiden austreiben, ist die richtige Zeit, Stecklinge zu schneiden.

Das Naturschutzgesetz verbietet allerdings, von Weiden Steckhölzer abzuschneiden. Aus diesem Grund wenden Sie sich direkt an die Forstbehörden oder an die Grünflächenämter, die Ihnen eine Erlaubnis erteilen oder die Stecklinge zur Verfügung stellen. Sofern Sie finanziell in der Lage sind, können Sie Stecklinge auch in der Baumschule kaufen. Diese lagern Stecklinge manchmal bis zum Frühjahr im Kühlhaus, um den Austrieb zu hemmen. Denn es ist eine mit wenig Erfolg gekrönte Arbeit, schon ausgetriebene Stecklinge zu verwenden. Die feinen Wurzeln brechen leicht ab, und der Steckling welkt dahin. Im Gegensatz dazu können Steckhölzer in Winterruhe recht ruppigen Umgang vertragen. Sie lassen sich unter anderem anspitzen und mit einem Hammer in den Boden treiben.

Für den Bau eines Tipis brauchen Sie:
– 30 bis 40 Steckhölzer in Besenstielstärke und einer Länge von 2,50 m
– 50 Stecklinge in Fingerstärke und einer Länge von 1,50–2 m
– 2 m Kokosstrick

Die Arbeit beginnt mit dem Ausheben eines Grabens: 50 cm tief und mit einem Kreisdurchmesser von 1,50 m. Wir empfehlen, ein sonniges Plätzchen auszuwählen, denn Weiden sind lichthungrig und kümmern im Schatten.

Stellen Sie zunächst vier Stecklinge als Grundgerüst in den Graben, und binden Sie oben die Enden mit einem Stück Kokosstrick zusammen. Bringen Sie nun die restlichen langen, dicken Stecklinge in einem Abstand von 20–30 cm voneinander im Graben an, und lehnen Sie die Enden an die Spitze des Grundgerüstes. Lassen Sie eine Lücke dort, wo der Eingang sein soll. Binden Sie jetzt alle Stecklinge mit einem weiteren Kokosstrick oben zusammen. Flechten Sie anschließend die dünnen Stecklinge von oben diagonal durch die dicken Stangen, und ziehen Sie das Ende bis unten in den Graben durch. Auf diese Weise wird das Tipi sehr dicht und stabil. Alle Hölzer haben bei dieser Bauweise Bodenanschluß und können austreiben.

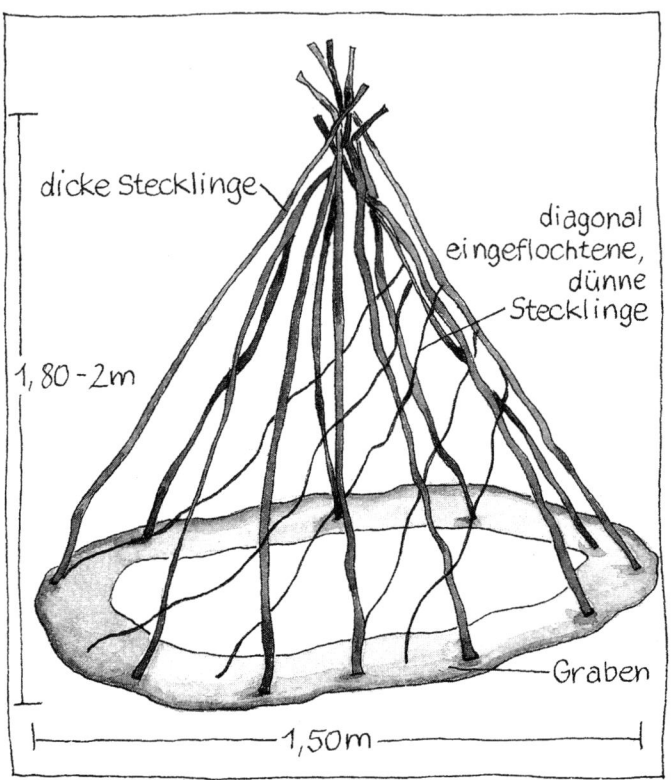

diagonal
eingeflochtene,
dünne
Stecklinge

dicke Stecklinge

1,80 - 2m

Graben

1,50m

Abb. 2
Gerüst des
Weidentipis

Haben sie es soweit geschafft, kann der Graben mit Erde verfüllt werden. Wichtig ist die Beseitigung von Hohlräumen, in denen die Wurzeln leicht austrocknen können. Spülen Sie mit einem festen Strahl aus einem Gartenschlauch die Erde in alle Ritzen. Danach können Sie der Natur die weitere Arbeit überlassen. Sie wird dem Tipi ein schönes grünes und dichtes Kleid bescheren.

Was ist zu tun, wenn nur kurze Stecklinge aufzutreiben sind? Auch damit können Sie Weidenhütten bauen. Es ist nur etwas mehr Geduld aufzubringen, bis die Triebe in die Höhe gewachsen sind. Bringen Sie 30 Steckhölzer in einem Kreis von der Größe wie oben beschrieben in die Erde. Stecklinge unter 60 cm Länge können ohne Graben gesteckt werden. Mit einer spitzen Eisenstange oder einem alten, angespitzten Spatenstiel sind schnell Löcher vorbereitet.

Als Faustregel gilt: Je kürzer die Stecklinge sind, desto größer ist derjenige Teil, der in den Boden kommt. Bei einer Länge von 60 cm kommt etwa die Hälfte des Holzes in den Boden, bei 20 cm sind es 15 cm.

Verflechten Sie die neuen Seitentriebe miteinander und binden Sie die Leittriebe dann oben zusammen. Nach einer, aber höchstens nach zwei Vegetationsperioden ist das Tipi ausgewachsen. Flechten Sie in den folgenden Jahren immer wieder die neuen Triebe in die grüne Wand ein. Sie erhalten auf diese Weise eine schöne, dichte Hütte. Später ist dann ein gelegentlicher Rückschnitt sinnvoll, der Ihnen praktischerweise neue Stecklinge beschert, die im Öko-Kindergarten immer Verwendung finden.

Für den Bau einer Hütte sind rund drei Stunden zu veranschlagen. Wenn alles reibungslos klappt, ist ein kleines Indianerdorf in ein bis zwei Tagen „bezugsfertig" aufgebaut! Mit etwas Fantasie können Sie das Indianerdorf später weiter ausschmücken: Die Mitte des Dorfes ist ein geeigneter Platz, um eine Feuerstelle anzulegen, der Dorfeingang wird von einem geschnitzten und bemalten Totempfahl bewacht. Als Sitzgelegenheiten und Tische dienen Abschnitte aus Baumstämmen.

<u>Geeignete Weidenarten:</u>
– Salix purpurea (Purpurweide)
– Salix viminalis (Korbweide)

Zur weiteren Information lesen Sie:
Lebendbau mit Weiden im Kapitel „Lebende Spielgeräte aus Weiden" auf Seite 141;
Feuerstelle im Kapitel „Feuerzauber" auf Seite 155;
Blockhütten im Kapitel „Blockhütten aus dem wilden Westen" auf Seite 161.

Vorschlag Nr. 3
Nanu – was wächst denn da?
Ein Gärtchen für Kinder

Nirgendwo finden Kinder eine bessere Gelegenheit, Kreisläufe und Zusammenhänge in der Natur mitzuerleben als in einem von ihnen selbst betreuten Garten. Das Gärtchen für Kinder muß nicht viel Platz einnehmen. In der Welt der Kinder wird eine bepflanzte Kiste oder ein Hochbeet schon zu einem kleinen Garten.

Kinder gärtnern besonders gerne in Hochbeeten. Alles, was im Gärtchen passiert, ist in bequemer Griff- und Augenhöhe. Für eine Einfassung sind Baubohlen oder alte Dielenbretter hervorragend geeignet.

Am liebsten hätten es die Kinder natürlich, wenn sie das am Morgen Ausgesäte mittags schon essen könnten. Das Wachsen der Pflanzen und Reifen der Früchte dauert ihnen viel zu lange. Der Ungeduld der Kinder sollten die BetreuerInnen vorbeugen und sie so anleiten, daß immer eine kleine Attraktion im Gärtchen vorhanden ist. Es sollte nicht alles im gleichen Stadium wachsen, sondern das Keimen, Blühen und Früchtetragen sollte möglichst parallel zu beobachten sein. Hierzu sind einige Vorbereitungen zu treffen: Auf den Fensterbänken im Gruppenraum können in kleinen Kistchen schon ab Februar Gemüsepflänzchen herangezogen und dann im Frühjahr von den Kindern in ihr Hochbeet umgepflanzt werden. Während Kohlrabi und Tomaten dann schon große Blätter haben, können Radieschen und Möhren noch ausgesät werden.

Nicht alle verwertbaren Pflanzen und Früchte müssen später auch geerntet werden. Es ist für die Kinder bestimmt eine Neuheit, einmal zu erleben, wie blühender Schnittlauch oder hochgeschossener Salat aussieht.

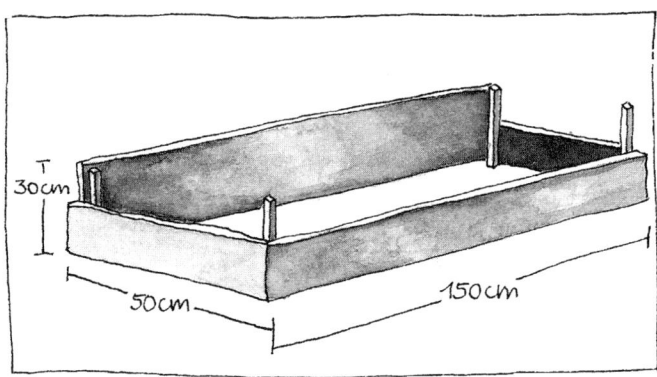

Abb. 3
Hochbeet

Für die Anlage des Gärtchens wählen Sie einen sonnig und abseits des Spielbereichs gelegenen Platz. Das Bauholz für die Hochbeete muß nicht neu sein, es können durchaus Reste und gebrauchte Stücke verwendet werden. Das Holz sollte jedoch unbehandelt und nicht mit Farben oder Holzschutzmitteln gestrichen sein. Die Höhe und die Breite der Beete richtet sich nach der Größe der Kinder. Sie sollten bequem bis zur Mitte greifen und von allen Seiten an das Hochbeet herankommen können.

Sägen Sie, wie in der Zeichnung angegeben, die Länge der Bretter zurecht, und schlagen Sie vier angespitzte Kantholzpfähle in den Boden. Daran schrauben Sie mit Messingschrauben (rostfrei!) von außen die Bretter an. Achten Sie darauf, die Unterkante der Bretter in den Boden zu versenken, damit Gießwasser und Erde nachher nicht nach außen davonfließen. Die Brettoberkante sollte am Schluß glatt- und rundgeschliffen werden, um Verletzungen zu vermeiden. Die Kanthölzer müssen oben mit den Brettern abschließen, überstehende Teile sind abzusägen.

Diese Konstruktion wird mindestens fünf Jahre halten. Wer Langlebigeres bauen möchte, greift am besten gleich zu Klinkern und mauert unter Verwendung von Kalkmörtel Hochbeete aus Stein.

Aufgefüllt werden die Beete mit einer Mischung halb und halb aus Gartenerde und Kompost. Eine besonders gute, nährstoffreiche Erde erhalten Sie durch eine Beigabe von Pferdemist, der in einer Lage zuunterst eingebracht wird. Die Verrottungswärme fördert zusätzlich das Wachstum der Pflanzen. In Hochbeeten gedeihen Wurzelgemüse besonders prächtig, da sie im tiefgründigen Boden viel Platz zur Entfaltung haben. Auch alle Stickstoff liebenden Pflanzen wie Tomaten, Gurken und Zucchini entwickeln sich gut.

Gibt es in der Nähe des Kindergartens einen Reitweg oder eine Pferdekoppel, ist die Beschaffung von Pferdemist kein Problem. Beim nächsten Ausflug sind die Kinder mit Schäufelchen und Tüten ausgerüstet. Mit ein bißchen Glück warten die schönsten Pferdeäpfel aufs Mitnehmen. Aus hygienischen Gründen sollten die Kinder die Pferdeäpfel natürlich nicht mit der Hand anfassen.

Zur weiteren Information lesen Sie:
Garten für Kinder im Umgestaltungs-Abschnitt: „Garten" auf Seite 187.

Vorschlag Nr. 4
Kompostieren – kinderleicht!

Viele organische Abfälle sind zum Wegwerfen in den Müll viel zu schade. Aus ihnen läßt sich durch Kompostierung wertvoller Humus herstellen, der im ökologisch umgestalteten Kindergarten immer dringend gebraucht wird.

Was alles - kompostierbar ist

Kompostierbar sind alle Küchenabfälle (außer Fleisch und Knochen): Schalen, Blätter und Strünke vom Gemüseputzen, Kaffeesatz, Teeblätter und Filtertüten sowie Papier und Pappe, wenn sie unbeschichtet und nicht stark bedruckt sind. Um Ratten und Mäuse nicht anzulocken, sollten Küchenabfälle mit Erde abgedeckt werden. Außerdem können Sie alle Gartenabfälle, kleingeschredderte Äste und Rasenschnitt auf den Kompost bringen. Allerdings darf Gras nur angewelkt und nicht in zu dicken Lagen aufgetragen werden. Es bilden sich sonst unter Umständen ungünstige Fäulnisprozesse. Wir raten deshalb, das Heu mit lockerem Material wie Holzhäcksel, Papier und Laub zu mischen.

Zur Kompostierung ungeeignet

Schalen von Citrusfrüchten können bei der Kompostierung Probleme bereiten. Häufig werden sie von Schimmel befallen und verrotten schlecht. Weitere Nachteile sind die Behandlung der Schale mit verschiedenen chemischen Substanzen und die hohen Rückstände von Bioziden. Falls Sie einen Versuch mit der Kompostierung von Citrusschalen unternehmen wollen, bringen Sie nur biologisch angebaute Früchte auf den Kompost. Da die ätherischen Inhaltsstoffe eine schnelle Zersetzung hemmen, fördern Sie die Verrottung durch das Kleinschneiden und Vermischen mit anderen Abfällen.

Glas, Metalle und Kunststoffe haben auf dem Kompost nichts zu suchen. Ungeeignet sind auch Milchtüten, Staubsaugerabfälle, Asche, Bauschutt und Farbreste.

Der richtige Kompostplatz

Alles, was Sie brauchen, ist ein geeigneter Platz und eine Einfassung, die das uferlose Ausbreiten des aufgehäuften Materials verhindert. Der richtige Ort ist windgeschützt und beschattet. Denn unter dem Einfluß von Wind und Sonne kann der Kompost schnell austrocknen, was den Abbauprozeß zum Erliegen bringen kann. Zur Vorbeugung empfehlen wir, morgens oder abends gründlich zu wässern. Andererseits sollte bei lang anhaltendem Regen durch eine Abdeckung ein starkes Vernässen verhindert werden. Trockenheit und Nässe sind extreme Zustände, die dem Lebensmilieu der Kleinlebewesen nicht entsprechen.

Gut eignet sich ein Platz unter einem großen Haselnußstrauch oder anderen Laubgehölzen. Im Sommer ist für ausreichend Schatten gesorgt und wenn im Herbst die Äste unbelaubt sind, spenden die letzten Sonnenstrahlen noch etwas Wärme. Der Boden darf keinesfalls versiegelt sein, da sonst den Regenwürmern und Kleinlebewesen der Zugang zum Kompost verwehrt ist.

Zwei Varianten eines Kompostgatters und ein Sieb zum Selbstbau beschreiben wir im Kapitel „Ein Platz für das Gold des Gartens" auf Seite 196.

Wann der Kompost reif ist

Im Sommerhalbjahr ist die Rotte nach etwa sechs Monaten abgeschlossen. Über den Winter dauert es ein Vierteljahr länger. Lassen Sie den fertigen Kompost nicht länger als drei Monate liegen, sonst werden die Nährstoffe ausgewaschen.

Was können Kinder im Kompost entdecken?

Die Verwandlung von Abfall zu frischem Humus ist im Kompost mit bloßem Auge nicht zu beobachten, aber Sie können die Kinder den Verrottungsprozeß fühlen lassen. Wenn Sie einmal eine größere Menge „Futter" auf den Kompost gebracht haben, wird sich in den nächsten Tagen die Temperatur deutlich erhöhen. Sie wird von Bakterien verursacht und kann bis auf 70°C ansteigen.

Um den Kindern die sichtbaren Kleinlebewesen zu zeigen, die im Kompost das organische Material zersetzen, entnehmen Sie aus seiner Mitte eine Probe. Verteilen Sie das Material flach in einer hellen Entwicklerschale oder auf einem großen weißen Teller. Jetzt können die Kinder gut beobachten, was dort alles krabbelt und sich kringelt. Noch besser sind die Tiere unter einer Lupe oder einem Binokular zu sehen. Mit einem Bestimmungsbuch für Insekten gelingt es vielleicht, einige der Tiere zu erkennen. Machen Sie mit einem Fotoapparat eine Nahaufnahme, dann haben Sie die Tiere „im Kasten". Aus einem großen Papierabzug können die Kinder einzelne Tiere ausschneiden und auf einen Bogen Papier kleben.

Zur weiteren Information lesen Sie:
Kompost im Kapitel „Ein Platz für das Gold des Gartens " auf Seite 196;
Garten für Kinder im Umgestaltungs-Abschnitt: „Garten" auf Seite 187.

Vorschlag Nr. 5
Es grünt so grün: mit Pflanzen den Kindergarten beleben

Begrünung von Fassaden

Es ist denkbar einfach, mit wenig Arbeitsaufwand grüne Vielfalt und Leben in den Kindergarten zu bringen. Allzu häufig gibt es kahle und häßliche Fassaden, die zur Begrünung geradezu auffordern. Ohne großen Aufwand lassen sich Wände mit anspruchslosen Selbstklimmern verschönern. Diese übernehmen selbst die Arbeit des Hochkletterns und Festhaltens. Das Anbringen von Rankgerüsten erübrigt sich hier. Für die Sonnenseiten eignet sich Wilder Wein, für die schattigeren Seiten Efeu.

Ein Loch von 30 bis maximal 50 cm Tiefe wird ausgehoben und mit einer Mischung aus Humuserde und Kompost im Verhältnis 1:1 verfüllt. Da Wein und Efeu aus Baumschulen meist mit Erde in kleinen Containern angeboten werden, können sie von Frühjahr bis Herbst gepflanzt werden. Ein Rückschnitt um ca. ein Drittel verbessert die Anwuchschancen. Als Starthilfe können die jungen Triebe an Stöckchen angebunden und zur Wand gerichtet werden. In der ersten Vegetationsperiode ist regelmäßiges Wässern erforderlich, danach haben sich die Wurzeln in die Tiefe entwickelt und überstehen auch längere Trockenzeiten.

Direkt am Haus ist der Boden oft versiegelt. Betonplatten, die in Sand verlegt sind, können leicht aufgenommen werden. Eine Lücke von einer halben Platte in der Größe von 50 mal 25 cm reicht schon aus, um ein bis zwei Pflanzen zu setzen.

Beton- oder Asphaltflächen erschweren das Graben eines Pflanzloches. Ist ein Aufbrechen undurchführbar, besteht immer noch die Möglichkeit, Steintröge oder Pflanzcontainer aufzustellen.

Vor einer Pflanzaktion sollte allerdings die Fassade auf Schäden untersucht werden. Eventuell vorhandene schadhafte Flächen sind gründlich auszubessern, denn das neue grüne Kleid des Kindergartens sollte nicht schon bald wieder durch eine notwendige Fassadensanierung zerstört werden. Eine intakte Fassade wird durch Begrünung zusätzlich geschützt. Sie mildert die Temperaturunterschiede, verringert die Windgeschwindigkeit direkt an der Außenwand und dämpft die Aufprallenergie von Niederschlägen. Weder

Es ist erstaunlich, aus welch bescheidenem Erdraum sich dieser üppige Wein entfaltet.

Mit Haftscheibchen kleben die Triebe des Wilden Weins auch an glattesten Mauern.

Efeu noch Wilder Wein greifen die Substanz des Wandmaterials an. Efeu hält sich mit Haftwurzeln, die nicht der Nährstoffversorgung dienen, an der Fassade fest. Wilder Wein bildet kleine Triebe mit Haftscheibchen aus, die winzige Harztröpfchen aussondern.

Sind später trotzdem einmal Baumaßnahmen an den Wänden durchzuführen, können Wein und Efeu zur Not zurückgeschnitten werden. Wenn dadurch auch die meisten oberirdischen Teile der Pflanzen verlorengehen, so ist wenigstens ihr Wurzelstock gerettet, der später wieder austreiben kann. Allerdings ist zu bedenken, daß auf einer Baustelle mit Grün nicht gerade zimperlich umgegangen wird. Deshalb müssen die Pflanzen und ihre Wurzelbereiche mit Bretterverschalungen gründlich gesichert werden! Steht fest, daß in absehbarer Zeit an der Fassade gearbeitet wird, gibt es eine andere Methode, Grün an die Wände zu bringen.

Im Kapitel „Das Bohnenwettrennen" auf Seite 191 unterbreiten wir dazu einen **Vorschlag:** Lassen Sie die Kinder an der Hauswand ein Wettrennen um die schnellste Bohne veranstalten!

Begrünung von Freiflächen

Die Ausgangslage eines Kindergarten-Außengeländes sieht oft so aus: eine große Rasenfläche, in die verschiedene Spielgeräte eingestreut sind , einige vereinzelte Sträucher und Bäume am Rande! Hier ist es das vorrangige Ziel, die Monotonie zu vertreiben und durch eine fantasievolle Gestaltung bei der Anpflanzung von Gehölzen neue, interessante Räume zu schaffen, die den Kindern viele Spiel- und Versteckmöglichkeiten bieten. Ein Teil des Rasens zum Ballspielen und Toben sollte sicherlich erhalten bleiben. Irgendwo an einem ruhigen und hellen Winkel darf das Gras aber auch einmal stehen bleiben, damit sich eine kleine Wiese entwickeln kann. Je nährstoffärmer der Boden ist, desto mehr Blumen werden sich entfalten. Düngen Sie deshalb die entstehende Wiese keinesfalls.

Bei der Auswahl der zu pflanzenden Arten sollte den heimischen Sträuchern wie Hartriegel, Sanddorn, Holunder, Haselnuß u.a. der Vorzug gegeben werden. Diese haben den Vorteil, wesentlich robuster gegen Krankheiten und Schädlingsbefall zu sein. Auch bieten sie der heimischen Tierwelt den notwendigen Lebensraum und das entsprechende Nahrungsangebot. So haben die Kinder die Möglichkeit, wesentlich mehr Tiere im Kindergarten zu entdecken.

Wir raten Ihnen, sich für Ihre erste Pflanzaktion nicht gleich das ganze Außengelände vorzunehmen, sondern gestalten Sie zunächst einige Teilbereiche neu. Pflanzen Sie eine Hecke am Zaun, wo jetzt vielleicht noch eine Lücke gähnt, und gestalten Sie einen kleinen Versteckplatz.

Gehölze pflanzen Sie am besten im Frühjahr oder Herbst. Fragen Sie bei den Grünflächenämtern oder bei der Forstbehörde nach, ob diese Ihnen einige Gehölze überlassen können. Oft werden weniger schön gewachsene Exemplare aussortiert, die aber bestens für eine naturnahe Anpflanzung geeignet sind.

Für den Tag der Pflanzaktion sollten Sie vorher einige Vorbereitungen treffen. Es sollte überlegt werden, welche Arbeiten die Kinder übernehmen können, welche KollegInnen mitmachen und wie die Eltern einbezogen werden können. Darüber hinaus müssen Werkzeug und Material bereit stehen.

Fertigen Sie eine kleine Skizze vom Pflanzabschnitt an und tragen Sie darin ein, an welcher Stelle Sie was pflanzen wollen. Wenn Sie nicht über ausreichende Pflanzenkenntnisse verfügen, ist es vorteilhaft, noch in der Baumschule oder beim Grünflächenamt Etiketten an den Pflanzen festzubinden. Dadurch ersparen Sie sich gegebenenfalls ein großes Rätselraten darüber, was Sie später im Kindergarten in die Erde bringen.

Wenn es soweit ist, achten Sie besonders auf die Wurzeln der Pflanzen. Diese sind gegen mechanische Verletzungen und gegen Austrocknung besonders empfindlich. Lagern Sie die nichtverwendeten Pflanzen auf jeden Fall im Schatten, und decken Sie die Wurzeln mit einer Folie oder mit Erde ab.

Naturnah pflanzen Sie, wenn Sie die Gehölze in Gruppen oder in „Rotten", wie Fachleute sagen, anordnen. Nehmen Sie fünf oder acht Gehölze einer Art, und graben Sie Löcher im Abstand der halben Höhe der Pflanze. Hat die Pflanze beispielsweise eine Höhe von 100 cm, dann beträgt der Abstand zum nächsten Strauch 50 cm.

Nach dem Verfüllen mit Erde muß der Wurzelballen mit dem Schuh oder der Faust angedrückt werden, um die Hohlräume zu schließen. Anschließendes Wässern und ein Pflanzschnitt verbessern den Anwuchserfolg.

Die neue Pflanzung braucht natürlich Schonzeit. Erst wenn die Sträucher gut angewachsen sind und eine gewisse Größe erreicht haben, die sie vor dem Zertreten und dem leichten Zweigabbrechen schützt, können Sie den Kindern das Versteckspiel im neuen Grün, zunächst noch zeitlich begrenzt, erlauben. Problematisch kann die Verdichtung des Bodens im Wurzelbereich werden, wenn viele Füße dieselben Pfade austreten. Hierzu empfehlen wir, eine dicke Mulchauflage aus Herbstlaub oder aus Häckselmaterial unter den Sträuchern auszubringen.

<u>Pflanzen zur Fassadenbegrünung:</u>
– Parthenocissus quinquefolia ‚Engelmannii‘
– Parthenocissus tricuspidata ‚Veitchii‘ (Wilder Wein)
– Hedera helix (Efeu)

<u>Gehölze für die Freiflächen:</u>
– Berberis vulgaris (Berberitze)
– Cornus mas (Cornelkirsche)
– Cornus sanguinea (Hartriegel)
– Corylus avellana (Haselnuß)
– Hippophae rhamnoides (Sanddorn)
– Potentilla* (Fünffingerstrauch)
– Ribes* (Johannisbeere)
– Rosa, Wildformen (Rose)
* in Arten und Formen

Zur weiteren Information lesen Sie:
Begrünung im Kapitel „Ein grünes Kleid für Haus und Dach“ auf Seite 79;
Bäume pflanzen im Kapitel „Die sanften Riesen ...“ auf Seite 88;
Schnelle Fassadenbegrünung im Kapitel „Das Bohnenwettrennen“ auf Seite 191.

Vorschlag Nr. 6:
Lecker und gesund: ein vollwertiges Frühstücksbuffet

Frühstück im Kindergarten soll eine kleine Attraktion sein, auf die sich die Kinder schon zuhause, bevor sie sich auf den Weg machen, freuen.

Das Frühstück wird zu einem attraktiven Erlebnis, wenn die Kinder sich an einem schön hergerichteten Buffet ihr Essen selbst zusammenstellen können. Beginnen Sie den Einstieg zum Vollwertfrühstück folgendermaßen: Stellen Sie auf einen langen Tisch Schüsseln mit Getreideflocken von Gerste, Hafer, Weizen und Dinkel, dazu ungezuckerte Vollkorn-Cornflakes, Rosinen (ungeschwefelt), Haselnüsse oder Mandeln und frisches Obst nach Saison. Bieten Sie frische Milch und Naturjoghurt zum kurzen Einweichen an. Vollkornbrot, Kräuterquark, Käse und andere Brotaufstriche ergänzen das Buffet.

Durch eine vollwertige Ernährung und den weitgehenden Verzicht auf isolierte Zucker (Rübenzucker, Glucose, Saccharose u. a.) wird das übermäßige Verlangen auf Süßes bei den Kindern allmählich abklingen. Den neu hinzugekommenen Kindern können Sie die Umstellung erleichtern, wenn Sie zum Müsli Trockenfrüchte mit hohem natürlichem Zuckergehalt anbieten (Datteln, Feigen, Bananen, Rosinen).

Ein gekauftes Müsli aus Getreideflocken ist eigentlich nur für Ausnahmefälle gedacht, wenn ein richtiges Frischkornmüsli nicht zubereitet werden kann. Nach dem Quetschen der Körner sind wichtige Vitamine und Enzyme nur noch wenige Tage haltbar. Wochenlang gelagerte Flocken haben daher bereits viel von ihrer ursprünglichen Qualität eingebüßt. Aus diesem Grund empfehlen wir, für den Kindergarten eine eigene Kornquetsche anzuschaffen, mit der Getreideflocken selbst herzustellen sind.

Für ein Müsli aus gemahlenem Frischkorn ist eine Getreidemühle erforderlich. Sie eröffnet Ihnen noch weitere Möglichkeiten: Weil Getreidekörner lange haltbar sind, können Sie größere Mengen günstig einkaufen und lagern. Mit dem frisch gemahlenen Korn als Grundlage können Sie eine Vielzahl vollwertiger Gerichte zubereiten.

Das grob geschrotete Getreide wird am besten bis zum nächsten Morgen im Kühlschrank mit Wasser oder Milch eingeweicht. Morgens kann dann lau angewärmte Milch nachgefüllt werden, um den Schrotbrei auf Zimmertemperatur zu bringen. Am Frühstücksbuffet können sich die Kinder dann selbst ein Müsli nach ihrem Geschmack mit den Zutaten zusammenstellen, wie sie oben bereits erwähnt wurden.

Kinder haben ein wesentlich geringeres Körpergewicht als Erwachsene, nehmen aber im Verhältnis zu ihrem Eigengewicht wesentlich mehr Nahrung zu sich als die Erwachsenen. Dies liegt u. a. an der Aufbauphase des Organismus der Kinder. Aus diesen Gründen kommt der Ernährung der Kinder besondere Bedeutung zu, und es sind in Bezug auf Giftrückstände in den Lebensmitteln und Vollwertigkeit der Speisen viel strengere Maßstäbe anzulegen.

Das neue, vollwertige Angebot im Kindergarten darf auf keinen Fall mit Druck oder Zwang verbunden sein. Die Kinder würden dann automatisch, vielleicht ihr ganzes Leben lang, eine gesunde Ernährung mit „Schikane" gleichsetzen.

Weil die Kinder natürlich auch zu Hause in der Familie essen und von dort Eßgewohnheiten übernehmen, muß auf jeden Fall eine Situation vermieden werden, in der die Kinder von einem Ernährungskonzept zum anderen hin- und hergerissen werden. Die Eltern sollten deshalb frühzeitig zur Zusammenarbeit motiviert werden, um die Ernährung im Kindergarten und zuhause zu harmonisieren.

Zur weiteren Information lesen Sie:
Ernährung im Umgestaltungs-Abschnitt: „Ernährung" auf Seite 283.

Vorschlag Nr. 7:
Wo der Holzwurm gern zuhause wäre:
Spiel- und Bastelmaterial ohne Chemie

Beim Spielen und Basteln treten die Kinder in engen Kontakt mit einer schier unüberschaubaren Zahl von Stoffen, mit denen die Spiel- und Bastelmaterialien hergestellt und verpackt sind. Sie berühren diese Stoffe mit ihrer Haut, atmen die Ausdünstungen ein oder nehmen sogar Teile davon in den Mund, die sie unter Umständen versehentlich verschlucken.

Da wäre es nur folgerichtig, wenn Spiel- und Bastelmaterialien nach den strengsten Bestimmungen und unter Anwendung des Lebensmittelrechtes hergestellt werden würden. Dies trifft leider nicht zu. Das Lebensmittel- und Bedarfsgegenständegesetz und die DIN EN 71/3, die hierzu herangezogen werden könnten, weisen zuviele Lücken auf und können zu leicht umgangen werden. Auch Produkte, die eine Bezeichnung wie „Bio", „Öko" oder „umweltfreundlich" tragen, müssen noch lange nicht schadstofffrei sein und das einhalten, was sie vorgeben zu versprechen.

Der Kunststoffanteil beim Spielzeug hat einen immer größeren Umfang angenommen. Es kommen Materialien wie PVC (Polyvinylchlorid), ABS (Acryl-Nitril-Butadien) oder PS (Polystyrol) zum Einsatz, die alle in höchstem Maße die Gesundheit gefährden (vgl. hierzu „Baubiologische Sanierung von A-Z" auf Seite 247ff.). Als Sofortmaßnahme sollte der „Spielzeugpark" des Kindergartens einer Begutachtung unterzogen und bedenkliche Materialen entfernt werden. Wir empfehlen Ihnen, beim Aussortieren Fachleute hinzuzuziehen, die Sie u. a. bei den Verbraucherzentralen, den verschiedenen Umwelt-Instituten und baubiologischen Beratungsstellen finden.

Naturbelassene Bretter sind ein universelles Spielmaterial.

Entsorgen Sie auf jeden Fall möglichst umgehend alle Teile, die in der Gruppe „Sofort zum Sondermüll" aufgeführt sind. Ersetzen sie das Spielzeug durch neues, giftfreies und umweltfreundliches Spiel- und Bastelmaterial.

Sofort zum Sondermüll

konventionelle Farben und Lacke;
Pinselreiniger, Klebstoffe, lösemittelhaltige Filzstifte;
Spielzeug, Bastelmaterial, Folien, Geräte und Spielfiguren aus PVC und ABS-Kunststoff;
leere Knopfzellen und Nickel-Cadmium-Batterien (ersetzen durch umweltfreundliche Batterien)

Zum Recyclinghof

Holzspielzeug mit buntlackierten Oberflächen; kaputtes Spielzeug aus Metall; Textilien und Spielzeug mit Anilin- und Azofarben; Alt-Textilien aus Kunstfasern und Naturtextilien mit sog. „Ausrüstung" (Formaldehyd, Kunstharze); Stofftiere aus Polyacryl; Pappkartons (Formaldehyd!)

Zur Weiterverwendung

wenig oder nichtlackiertes Holzspielzeug; Papier und Pappe; Spielzeug aus Polyethylen und Naturkautschuk; ungiftige Farben (wasserlöslich); Naturtextilien

---

Eine qualifizierte fachliche und pädagogische Beratung in einem Spielzeugladen zu finden, ist schon äußerst schwierig. Wenn es um Auskünfte über die Bestandteile und die gesundheitsgefährdenden Risiken bei den verwendeten Materialien geht, ernten Sie meistens nur Schulterzucken. Im Naturwarenhandel können Sie eine bessere fachliche Beratung und Betreuung erwarten. Dieser vorteilhafte Service rechtfertigt die etwas höheren Preise als im Kaufhaus oder im üblichen Spielzeughandel.

Entscheiden Sie sich für Spielzeug und Material aus naturbelassenem Holz, das allenfalls mit ungiftigen Naturfarben bemalt ist. Vermeiden Sie Holz aus den Tropen und aus nicht nachhaltig betriebenem Waldbau. Im Zweifelsfalle bestehen Sie auf einer schriftlichen Bestätigung des Händlers. Auf Kunststoffe sollten Sie verzichten, da nur sehr schwer alle Inhaltsstoffe auszumachen sind.

Greifen sie auf Dinge zurück, welche die Kinder draußen in der Natur selber sammeln können und gerne zum Spielen verwenden: Kieselsteine, Fichtenzapfen, Eicheln, Sägekeile von der Baumfällung, Stöcke und vieles mehr. Nehmen Sie Kontakt zu einem Sägewerk oder einer Schreinerei auf und bitten sie um Abfallholz. Eltern oder Helfer im Kindergarten können dann die Kanten und ungehobelten Flächen glätten.

Das bunte Riesenpuzzle

Nehmen Sie einen DIN-A 0-Bogen Papier und teilen Sie ihn mit Bleistift in einzelne Puzzlesegmente auf. Schneiden Sie die Teile aus, und übertragen Sie die Umrisse auf passende Sperrholz- oder Brettstücke. Sägen Sie mit einer Stichsäge die Holzpuzzleteile aus. Am besten draußen im Pavillon oder auf einer ebenen Plattenfläche legen Sie das Puzzle zusammen, um es bemalen zu können. Ist die Farbe trocken, sollten die Holzteile allseitig mit einem farblosen Naturharzlack gestrichen werden. Nach der Trocknung wird es spannend, wenn das bunte Puzzle wieder zusammengesetzt wird. Ist auch auf der Rückseite ein Bild, ist das Puzzle abwechslungsreicher, allerdings aber auch schwieriger zu lösen.

Selbstverständlich übernehmen die Kinder die Herstellung. Beim Aussägen der Puzzleteile können Erwachsene mit einer elektrischen Stichsäge den Kindern zur Hand gehen!

Für Bastelarbeiten mit Papier und Pappe sind selbstgemachte Klebstoffe voll ausreichend. Der Kartoffel- und der Gummikleber sind sogar beim Verschlucken ungefährlich.

Rezept Kartoffelkleber

Wasser und Kartoffelstärkemehl zu einem Brei verrühren. Fertig ist der Klebstoff! Es sollten immer nur kleine Portionen angerührt werden, die am gleichen Tag aufgebraucht werden. Reste sollten in ein Glas gefüllt und in den Kühlschrank gestellt werden, da es sich eigentlich um ein Lebensmittel handelt, das schnell verdirbt.

Rezept Gummikleber

Eine Portion Gummiarabikum (Granulat oder kleine Brocken) in ein Glas füllen und Wasser hinzugießen. Hin und wieder die Mischung umrühren. Nach einigen Stunden haben sich die festen Teile aufgelöst. Gegebenenfalls noch etwas Wasser nachgießen, bis ein zähflüssiger Brei entsteht. Bezüglich der Haltbarkeit gilt das gleiche wie für den Kartoffelkleber.

Wohin mit den kaputten Spielsachen?

Nicht jedes kaputte Spielzeug muß gleich weggeworfen werden! Oft lassen sich mit Fantasie aus alten Teilen neue Dinge herstellen. Die Räder vom demolierten Puppenwagen können für den Bau einer Seifenkiste verwendet werden, aus alten Spielkisten kann ein Kasperletheater und aus dem alten Fahrrad ein Wasserrad am Bächlein gebaut werden.

Was sich nicht mehr zur Weiterverwendung lohnt, kann auf den Kompost und damit wieder in den Naturkreislauf eintreten – sofern die Bestandteile aus organischem Material bestehen: Holz, Holzwolle, Pappe, Papier, Stroh etc. Fragen sie deshalb beim Neukauf Ihren Händler auch nach der Kompostierbarkeit seiner Produkte!

Zur weiteren Information lesen Sie:
Klebstoffe im Kapitel „Baubiologische Sanierung von A-Z" auf Seite 253;
Spielzeug im Kapitel „Baubiologische Sanierung von A-Z" auf Seite 261 f.

Vorschlag Nr. 8:
Die Werkstatt: Wo kostbare Schätze zu entdecken sind

Die Werkzeuge der Erwachsenen üben auf Kinder eine starke Faszination aus. Anders als mit dem meist unbrauchbaren „Kinderwerkzeug" können sie mit den großen Geräten so arbeiten, wie sie es bei den Eltern und anderen Erwachsenen gesehen haben.

In vielen Kindergärten gibt es eine eigene kleine Werkstatt, die der Hausmeister oder die Erzieherinnen für gelegentliche Reparaturen und Arbeiten nutzen. Leider ist es aber oft so, daß den Kindern der Zugang ins geheimnisvolle Reich des Werkzeuges verwehrt bleibt.

Warum eigentlich? Wenn Sie einige Vorkehrungen treffen, dann können die Kinder spannende Entdeckungen machen und viele neue Erfahrungen gewinnen. Die Werkstatt muß natürlich vor dem Besuch aufgeräumt sein. Herumliegende Teile und Geräte dürfen nicht zur Unfallgefahr werden. Wenn es soweit ist, gehen Hausmeister oder Erzieher mit einer kleinen Gruppe Kindern zur Werkstatt und öffnen die Tür …

Beim ersten Werkstattbesuch dürfen die Kinder alles anschauen und entdecken. Am großen Schraubstock können sie ausprobieren, ob sie genug Kraft haben, solange zu drehen, bis ihr eingespannter Stock bricht. Mit einer kleinen Bügelsäge können sie versuchen, den Stock sauber durchzusägen, ohne daß das Sägeblatt aus der Sägefurche hüpft. Wenn vom Stock noch etwas übriggeblieben ist, können die Kinder mit Hammer und Nägel zwei Brettchen auf dem Stock befestigen: Fertig ist ein Flugzeug!

Richtigen Spaß macht die Sache aber erst dann, wenn große Träume und Wünsche verwirklicht werden können. Diese können bei den Kindern ein Kasperletheater oder eine Seifenkiste sein. Mit drei Sperrholzplatten und einem Vorhang ist ein Puppenschauspielhaus bald eröffnet; aus einem Brett, den Rädern eines alten Kinderwagens, dem alten Fahrrad-Kindersitz und einigen Besenstielen ist ein kleiner „Flitzer" schnell zusammengebaut.

Jungen und Mädchen sollten auf jeden Fall zusammen ihre Werkzeugerfahrungen machen können. So kann den sich manchmal unbewußt geförderten Rollenmustern entgegengewirkt werden.

Fehlt die Werkstatt im Kindergarten, sollten Sie den Kindern trotzdem den Umgang mit richtigem Werkzeug ermöglichen. Richten Sie hierzu in den Gruppenräumen eine Werkstattecke mit einer kleinen Werkbank, Werkzeugschränken und Arbeitsmaterial ein.

Zur weiteren Information lesen Sie:
Werkzeug im Kapitel „Die Werkstatt auf Rädern" auf Seite 173;
Klebstoffe im Kapitel „Baubiologische Sanierung von A-Z" auf Seite 253.

Vorschlag Nr. 9
Alles blitzblank mit dem Ökoputzschrank

Das wirklich Verblüffende am Ökoputzschrank ist seine Einfachheit. Mit wenigen Reinigungsmitteln, die Sie sogar selbst herstellen können, lösen Sie alle Pflege- und Schmutzprobleme im Kindergarten. Zusätzlich haben Sie die Sicherheit, daß alle verwendeten Materialien umweltverträglich und bei richtiger Anwendung ungefährlich und ungiftig sind. Die einzelnen Zutaten erhalten Sie in Drogerien und in Geschäften, die sich auf „Do-it-yourself-Kosmetik und -Reiniger" spezialisiert haben. Wer nicht in der Nähe wohnt, kann auch über den Versandhandel bestellen.

Inzwischen wirbt auch die Industrie mit der Umweltfreundlichkeit ihrer Produkte. Ein phosphatfreies Waschmittel muß aber noch lange nicht umweltfreundlich sein. Ersatzstoffe und andere Beigaben sind nach wie vor problematisch.

Die Herstellung der Reiniger für den Ökoputzschrank können Sie mit wenigen Handgriffen und in kurzer Zeit im Kindergarten vornehmen. Das spart Geld und macht obendrein noch Freude, die eigenen Mittel auszuprobieren.

Verschließen Sie aber auch den Ökoputzschrank, und bauen Sie ihn an einem für die Kinder unzugänglichen Ort auf. Essig, Zitronensäure und Spiritus könnten beim Hautkontakt oder Verschlucken gefährlich werden!

Der Baukasten für den Ökoputzschrank

Wasser Aufgrund seiner physikalischen Struktur besitzt Wasser sehr gute lösende Eigenschaften und ist für sich alleine genommen schon ein hervorragendes Reinigungsmittel. Viele leichte Verschmutzungen lassen sich mit Wasser beseitigen.

Weiches Wasser ist kalk- und mineralienarm und zum Waschen und Reinigen am besten geeignet. Für die Waschmaschine brauchen Sie keine oder nur geringe Mengen Entkalker hinzuzufügen. Als Waschmittel können Sie Seifenflocken verwenden.

Hartes Wasser löst reine Seife schlecht auf. Beim Waschen kann sich die sogenannte Kalkseife als Film auf der Wäsche und den Oberflächen der Waschmaschine absetzen. Um ein Seifenwaschmittel nutzen zu können, muß in diesem Fall entweder eine Entkalkungsanlage oder eine Brauchwasseranlage mit Regenwassernutzung installiert werden. Eine übliche Methode der Entkalkung funktioniert nach dem Prinzip des Ionenaustausches. Hierbei werden die das Wasser hart machenden Mineralien gegen Kochsalz ausgetauscht. Der Nachteil liegt in der Salzbelastung des Abwassers. Aus diesem Grund sollte dem umweltfreundlichen Waschen mit Regenwasser der Vorzug gegeben werden.

Härtebereiche			
1	2	3	4
sehr weich	weich	hart	sehr hart
0–7°	8–14°	15–21°	> 21°
	Grad deutscher Härte		

Auskunft über die Zusammensetzung und den Härtegrad des Leitungswassers geben die Wasserwerke.

Manchmal sind die Gesundheitsämter nicht bereit, Brauchwasseranlagen zu genehmigen und führen hygienische Bedenken an („Vogelkot vom Dach würde in das Brauchwassernetz gelangen!"). Die heute auf dem Markt befindlichen Anlagen berücksichtigen dieses Problem. Erst nach einer Wartezeit, wenn der Regen die Verschmutzungen vom Dach gespült hat, wird das Wasser über Filter in den Auffangbehälter geleitet. Wasseruntersuchungen haben keine zu beanstandenden Verkeimungen in Regenwasserzisternen ergeben.

Seife Fette haben die Eigenschaft, sich leicht verseifen zu lassen. Deshalb können alle fetthaltigen Verschmutzungen gut mit Seife gereinigt werden. Kernseife ist hart und wird mit Natronlauge hergestellt. Mit ihr können Hände gewaschen und Flecke in Textilien vorbehandelt werden. Schmierseife ist weich und entsteht unter Zuhilfenahme von Kalilauge. Da sie sich schnell in Wasser löst, kann sie dem Wischwasser für Fußboden, Fliesen, Kacheln und Fenster beigegeben werden. Reine Seifen sollten immer nur mit weichem Wasser des Härtebereiches 1 angewendet werden.

Zitronensäure Alle kalkhaltigen Verschmutzungen sind mit verdünnter Zitronensäure entfernbar. Waschbecken, Fließen, WC und Edelstahlarmaturen können damit gereinigt werden. Auch Obstflecke lassen sich damit erfolgreich behandeln.

Essig Ähnlich wie Zitronensäure hat Essig entkalkende Eigenschaften. Er kann vielseitig als Reiniger in Küche und Waschräumen eingesetzt werden. Zudem ist er wirksam gegen Schimmelbildung und desinfiziert.

Bimssteinmehl Hartnäckigen Schmutz auf unempfindlichen Oberflächen können Sie mit mechanischen Mitteln leicht entfernen. Eine Mischung aus Bimssteinmehl und Seife ergibt ein hervorragendes Scheuermittel.

Pottasche Pottasche (Kaliumkarbonat) verstärkt die Reinigungskraft von Schmierseife.

Rezepte für die Herstellung:

Allzweckreiniger
– 900 ml destilliertes Wasser
– 100 ml Schmierseife
– 10 g Pottasche
– 5 Tropfen natürliches Duftöl

Schmierseife, Pottasche und Wasser in ein Gefäß geben und im Wasserbad unter ständigem Rühren langsam auf ca. 50°C erhitzen, bis die

Seife sich aufgelöst hat. Abkühlen lassen und das Duftöl einrühren, wenn das Gemisch handwarm ist. Zum Gebrauch in ein verschließbares Gefäß füllen (keine Getränkeflaschen verwenden!).

Fensterreiniger
– 500 ml Brennspiritus
– 500 ml destilliertes Wasser
Spiritus und Wasser in einem Gefäß verrühren oder in einer großen Flasche schütteln. Die Gebrauchsmenge in eine Sprühflasche füllen. Den Fensterreiniger auf das Glas sprühen und mit einem Tuch nachwischen. Zur Vermeidung von Streifen Fenster nicht bei Sonne reinigen.

Scheuermittel
– 800 g Bimssteinmehl
– 200 g Seifenpulver (aus gemahlener Kernseife)
– 5 Tropfen natürliches Duftöl
Die Zutaten gründlich miteinander verrühren und dann in Gebrauchsgefäße abfüllen. Das Scheuermittel sollte mit weichem Wasser oder mit Regenwasser angewendet werden.

Fußboden-
reiniger
– 5–10 cm³ Allzweckreiniger (siehe oben)
– 5 l Wasser (Regenwasser)
Je nach Verschmutzungsgrad den selbst hergestellten Allzweckreiniger mit dem Wischwasser vermengen. Soll zusätzlich der Boden gepflegt und vor schneller Verschmutzung geschützt werden, ist ein nachträgliches Einwachsen zu empfehlen. Viele Bodenreiniger enthalten Wachse, die mit Hilfe von Emulgatoren wasserlöslich gemacht worden sind. Wischen und Pflegen kann dadurch zwar in einem Arbeitsgang durchgeführt werden, aber das wasserlösliche Wachs und sein Glanz sind leider schnell wieder vom Fußbodenbelag verschwunden. Der Mehraufwand beim Einwachsen wird durch die lange Wirksamkeit wieder wettgemacht. Das Wachs kann mit einem Tuch oder mit Kehrspänen aufgetragen werden.

Kehrspäne und
Bodenwachs
– 500 g Sägespäne
– 400 ml Sojaöl
– 20 g Bienenwachs
Sojaöl und Bienenwachs in ein Gefäß geben und im Wasserbad unter Rühren erhitzen. Wenn die Zutaten miteinander verschmolzen sind, das Wachs zu den Sägespänen gießen und ständig umrühren. Für ein Bodenwachs ohne Kehrspäne 8 Teile Sojaöl mit 1 Teil Bienenwachs mischen.

**Geschirr-
Spülmittel** Essensreste am Geschirr sind meist fettig und lassen sich besser entfernen, wenn die Schmierseife mit einem Emulgator kombiniert wird. Geeignete Emulgatoren sind z. B. Tegomuls oder Tween 80. Tegomuls nicht direkt einrühren, sondern erst eine Wasserpaste herstellen. Hierzu 20 g Tegomuls und 180 ml destilliertes Wasser in ein Glas füllen und im Wasserbad unter ständigem Rühren auf ca. 70°C erhitzen. Danach gleich verwendbar.
– 400 g Schmierseife
– 400 ml destilliertes Wasser
– 200 g Wasserpaste oder Tween 80
Seife, Wasser und Emulgator in ein Gefäß füllen und im Wasserbad erhitzen. Solange rühren, bis alle Bestandteile gut gelöst sind. Nach dem Abkühlen auf Handwärme einige Tropfen Zitronenöl beimengen. Das Spülergebnis ist mit weichem Wasser hervorragend, bei hartem Wasser kann es zu Rückständen auf dem Geschirr kommen.

Zur weiteren Information lesen Sie:
Regenwassernutzung im Kapitel „Die Hälfte des Wassers!" auf Seite 278 f.

Vorschlag Nr. 10:
Kommt gar nicht in die Tonne! – Mülltrennung und -vermeidung im Kindergarten

In der Natur sind alle Stoffe in Kreisläufe eingebunden und werden immer wieder aufs neue verwertet. In der Natur treten zwar auch Abfallstoffe und Energieverluste auf, aber kein Müll. „Müll" ist eine Erfindung der Menschen und kennzeichnend für eine Wirtschaftsweise, die nicht auf Nachhaltigkeit und Schonung der Ressourcen bedacht ist.

Die Kreislaufwirtschaft der Natur ist ein hochintelligentes und perfekt entwickeltes System, das unserer primitiven und auf Kurzsichtigkeit angelegten „Müllwirtschaft" haushoch überlegen ist. Was liegt näher, als in diesem Punkt von der Natur zu lernen?

Im ersten Schritt, es der Natur gleichzutun, untersuchen wir den Müllberg im Hinblick darauf, was er uns als Wertstoffspender zu bieten hat.

Im zweiten Schritt wollen wir Müll von vornherein vermeiden. In unserem Vorschlag Nr. 5 „Kompostieren – kinderleicht" haben wir dargelegt, wie Sie aus organischen Abfällen wertvolle Humuserde gewinnen können. Die Kompostierung hat Ihren „Müllberg" damit ein gutes Stück schrumpfen lassen. Jetzt ist der Zeitpunkt gekommen, an dem Sie Ihr Augenmerk auf die anorganischen Bestandteile in Ihrem „Müll" richten sollten. In der nachfolgenden Tabelle haben wir in der linken Spalte von A bis Z das aufgelistet, was leider häufig im Kindergarten als „Müll" weggeworfen wird. In der rechten Spalte führen wir auf, welchen Wertstoff der „Müll" enthalten kann. Die Tabelle „Wertstoffe" informiert über deren Wiederverwertung.

„Müll"	Wertstoff
Alu-Folien	Aluminium
Bänder und Schnüre	Baumwolle, Hanf, Sisal
Fensterscheiben	Fensterglas
Flaschen	Glas
Folien	Aluminium
Geschirr (Scherben)	Porzellan, Keramik, Steingut
Getränkedosen	Aluminium, Weißblech
Gläser	Glas
Joghurtbecher-Deckel	Aluminium
Karton	Pappe, Zellulose
Kisten	Holz
Konservendosen	Weißblech
Säcke, Beutel	Jute, Baumwolle
Schnuller	Latex, Kautschuk
Schraubdeckel	Aluminium, Weißblech
Tapeten	Papier, Zellulose
Transport-Paletten	Holz
Verpackungen	Papier, Pappe
Verschlüsse	Kork, Aluminium, Weißblech, Zinn
Zeitungen	Papier, Pappe

Wertstoffe **Ressourcenschonung und Wiederverwertung**
Aluminium Statt Joghurt in Bechern lieber in Pfandgläsern kaufen! Das noch anfallende Rest-Aluminium zum Recycling geben
Baumwolle Stoffreste zum Basteln und Nähen aufheben (mit Stoffstreifen kleinen Flickenteppich weben, Vogelscheuche für den Garten bauen); Kleidung und Gewebe aus Baumwolle in die Altkleidersammlung oder zum Recycling geben
Fensterglas Bruchstücke nicht in die Glascontainer werfen. Fensterglas kann nicht zusammen mit Flaschenglas eingeschmolzen werden; gesondert zum Recycling geben
Glas Einweggläser mit Deckeln für das Aufbewahren von Lebensmitteln, Utensilien und Materialien zum Basteln einsetzen; überzählige Gläser in die Glascontainer bringen
Hanf Schnur- und Gewebereste zur Weiterverwendung aufheben; zum Kompostieren kleinschneiden
Holz Brauchbare Teile zum Basteln oder für den Natur-Bauplatz aussortieren; unbehandeltes Abfallholz kleinschreddern und kompostieren; Brennholz für die Feuerstelle aufheben; lackiertes Holz und Spanplatten zum Recyclinghof bringen
Jute Jutereste zum Basteln verwenden; Jutegewebe als Schutzflies unter einer Teichfolie verwendbar; zum Kompostieren kleinschneiden
Kork Zum Basteln verwenden oder zum Recycling geben
Latex, Kautschuk Naturlatex und -kautschuk kann auf den Kompost, evtl. kleinschneiden

Papier und Pappe   Wiederverwertung beim Verpacken und beim Basteln, aber auch zum Fensterputzen gut geeignet; Überschuß zum Recycling geben; lackierte und stark bedruckte Papiere in den Restmüll geben
Porzellan, Keramik, Steingut   Angeschlagenes Geschirr für eine Schatzsuche vergraben oder für einen Polterabend sammeln; Scherben sind beim Wegebau im Untergrund verwendbar
Weißblech   Konservendosen sind als Aufbewahrungsbehälter im Lager, in der Werkstatt und anderswo vielseitig nutzbar, allerdings müssen scharfe Ränder stumpfgehämmert werden;   Weißblech können Sie in dafür bestimmte Container oder zu einem Recyclinghof bringen
sonstige Materialien   In Städten und Gemeinden sind Abfallberater angestellt, die Beratungsstunden anbieten oder telefonisch Auskunft erteilen. Wenn Sie über die Wiederverwertung eines Gegenstandes im unklaren sind, holen sie sich dort Rat.

Erkundigen Sie sich zunächst, welche Wertstoffe in der Gemeinde gesammelt werden und wo Sammelbehälter stehen. In manchen Orten fahren auch Recyclingmobile turnusmäßig durch die Straßen. Auch Umweltverbände, Naturkostläden und Umweltinitiativen sammeln verschiedentlich einzelne Wertstoffe. Falls nicht schon die Gemeindeverwaltung Container für die Mülltrennung bereitstellt, schaffen Sie sich unterschiedliche Kisten oder Tonnen an, in denen Sie die Wertstoffe sammeln können.

Wenn Sie eine konsequente Mülltrennung betreiben, werden Sie sehr schnell feststellen, daß sich das Abfallvolumen auf eine kleine Menge nicht wiederverwertbaren Restmülls verringert hat. Sie haben jetzt viel Luft in den Hausmülltonnen und können davon einige abbestellen oder eine kleinere beantragen. Dadurch sparen Sie Geld, das sie für wichtigere Dinge im Kindergarten einsetzen können.

Die Recycling-Karawane Wenn sich die Wertstoffbehälter gefüllt haben, wird es Zeit, die Recycling-Karawane auf den Weg zu schicken. Die Kinder beladen kleine Leiterwagen mit all jenen Wertstoffen, die nicht selbst von der

Gemeinde abgeholt werden. Ist alles bepackt, setzt sich die Recycling-Karawane zu den nächsten Sammelcontainern in Bewegung.

Eine richtige Karawane macht sich natürlich nicht leer auf den Rückweg. Führt der Weg an einer Tischlerei, einem Sägewerk oder einem Park vorbei, gibt es viele lohnenswerte Dinge zum Mitnehmen: Holzreste, Sägespäne, Äste, Steine, Eicheln, Kastanien, Fichtenzapfen und vieles mehr.

Die Mülltrennung ist der Einstieg in die Müllvermeidung

Mülltrennung und Recycling sind auf jeden Fall die besseren Alternativen zu der umweltschädigenden „Ex-und-hopp"-Kultur. Doch auch bei der Herstellung von Produkten aus recycelten Wertstoffen werden Energie und zusätzliche neue Rohstoffe verbraucht. Schadstoffe und Abfälle entstehen und belasten die Umwelt.

Konsequenter und umweltschonender ist es deshalb, Müll gar nicht erst zu produzieren, sondern ihn von vornherein zu vermeiden. Das ist im Alltag und im Kindergarten in vielen Fällen möglich. Die folgende Checkliste ist Ihnen bei der Durchführung einer Müllvermeidungsstrategie behilflich.

Checkliste Müllvermeidung

 Geben Sie die Verpackung von Waren dem Lieferanten gleich wieder mit zurück.

 Gehen Sie grundsätzlich mit Taschen oder Körben zum Einkaufen. Kaufen Sie Lebensmittel und Waren in Groß- oder Nachfüllpackungen, geben Sie Mehrwegbehältern den Vorzug. Nehmen Sie Behältnisse zum Einkauf mit, und lassen Sie sich die Ware im Laden abfüllen.

 Bevorzugen Sie lokale Produkte. Sie leisten damit einen Beitrag, lange Transporte zu vermeiden. Energie wird gespart und Schadstoffe werden vermieden.

 Kaufen Sie direkt beim Erzeuger. Machen Sie einen Bio-Bauernhof mit Direktvermarktung in Ihrer Nähe ausfindig. Transportwege zu Zwischenhändlern und Verpackungsmaterial entfallen.

Kaufen Sie bevorzugt Gegenstände, die langlebig sind, keine problematischen Schadstoffe enthalten und recycelbar oder kompostierfähig sind.

 Bitten Sie die Eltern, den Kindern Essenssachen nicht in Plastiktüten und Papier einzuwickeln. Empfehlen Sie die Benutzung von Brotdosen und Mehrweg-Trinkflaschen.

 Verzichten Sie im Kindergarten auf Hand- und Taschentücher aus Papier. Empfehlen Sie den Eltern Stofftaschentücher für die Kinder (ein Baumwolltuch kann hundertmal gewaschen werden – ein Papiertuch keinmal!).

Wo Müll vermieden wird, werden viele Abfallkörbe überflüssig!

 Zur weiteren Information lesen Sie:
Kompost im Kapitel „Vorschlag Nr. 4: Kompostieren – kinderleicht" auf Seite 34;
Regenwassernutzung im Kapitel „Die Hälfte des Wassers!" auf Seite 278f.;
Energie sparen im Umgestaltungs-Abschnitt: „Energie" auf Seite 269.

4. Mit einer Fantasiewerkstatt beginnt die Umgestaltung

Die Umgestaltung eines Kindergartens ist ein spannendes und mit vielen neuen Erfahrungen verbundenes Unternehmen. Eine Vielzahl von Fragen sind zu beantworten, Planungsschritte zu bedenken und ein gutes Stück Arbeit zu bewältigen. Aus diesen Gründen ist es vorteilhaft, das ganze Projekt zeitlich und inhaltlich zu gliedern, um es überschaubar zu machen.

Für den Einstieg in Ihr Vorhaben sollten Sie sich von Bedenken, Schwierigkeiten und noch ungelösten Fragen freimachen. Fantasie, Ideen und Kreativität sind die wichtigen Dinge, denen Sie sich zu Anfang widmen sollten.

Körperliche Entspannungsübungen während einer Fantasiewerkstatt befreien den Geist.

Ergebnis einer kreativen Fantasiewerkstatt: ein Modell aus Naturmaterialien des zukünftigen Kindergartens

Deshalb schlagen wir Ihnen vor: Beginnen Sie die Umgestaltung des Kindergartens mit einer Fantasiewerkstatt! Diese führen Sie am besten zunächst im engeren Kreis Ihrer Kollegen und Kolleginnen durch. Weitere Fantasiewerkstätten mit der Einbeziehung der Eltern, Vorgesetzten und anderen verantwortlichen Angestellten aus der Behörde oder dem Trägerverein sind denkbar.

Die Durchführung einer Fantasiewerkstatt bedarf einer Moderation, um den roten Faden im Auge zu behalten und auf Ergebnisse hinzusteuern.

Die vier Schritte einer Fantasiewerkstatt

1. Schritt: Fantasiereise

Schaffen Sie eine angenehme, streßfreie Atmosphäre. Beginnen Sie die Sitzung mit dem Vorschlag, eine Fantasiereise in einen imaginären, ökologischen Kindergarten zu unternehmen. Alle malen sich den Kindergarten nach ihren Träumen, Wünschen und Vorstellungen aus. Es gibt keine Tabus, Einschränkungen und Bedenken hinsichtlich der Realisierbarkeit. Wer ungestört und alleine reisen möchte, kann sich zurückziehen. Vereinbaren Sie einen Zeitpunkt, zu dem Sie sich wieder treffen.

2. Schritt: Reiseberichte

Der Reihe nach berichten alle „Reisenden" von ihren Vorstellungen und Bildern. Wer gerade erzählt, sollte ermuntert und nicht kritisiert werden. Notieren Sie sich Schlüsselwörter und Vorschläge. Das geschieht am besten an einer großen Tafel oder auf großen Papierbahnen, die Sie an die Wand heften. Schreiben Sie mit Kreide oder dicken Buntstiften die Ideen in die passende Rubrik. Titel für Rubriken könnten sein: Natur im Kindergarten, Gestaltung im Außengelände, kindgerechte Innenräume, Ernährung, Spielzeug, das Umfeld des Kindergartens u. a.

3. Schritt: Reiseabstecher

Nachdem reihum alle berichtet haben und die wichtigsten Punkte festgehalten wurden, bringen Sie mit dem 3. Schritt neue Gesichtspunkte ein. Machen Sie einen Reiseabstecher zu bereits vorhandenen „Sehenswürdigkeiten". Das können Berichte und Darstellungen aus schon umgestalteten Kindergärten sein. Vergleichen Sie diese Informationen mit den zuvor festgehaltenen Berichten. Diskutieren Sie, was von den neuen Anregungen übernommen oder was variiert werden könnte.

4. Schritt: Reisekatalog

Aus den Reiseberichten und dem Reiseabstecher stellen Sie einen „Reisekatalog" zusammen, in den Sie all das aufnehmen, was Sie sich für Ihren Kindergarten als wünschenswerte ökologische Umgestaltung vorstellen. Illustrieren Sie Ihre Texte mit Bildern und Zeichnungen aus eigener Hand oder kopieren Sie Fotos, Ansichten und Pläne aus der Fachliteratur.

Werten Sie die Fantasiewerkstatt aus, und tragen sie die Ergebnisse in einem Bericht zusammen. Führen Sie nun Gespräche mit den Verantwortlichen aus dem Trägerverein des Kindergartens oder den zuständigen Behördenvertretern mit dem Ziel, von dort Unterstützung für die Umgestaltung und noch weitere Anregungen zu erhalten.

Nach diesen Gesprächen sollten Ihre Vorstellungen soweit gereift sein, daß Sie in groben Zügen wissen, was und wie Sie umgestalten wollen. Als nächsten Schritt benötigen Sie nun die Unterstützung von Fachleuten, damit Ihr Projekt realisiert werden kann.

5. Gut geplant ist halb umgestaltet!

Bei einer umfassenden Umgestaltung eines Kindergartens ist es unmöglich, alle einzelnen Schritte im Kopf zu behalten und dann auch richtig umzusetzen. Aus diesem Grund ist es notwendig, für die Umgestaltung eine Planung durchzuführen. Die Planung umfaßt die Beschreibung und Dokumentation des Ist-Zustandes des Kindergartens und die Entwürfe mit den Baubeschreibungen der geplanten Objekte und Maßnahmen.

Als nächsten Schritt begeben Sie sich auf die Suche nach Fachleuten für die Planung.

5.1 Mit der Unterstützung durch Fachleute geht alles leichter

Bei der Suche nach Fachleuten stehen zwei Fragen am Anfang: Welche Fachleute kommen in Frage, und wo sind sie zu finden? Die folgende Tabelle soll Ihnen hierüber Aufschluß verschaffen.

Aufgaben	Fachleute	Einrichtungen
Gebäude-sanierung	Architekten, Statiker, Baubiologen	private Büros, Bauämter
Innenausbau oder -umbau	Architekten, Innen-architekten, Bau-biologen, Umwelt-chemiker	private Büros, Institute
Haushalten, Verwaltung, Instandhaltung	Umweltberater	private Büros, Institute, Umweltämter

Aufgaben	Fachleute	Einrichtungen
Umweltpädagogik	Umweltpädagogen für das Vorschulalter	Fachschulen und Fachhochschulen, Verbände
Freigelände	Landschaftsplaner, Gartenarchitekten, Landschaftsgärtner, Förster, Biologen, Praktiker aus dem Naturschutz	Planungsbüros, Projektgruppen von Studenten
Verkehr, Einbindung in das Umfeld	Stadt- und Regionalplaner, Landschaftsplaner, Mobilitätsberater	Planungsbüros, Projektgruppen von Studenten, Naturschutzbehörden, Stadtplanungsämter
Öffentlichkeitsarbeit	Werbefachleute, Journalisten, MitarbeiterInnen aus Naturschutz- und Umweltverbänden	private Büros, Vereine, Verbände
Ernährung	Ernährungsberater, Naturkosthändler, Personen mit praktischen Naturkosterfahrungen	Fortbildungsinstitute, Naturkostverbände, Krankenkassen
Rat für alle Fragen	LeiterInnen und ErzieherInnen aus Modellprojekten, AusbilderInnen	Kindertagesstätten, Kindergärten oder Fachschulen

Wenn Sie mit Fachleuten Kontakt aufnehmen, achten Sie darauf, daß praktische Erfahrungen bei der ökologischen Umgestaltung vorhanden sind. Schöne Titel und vielversprechende Berufsbezeichnungen helfen Ihnen wenig, wenn die Personen bisher nur mit konventionellen Aufgaben beschäftigt waren.

Den in den Behörden Tätigen können Sie jederzeit Ihr Anliegen vortragen. Sie können dort Rat und Unterstützung erwarten und erhalten gegebenenfalls weitere Hinweise, an wen Sie sich noch wenden können. Bei der Beschaffung von Material und der Ausleihe von Maschinen sind die Fachleute in den Behörden wichtige Ansprechpartner.

Architektur- und Landschaftsplanungsbüros sind sicher gern bereit, Aufträge zu übernehmen. Für ihre Leistungen berechnen sie aber marktübliche Honorare. Außerdem kann es von Nachteil sein, wenn aufgrund rationalisierter Arbeitsprozesse Pläne und Projekte vielfach vorstrukturiert sind und auf standardisierte Objekte und Katalogware zurückgegriffen wird. Dieses Vorgehen ist mit einer individuellen, ökologischen Umgestaltung natürlich nicht vereinbar. In der Zusammenarbeit mit alternativen Büros und Planungsgemeinschaften kann Ihren Wünschen eventuell besser entsprochen werden. Weil diese Initiativen zudem meist kostengünstiger arbeiten, können Sie dort mit geringeren Preisen rechnen. Planungsbüros dürfen nicht mit Werbung auf sich aufmerksam machen. Wenden Sie sich an die Berufsverbände und fragen Sie dort nach Adressen.

Auskünfte:
Bund Deutscher Landschaftsarchitekten e.V. (BDLA) in Bonn
Bundesverband der Diplom-Ingenieure für Gartenbau und Landespflege e.V. in Bonn-Beuel
Deutsche Gesellschaft für Gartenkunst u. Landschaftspflege e.V. (DGGL), Berlin
Ständige Konferenz der Gartenamtsleiter beim Deutschen Städtetag (GALK)

Umweltverbände und lokale Initiativen beschäftigen sich ebenfalls mit der Umgestaltung von Kindergärten oder Schulen . Dort erhalten Sie auch Hinweise und Adressen.

Es besteht durchaus die Möglichkeit, Fachleute über Arbeitsbeschaffungsmaßnahmen (ABM) zu engagieren. Gemeinnützige und öffentliche Träger von Kindergärten können selbst ABM beim Arbeitsamt beantragen. Wegen des Aufwandes und der Erfahrung mit solchen Maßnahmen ist es jedoch besser, mit einem entsprechenden

Träger zu kooperieren. In Betracht kommen hier vor allem Vereine und soziale Einrichtungen, die auf dem Gebiet der Berufsqualifizierung und -weiterbildung tätig sind. Diese Einrichtungen suchen oft interessante Projekte für ihre Maßnahmen, und mit Ihrem Umgestaltungs-Vorhaben können Sie eine lohnende Aufgabe anbieten.

Aber auch Behörden, wie z.B. die Grünflächen-, Naturschutz- und Forstämter, führen vielerorts seit etlichen Jahren ABM durch. Bedenken sollten Sie, daß Ihnen Fachleute von heute auf morgen über ABM nur in Ausnahmefällen zur Verfügung stehen werden. Von Antragsstellung bis Arbeitsaufnahme muß im allgemeinen mit einem Jahr gerechnet werden. Es sei denn, Sie haben Glück, daß in einem laufenden Projekt noch Kapazitäten frei sind und sich jemand Ihrem Projekt widmen kann.

5.2 Ein Planungsteam „Umgestaltung" gründen

Weil die ökologische Umgestaltung eines Kindergartens komplexe Bereiche wie Ernährung, Baubiologie oder Spielplatzbau beinhaltet, bedarf es eines Teams von Fachleuten, die sich der einzelnen Sachgebieten annehmen. Dieses Team sollte sich aus den Fachleuten, den Kindergarten-Leitern oder -Leiterinnen und Vertretern der Eltern und des Trägervereins zusammensetzen. Zu einzelnen Sachfragen können dann noch andere Personen zu den Sitzungen hinzugezogen werden.

Das Planungsteam sollte allen Interessierten Einblick in seine Arbeit gewähren und seine Aufgaben immer in Rückkopplung mit allen Beteiligten durchführen.

Das Ergebnis der Fantasie-werkstatt zu einem Gesamt-konzept ent-wickeln

Die erste Aufgabe des Planungsteams wird die Ausarbeitung eines Gesamtkonzeptes auf der Grundlage des „Reisekataloges" der Fantasiewerkstatt sein. Das Konzept sollte zu Papier gebracht werden und eine Projektbeschreibung mit Zeit- und Arbeitsplan, Finanzierungsbedarf und Entwurfsskizzen aufweisen.

Es ist wichtig, bereits frühzeitig eine Projektbeschreibung zu erstellen. Damit können Sie in der Öffentlichkeit für Ihre Umgestaltung werben und bei Stiftungen und Förderern Anträge auf Finanzierung stellen.

Zur weiteren Information lesen Sie:
„Wenn's am Geld fehlt ..." auf Seite 290.

Die Aufgaben in übersichtliche Planungs- und Umgestaltungs-Abschnitte gliedern

Eine große Aufgabe anzupacken fällt leichter, wenn sie in einzelne Teilbereiche gegliedert wird. Nach diesem Prinzip können wir auch bei der Umgestaltung eines Kindergartens verfahren. Wir teilen die Arbeit in übersichtliche Planungs- und Umgestaltungs-Abschnitte auf. Schritt für Schritt können wir so alle anstehenden Fragen und Aufgaben klären und erledigen. In diesem Sinne sind die folgenden Kapitel aufgebaut. Auf die Planungsphasen der Bereiche Außengelände und Innenraum folgen die jeweiligen Umgestaltungs-Phasen.

5.3 Planung des Außengeländes

Den Istzustand dokumentieren

Bevor Sie Überlegungen anstellen, wie das Außengelände des Kindergartens umgestaltet werden kann, müssen sie sich zunächst ein Bild über den derzeitigen Zustand machen. Am einfachsten geschieht dies durch eine Begehung des Geländes und einer Begutachtung aller Objekte. Auffälligkeiten und Fragen sollten notiert werden. Aus möglichst vielen Blickwinkeln sollte das Gelände fotografiert oder mit einer Videokamera gefilmt werden. Die Bilder sind für eine spätere Dokumentation und als Planungshilfe von Nutzen. Denn nicht immer sind die mit der Planung befaßten Personen in unmittelbarer Nähe des Kindergartens ansässig. Durch ein Betrachten des Bildmaterials im Büro können zeitraubende Wege vermieden werden.

Vermessung des Grundstückes
Als nächster Punkt steht die Vermessung des Außengeländes für die spätere Erstellung eines Bestandsplanes an. Alte Pläne des Objektes, soweit sie noch vorhanden sind, können hilfreich bei der Aufnahme von Maßen sein. In manchen Details sind sie aber oft nicht mehr aktuell und meistens dort ungenau, wo Präzision erwünscht wäre. Zusätzliche eigene Vermessungen vor Ort sind als Ergänzung unabdingbar, um zu einem stimmigen Plan mit korrekten Maßen zu kommen.

Tragen Sie in einer Grundstücksskizze Meßpunkte und Strecken ein. Arbeiten Sie dabei vom großen ins kleine. Vermessen Sie zuerst die großen Strecken, bevor Sie ins Detail gehen. Nur so stimmen hinterher die Proportionen.

Allerdings muß auch immer der Winkel zweier sich schneidender Geraden definiert werden, sonst kommt es schnell zu Verzeichnungen im Plan. Vermessungsingenieure bedienen sich hierzu eines Theodoliten oder eines Nivelliergerätes mit Winkelkreis. Es gibt aber eine einfache geometrische Methode, wie ohne Theodolit Winkel exakt bestimmt und gezeichnet werden können. Dies geschieht durch die Messung der Kantenlänge von Dreiecken mit dem Maßband.

In unserer unten abgebildeten Planskizze möchten wir dies anhand eines Beispieles einmal durchspielen: Gesucht wird der Winkel, den die Grundstücksstrecken AB und AC bilden. Messen Sie die Strecken AB, AC und zusätzlich die Strecke von Punkt B zu Punkt C, das ist die Strecke BC. Sie haben jetzt die Maße eines Dreiecks mit den Kantenlängen a, b und c bestimmt. Ein Dreieck mit definierten Seitenlängen läßt sich nicht mehr verzerren und verzeichnen. Die tatsächliche Gradzahl des Winkels brauchen Sie für Ihre Zwecke nicht mehr zu berechnen.

Teilen Sie das gesamte Grundstück nun in weitere Dreiecke auf. Je mehr Dreiecke Sie definieren, desto genauer wird am Ende Ihr Plan.

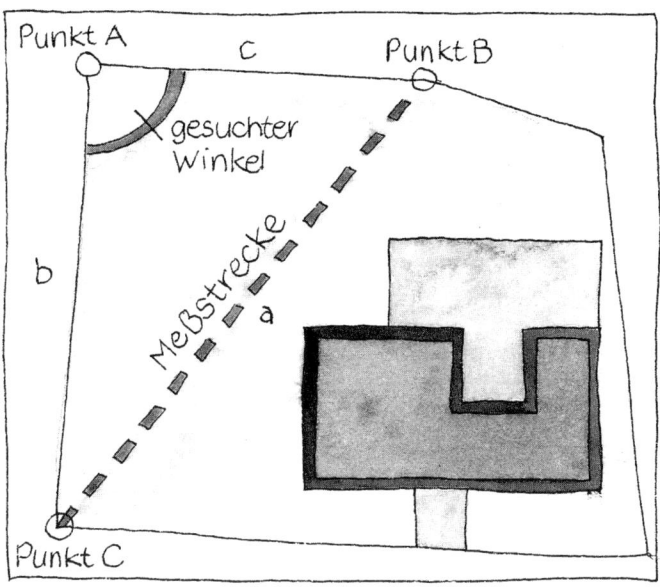

Abb. 4
Grundstück
Kindergarten

Folgende Elemente des Grundstückes sollten vermessen und im Bestandsplan eingezeichnet werden: die Grundstücksgrenzen, Gebäude, Wege und Plätze, Treppen, Tore, Einfahrten, Spielgeräte und die Art des Bodens (Sand, Rasen etc.), Schachtdeckel, Wasserzapfstellen, Böschungen und die Geländetopographie.

Die Bäume im Kindergarten strukturieren den Außenraum und sind für die Planung wichtige Orientierungspunkte. Deshalb ist es sinnvoll, größere freistehende Exemplare einzumessen und Heckengehölze flächig zu erfassen.

Kartierung der Gehölze

Eine Kartierung gibt Aufschluß darüber, welcher Gehölzbestand im Kindergarten vorhanden ist. In einer Liste werden, neben der Bestimmung der Art, der Stammumfang und der Kronendurchmesser notiert und das Gehölz in die Geländeskizze eingetragen. Bei großen Bäumen sollten der Stamm und die Traufkante der Krone eingemessen werden, um den genauen Standort und die Dimensionen zu kennen. Dies ist für die weitere Planung von Belang.

Traufkante der Krone einmessen

Die Traufkante eines Baumes ist der äußere Rand der Krone, senkrecht projiziert auf den Boden. Schlagen Sie 4–5 Pflöcke an der Traufkante in den Boden. Beziehen sie diese Meßpunkte in das Dreieckgeflecht der Geländevermessung mit ein.

Eine Kartierung bietet die Gelegenheit, zusätzlich den Gesundheitszustand der Gehölze und etwaige Verletzungen zu erfassen. Diese Daten können später in einen Pflegeplan übernommen werden.

Damit der Spaten später nicht unter Strom steht …

Durch das Wachstum der Vegetation und die Wirkung der Erosion sind alte Grabungen im Boden schon bald nicht mehr zu erkennen. So kann es leicht passieren, daß vergessen wird, was unter der Erde verborgen ist. Für die Planung und für spätere Arbeiten im Gelände ist das Wissen um verlegte Leitungen und Rohre immens wichtig. Sonst kann es vorkommen, daß ein kräftiger Spatenstich die Telefonleitung durchtrennt oder der Teich auf der Fernheizung angelegt wird. Die Einsicht in Leitungspläne kann wertvolle Hinweise liefern. Falls bei den Bauunterlagen des Kindergartens keine Aufzeichnungen mehr vorhanden sind, müssen Sie sich an den Architekten, an das Vermessungsamt und die einzelnen Versorgungsunternehmen wenden.

Aber auch exakt und offiziell aussehende Pläne bieten Ihnen nicht die Sicherheit, daß vor Ort alles genau so vorhanden ist, wie eingezeichnet. Oft fehlen genaue Maßangaben, oder die Lage ist nur grob skizziert. Zusätzlich kann es vorkommen, daß im Nachhinein weitere Leitungen hinzugekommen sind. Sie müssen auch mit unqualifiziert verlegten Kabeln und Rohren rechnen.

Hinweise auf unterirdische Verlegungen liefern Schächte und Deckel im Gelände. Ein Wasserhahn im Rasen hat immer eine Zuleitung, und eine Steckdose im Pavillon deutet auf ein verlegtes Stromkabel hin. Fernheizungen sind im Winter nach Schneefall gut zu entdecken, weil über ihnen der Schnee schneller wegtaut. Im Zweifelsfall sollten Flächen, in denen Aufgrabungen geplant sind, mit elektronischen Spürgeräten abgesucht werden. Im Bereich von Leitungen darf nur mit vorsichtiger Handarbeit gegraben werden.

Einen Bestandsplan des Grundstückes zeichnen

Haben Sie alle wichtigen Maße des Grundstückes erhoben und vermessen, übertragen Sie nun diese Daten in Ihren Bestandsplan.

Am Anfang der Planzeichnung steht die Festlegung eines geeigneten Maßstabes. Das Verhältnis von 1:200 eignet sich für größere Einrichtungen. Ein Grundstück von 80 x 100 m ist im Plan dann 40 x 50 cm groß. Eine Tischtennisplatte hat dort ungefähr die Größe eines Fingernagels. Kleinere Grundstücke können im einfach zu handhabenden Maßstab 1:100 gezeichnet werden.

Pläne können Sie manuell mit Tuschestiften auf Transparentfolie zeichnen und später per Lichtpause vervielfältigen. Weil die Handarbeit arbeitsintensiv ist und Korrekturen nur umständlich auszuführen sind, werden in Planungsbüros Pläne überwiegend nur noch am Bildschirm mit einer speziellen CAD-Software hergestellt.

Der Entwurf für das Außengelände

Die mit der Planung Beschäftigten haben nun die Aufgabe, aus den Anregungen der Fantasiewerkstatt und mit ihren eigenen Ideen auf Grundlage ihres fachlichen Könnens einen Gesamtentwurf zu entwickeln.

Auch hier ist es wieder sinnvoll, vom großen ins kleine zu arbeiten. Zuerst sollten die großflächigen Bereiche definiert werden wie das Spielgelände, der Gartenteil oder eine Versteck- und Wildniszone. Wichtig ist die Verknüpfung und Zuordnung der einzelnen Bereiche und ihrer Elemente zueinander. Wenn die Kinder hinaus ins Freie zum Spielen und Toben laufen, sollte nicht der Naturteich im Weg liegen.

Konzeptionslos zusammengebrachte Spielelemente bringen nicht nur ein Defizit des gestalterischen Anspruchs zum Ausdruck, sie schränken auch das spielerische Erlebnis der Kinder ein. Eine gelungene Anlage zeichnet sich dadurch aus, daß die Kinder mehrere Objekte in ihr Spiel einbeziehen und bei Bedarf das Spiel zu neuen Objekten und mit neuen Spielideen verlagern können. Bei einem großzügig dimensionierten Spielhügel mit Röhre, Weidentunnel, Wasserpumpe, Wasserfall mit kleinem Bachlauf, Matschplatz und Natur-Bauplatz sind eine Vielzahl von Spielkombinationen möglich.

Darstellung des Entwurfes in Plänen, Zeichnungen und Modellen

Der Entwurf für das Außengelände ist zweckmäßigerweise in einem Plan darzustellen. Grundlage kann der Bestandsplan sein. Da aber Entwürfe zahlreiche Veränderungen enthalten, ist es meistens einfacher, alles neu zu zeichnen als in einer Kopie des Bestandsplanes zu korrigieren.

Da die Pläne auch zur Präsentation des Projektes in der Öffentlichkeit dienen, für Laien Pläne aber selten anschaulich und verständlich sind, sollten Ansichtszeichnungen und Modelle den Entwurf ergänzen.

Bei der Auswahl von Materialien für den Modellbau ist auf jeden Fall Gegenständen aus der Natur der Vorzug zu geben: Sand, Kies, Holzstöckchen, Rinde, Flechten und Früchte lassen sich mit Fantasie zu Gebäuden, Wegen, Spielgeräten und Bäumen verarbeiten.

Baubeschreibung

Zu jedem Bauobjekt gehört die Baubeschreibung. Sie beinhaltet eine Material- und Werkzeugaufstellung, eine Anweisung, wie das Objekt anzulegen oder zu konstruieren ist sowie eine Veranschlagung der notwendigen Arbeitsstunden und eine Kostenübersicht. In der Baubeschreibung sollte letztlich auch schon vermerkt sein, ob Genehmigungen eingeholt und Bauanträge gestellt werden müssen.

Was ist erlaubt?

Bei der Umgestaltung eines Kindergartens ist zu bedenken, daß unter Umständen in die Rechte des Eigentümers, der Nachbarn oder anderer Beteiligter eingegriffen wird. Zunächst ist zu klären, wer die Nutzungs- und Eigentumsrechte des Anwesens besitzt. Das kann der Träger sein, manchmal ist es aber auch so, daß ein Verein nur über ein Nutzungsrecht verfügt und die Gemeinde weiterhin Eigentümerin des Grundstückes ist. In diesem Fall muß bei allen baulichen und gestalterischen Veränderungen auch die Zustimmung der Gemeinde eingeholt werden.

Die Nachbarn sollten frühzeitig über die Veränderungen im Außengelände unterrichtet werden. Es kann nur von Vorteil sein, mit den Nachbarn ein freundliches Verhältnis zu pflegen und sie über die Ziele der Umgestaltung zu informieren. Vielleicht gewinnen Sie dadurch sogar neue Freunde und Unterstützer Ihrer Sache.

Bei der Pflanzung von Bäumen und der Errichtung von Bauwerken ist auf die Einhaltung vorgeschriebener Abstände zur Grundstücksgrenze zu achten. Mit einer Anfrage beim Bauaufsichtsamt kann geklärt werden, ob für das Grundstück spezielle Bauauflagen existieren und ob besondere Abstände eingehalten werden müssen.

Spielgeräte wie Klettergerüste und Schaukeln müssen die DIN-Norm 7926 erfüllen, Spielplätze und Freiflächen zum Spielen werden durch die DIN-Norm 18034 definiert. Spielgeräte für Außenanlagen müssen vom TÜV abgenommen werden oder weisen bereits vom Hersteller eine TÜV-Bescheinigung auf. Ein Spielhügel wird bislang noch nicht durch spezielle Normen und Vorschriften erfaßt und entzieht sich auch einer TÜV-Abnahme. Trotzdem ist es ratsam, allgemein gültige Sicherheitsanforderungen zu beachten und unfallträchtige Situationen zu vermeiden. Die Eigenunfallversicherer haben für Kindergärten Richtlinien für Spielgeräte und Außenanlagen aufgestellt, deren Einhaltung aus Haftungsgründen sehr zu empfehlen ist.

Eine Brauchwasseranlage oder der Betrieb einer Grundwasserpumpe bedarf meistens der Genehmigung durch die örtlichen Gesundheitsämter. Leider ist es schon mehrfach vorgekommen, daß die Ämter der Nutzung von Regen- und Grundwasser im Kindergarten skeptisch gegenüberstanden und hygienische Bedenken angeführt haben. Ob dies gerechtfertigt ist oder eine überzogene Maßnahme darstellt, müßte im Einzelfall anhand von Gutachten entschieden werden. Gegen jeden Bescheid einer Behörde sind grundsätzlich Widerspruch und Klage möglich.

Wann Untersuchungen auf Schadstoffbelastungen angezeigt sind

Das Graben im Boden kann so manche Überraschung zutage fördern: Bauschutt, Hausmüll oder Schrott sind Dinge, die beim Aufgraben in verschiedenen Kindergärten schon gefunden wurden. Bei solchen Funden ist es ratsam zu klären, ob der Boden mit Schadstoffen belastet ist und das Spielen der Kinder im Gelände gesundheitsgefährdend sein kann. Bei bestehenden Verdachtsmomenten sollten UmweltchemikerInnen und ToxikologInnen zu Rate gezogen werden, die über verschiedene Umweltinstitute zu erreichen sind.

Viele Schadstoffe, wie Blei und Cadmium, werden aber auch über die Luft in den Boden eingetragen. Sind zusätzlich im weiteren Umfeld des Kindergartens Industriebetriebe mit einer umweltproblematischen Produktion und entsprechenden Emissionen vorhanden, sollten die oben angesprochenen Fachleute und Institute um Auskunft gebeten werden, ob Bodenuntersuchungen gemacht werden müssen.

Aber auch wenn durch Untersuchungen des Bodens keine Belastungen gefunden werden, sollten Sie einige grundlegende Vorsichtsmaßnahmen routinemäßig für die Kinder ergreifen. Dazu gehört, daß Kinder keinen Sand und keine Erde in den Mund nehmen und keine Sachen essen, die auf dem Boden liegen. Nach dem Spielen sollten sich die Kinder im Hause Hände und Gesicht waschen.

Bodenleitstellen und Recycling-Bauhöfe sammeln und vergeben Steine, Sand und Füllboden, die umsonst oder zu günstigen Preisen erworben werden können. Wenn allerdings die Herkunft des Materials Anhaltspunkte oder einen Verdacht auf mögliche Belastungen ergeben, muß aus Gründen der Vorsicht und Vorsorge entweder auf das Material verzichtet werden, oder es ist eine Schadstoffuntersuchung notwendig.

Umweltlabors führen Analysen durch und testen Stoffe zunächst auf verschiedene Gruppen von Schadstoffen. Für diesen Eingangstest sind 200 bis 300 DM zu bezahlen. Teurer wird es, wenn danach auf einzelne Chemikalien hin geprüft werden soll.

5.3.1 Planungs-Abschnitt „Freiflächen"

Im Außengelände gibt es eine Reihe von Flächen, die sich nicht dem Spielplatz oder dem Garten zuordnen lassen, wie Wege, diverse Grünflächen, die Feuerwehrzufahrt oder der Wäschetrockenplatz. Wir haben sie deshalb unter dem Begriff „Freiflächen" zusammengefaßt.

Wenn Sie Details und neue Bauobjekte in den Freiflächen im Plan darstellen wollen, ist der Maßstab 1:50 oder 1:25 am geeignetsten.

Eine Umgestaltung bringt oft auch eine Veränderung der Freiflächen und der Wegeführung mit sich. Hierbei sind praktische Gesichtspunkte nicht zu vernachlässigen. Ein Wäschetrockenplatz, der fern der Waschküche angelegt ist, bleibt eventuell unbenutzt; Wege, die sich in zeitraubenden Schlaufen winden, werden mit Sicherheit durch Trampelpfade abgekürzt.

Ein häufig gemachter Fehler ist die Verbauung der Feuerwehrzufahrt. Das kann im Ernstfall schlimme Folgen haben! Ein Ortstermin mit einem Vertreter der Feuerwehr bringt Klarheit, durch welches Tor und über welchen Weg die Löschzüge im Brandfall hineinkommen. Der Kontakt zur Feuerwehr kann später vielleicht einmal von Nutzen sein: wenn ein Brunnen zu bohren ist, wenn eine lange Leiter in einem hohen Baum gebraucht wird oder wenn eine Brandschutzübung im Kindergarten durchgeführt werden soll.

5.3.2 Planungs-Abschnitt „Spielplatz"

Den Spielbereich festlegen

Die Außenflächen der meisten Kindergärten sind leider durchweg viel zu klein. In vielen Fällen haben wir einen Anteil pro Kind von nur zehn Quadratmetern und sogar noch weniger errechnet. Unter diesen Bedingungen sind geschützte Biotope und Naturschutzräume im Kindergarten, die auf Kosten der Spielflächen gehen würden, nicht zu rechtfertigen. Gleichwohl müssen wir uns mit Nachdruck für eine großzügigere Bemessung des Flächenanteils für Kindergärten einsetzen. Kinder haben ein Recht auf ein vielgestaltiges und artenreiches Stück Natur im Kindergarten.

Wenn Sie im Außengelände festgelegt haben, welchen Flächenanteil der Spielbereich einnehmen soll, dann ist zu klären, wie dieser Bereich gegliedert und gestaltet werden kann. Zur allgemeinen Überraschung kann sich ein zusammengewürfeltes Chaos bei den Kindern großer Beliebtheit erfreuen. Allerdings ist es eine Kunst, ein gelungen gestaltetes Chaos zu entwerfen.

Der sicherere Weg ist die Planung eines durchstrukturierten Spielbereiches. Die Auswahl und die Bewertung von Kriterien ist selbstverständlich von der Einstellung derjenigen abhängig, die den Kindergarten umgestalten wollen. Weil es unterschiedliche pädagogische Ansätze gibt, wollen wir unsere Kriterien nicht zu eng fassen, damit sie möglichst vielen Kindergärten und Umgestaltenden einen Orientierungsrahmen bieten. Bei der Auswahl von Kriterien haben wir uns gefragt, welches sind die grundlegenden Spielmotive der Kinder im Spielgelände?

- Wenn wir die Kinder beobachten, wie sie aus dem Gebäude hinaus ins Freie stürmen und sich erst einmal austoben, dann ist sicher die **Bewegung** ein grundlegendes Spielmotiv.
- Haben die Kinder ihren ersten Bewegungsdrang gestillt, sind sie auf der Suche nach Entdeckungen und Erlebnissen. Das **Erleben** haben wir deshalb als ein weiteres Kriterium ausgewählt.
- Um all die neu erlebten Dinge zu verarbeiten, ist der kreative Umgang mit vielerlei Materialien eine gute Möglichkeit: Sandburgen bauen, aus Ton Figuren kneten und vieles mehr. Dieses **schöpferische Spiel** haben wir ebenfalls als Kriterium bestimmt.

Unser Vorschlag zur Gliederung des Spielbereichs sieht demnach wie folgt aus:
- Bewegungs-Spiel
  Entsprechende Angebote, wie ein Rasen, eine Rollerbahn oder Sprunggruben sollten zentral und schnell erreichbar gelegen sein. Ein Gärtchen oder ein kleines Märchenland würden auf dem Weg zum Toben buchstäblich überrannt werden. Konflikte mit Kindern, die sich dort ruhig beschäftigen wollen, wären in diesem Fall vorprogrammiert.
- Erlebnis-Spiel
  Hier steht das Erleben der Umwelt, der Natur und ihrer Elemente im Mittelpunkt. Kinder entdecken spielerisch Phänomene der Natur: Sie lernen an einer Pumpe das Fließverhalten des Wassers kennen, hören, wie in einer Röhre ihre Stimme sich akustisch verändert, oder sehen vom Baumhaus, wie die Welt von oben ausschaut.
- Schöpferisches Spiel
  Um schöpferisch tätig zu sein, bedarf es Elemente und Materialien, die vom Kind zerlegt, verändert und neu gestaltet werden können. Mit formbarem Sand und Lehm, mit Steinen, Ästen, Roßkastanien oder Abfallholz und etwas Werkzeug können die Kinder immer wieder neue Dinge zusammenfügen und neue Spiele entwickeln. Bei normierten Spielgeräten aus dem Katalog ist das meistens unmöglich oder nur in ganz bescheidenen Ansätzen machbar. Dies ist ein Grund, weshalb das Spiel mit diesen Geräten, nachdem die erste Neugier versiegt ist, schnell langweilig wird.

5.3.3 Planungs-Abschnitt „Garten"

Zunächst gilt es zu überlegen, für welchen Zweck wir einen Garten anlegen wollen. Wir sehen im wesentlichen zwei Möglichkeiten, die im Kindergarten denkbar sind:

Ein Garten für die Kinder

In diesem Garten steht nicht die Produktion von Obst und Gemüse im Vordergrund, sondern das Kennenlernen von Nutzpflanzen und das Erleben von Kreisläufen in der Natur. In größeren Kindergärten ist es zweckmäßig, wenn jede Kindergruppe über ein eigenes kleines Gärtchen verfügt. Einige kleine Hochbeete reichen dazu vollkommen aus. Wenn sie gleich draußen vor dem Gruppenraum, abseits des Weges an einem sonnigen Platz, aufgestellt sind, können die Kinder immer wieder schnell in ihrem Gärtchen nachschauen, was sich dort Neues getan hat.

Ein Nutzgarten für die eigene Küche

Zur Bereicherung des Speisezettels liefert ein eigener Garten schnell verfügbares frisches Obst, Gemüse und Salat. In einem Gartenarbeitsplan sollte langfristig festgelegt werden, wer welche Arbeiten ausführt. Sonst kann es passieren, daß sich der Nutzgarten schnell in einen Wildgarten verwandelt. Kinder können, wenn sie Interesse zeigen, im Nutzgarten auf Entdeckungsreise gehen oder den Erwachsenen bei den Arbeiten helfen.

Falls wegen des Arbeitsaufwandes oder aus Platzmangel ein Nutzgarten nicht eingerichtet werden kann, sollten Sie auf jeden Fall ein Gärtchen für die Kinder anlegen, das für sie einen hohen Erlebniswert besitzt.

Beginnen Sie die Planung eines Gartens mit dem Anfertigen einer Skizze, wie der Garten aufgeteilt werden soll. Stellen Sie einen Bepflanzungsplan auf, wo die Arten der Pflanzen und der Zeitraum von Aussaat, Wuchs und Ernte vermerkt sind. Danach können Sie zum Werkzeug greifen ...

5.3.4 Planungs-Abschnitt „Naturschutz"

Es gibt Menschen, die denken zuerst an Biotope und Naturschutzreservate, wenn sie den Begriff „Ökokindergarten" hören. Dies sind zwar erstrebenswerte Vorstellungen, die sich aber leider aufgrund der meist zu kleinen Außenflächen der Kindergärten nur mit massiven Einschränkungen der Bewegungsfreiheit der Kinder verwirklichen lassen würden. Das kann aber nicht der Sinn eines Ökokindergartens sein.

An erster Stelle sollte das Natur- und Spielerleben des Kindes stehen, und erst an zweiter Stelle beschäftigen wir uns damit, welche Einrichtungen und Räume im Kindergarten für den Naturschutz gestaltet werden können.

Es gibt nicht wenige Pflanzen und Tiere, die sich als sogenannte Kulturfolger in der Nähe des Menschen ihren Lebensraum erschlossen haben und gegenüber begrenzten Störungen tolerant sind. Ein durch die Kinder intensiv genutztes Gelände ist deshalb nicht automatisch tier- und pflanzenarm. Es entfalten sich mehr Nischen und kleine Rückzugsräume als vermutet. Diese kleinen und besonders wertvollen Lebensräume können in Gestalt einer begrünten Fassade, eines Steinhaufens am Wegrand, einer dichten Hecke am Zaun, eines bemoosten Pavillondaches oder einer belaubten Baumkrone zu finden sein.

Wenn Sie bei der Auswahl der Pflanzen auf heimische Arten zurückgreifen und bei der Außengestaltung die Vorschläge aufgreifen, die wir im Umgestaltungs-Abschnitt Naturschutz unterbreiten, dann haben Sie wahrscheinlich mehr im Sinne des Naturschutzes getan, als dies mit der Einrichtung eines künstlichen „Schein-Biotops" möglich ist.

5.4 Planung des Innenraumes

Auch bei der Planung für den Innenraum gilt es, zunächst den Istzustand zu erfassen und alle vorhandenen Daten zu sichten. Wertvoll sind die Baubeschreibungen und Pläne des Architekten, die grundsätzlich immer gut aufgehoben werden sollten. In der Baubeschreibung sind alle verwendeten Materialien des Bauobjekts und die Bauweise vermerkt. Für eine baubiologische Sanierung sind hier wichtige Hinweise zu erhalten. So ist es von Bedeutung, ob die Wände aus Beton oder Ziegelmauerwerk bestehen, ob als Dämmaterial Glaswolle oder Polystyrolplatten verwendet wurden, ob Wasserleitungen aus PVC, Kupfer oder verzinktem Stahl eingebaut sind.

Lassen Sie von Architekten, Energieberatern und Baubiologen eine Bestandsaufnahme des Gebäudes erstellen. Architekten prüfen die Bausubstanz und den Zustand der Installationen. Sie können Auskunft darüber erteilen, welche Umbauten realisierbar und welche

Bausanierungen notwendig sind und welche Kosten sie verursachen. Energieberater können beurteilen, ob die Heizanlage effektiv arbeitet und durch welche Wärmedämmaßnahmen Energie und Geld eingespart werden können. Baubiologen gehen gesundheitsgefährdenden Baumaterialien auf die Spur und machen Vorschläge zur Entgiftung und Verbesserung des Innenraumklimas.

Für Dach- und Fassadenbegrünungen ist es wichtig zu wissen, ob Reparaturarbeiten notwendig sind. Denn eine endgültige Begrünung kann erst nach Abschluß von Sanierungen durchgeführt werden.

Zur Orientierung haben wir im Kapitel „Baubiologische Sanierung" von A-Z auf den Seiten 247ff. gängige bauliche Probleme beschrieben und Vorschläge zu ihrer Sanierung vorgestellt.

6. Tausend Ideen für die Umgestaltung

6.1 Umgestaltungs-Abschnitt: „Freiflächen"

Im Kapitel „Planungsabschnitt Freiflächen" haben wir schon ausgeführt, daß unter diesem Sammelbegriff einleitende Baumaßnahmen und all die Flächen und Objekte aufgeführt sind, die nicht unter die anderen Kategorien fallen.

6.1.1 Die Recycling-Baustelle

Eine Baustelle für die Umgestaltung zum ökologischen Kindergarten ist nicht mit einer Baustelle vergleichbar, wie sie aus dem Wohnungs- oder Straßenbau bekannt ist. Die Eingriffe in die Natur sollen so schonend wie möglich erfolgen, und die Nutzung des Spiel- und Außengeländes soll, zumindest zum Teil, während der Bauarbeiten möglich sein.

Oberstes Prinzip auf der Recycling Baustelle ist die Umweltverträglichkeit und Ressourcenschonung bei den Arbeiten und bei der Materialauswahl.

- Umweltverträglichkeit:
  Es werden möglichst natürliche Materialien wie Holz, Natursteine, Naturfarben und -leime, die entweder biologisch abbaubar, kompostierbar oder grundwasserneutral sind, verwendet.
- Ressourcenschonung:
  Bei der Umgestaltung prüfen wir in jedem Einzelfall, ob vorhandene Materialien wiederverwertet werden können. Anstelle neuer Stoffe und Geräte setzen wir bevorzugt gebrauchte Produkte und Recyclingstoffe ein. Statt die Arbeiten von energiefressenden und lärmverursachenden Maschinen ausführen zu lassen, prüfen wir, ob diese Arbeiten von Hand ausgeführt werden können.

6.1.2 Die Öko-Visitenkarte: Eingangsgestaltungen

Ein „Öko-Kindergarten" empfängt seine Besucher schon vor der Haustür mit einer ansprechenden Gestaltung, die dem Namen und den Erwartungen gerecht wird: begrünte Fassaden, berankte Pergolen, blühende Staudenbeete, bewachsene Trockenmauern und ein Fahrradständer mit Gründach.

Manche Objekte setzen selbstverständlich einen gewissen Platzbedarf voraus, der im innerstädtischen Bereich nicht immer vorhanden ist. Aber auch auf engem Raum können Sie mit Selbstklimmern wie Wildem Wein und Efeu oder mit Schlingpflanzen, die an Rankgerüsten emporklettern, eine triste Fassade verschönern.

Wenn der Boden versiegelt ist und der Belag nicht entfernt werden kann, stellen Sie Gehölze in Kübeln auf, die auch im Winter draußen bleiben können, sofern Sie frostresistente Sorten gewählt haben.

Ein grünes Kleid für Haus und Dach

1. Fassaden

Mit dem Vorschlag Nr. 5: „Es grünt so grün: mit Pflanzen den Kindergarten beleben", haben wir beschrieben, wie Sie mit Efeu und Wildem Wein Fassaden schnell begrünen können. Für Fassaden gibt es aber noch viele andere geeignete Pflanzen, die das Haus mit einem grünen und bunten Kleid bedecken. Gegenüber den Selbstklimmern, die auch an den glattesten Wänden emporkommen, brauchen die anderen Schlingpflanzen ein Rankgerüst, an dem sie hochklettern können.

Die Kletterhilfen sollten nicht zu klein in den Abmessungen sein und vom Boden bis zur Dachkante reichen. Prinzipiell können Sie alle Kletterhilfen ähnlich montieren: Dübeln Sie die untere Querlatte mit Abstandshaltern ca. 30 cm über dem Boden an die Wand und die obere kurz unterhalb der Dachkante. Die Abstandshalter hinterlüften das Holz und schützen es dadurch vor Fäulnis.

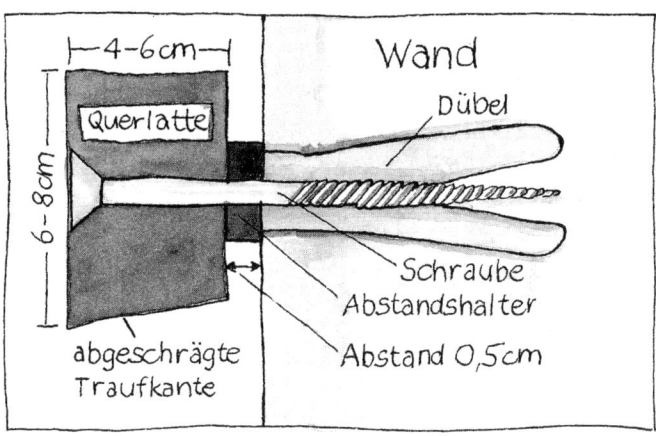

Abb. 5
Montage der
Querlatte

Ist der Abstand zwischen den Latten größer als 3 m, können Sie zusätzliche Zwischenlatten anbringen. Zur besseren Haltbarkeit streichen Sie die geschliffenen und vorgebohrten Latten vor der Montage mit einer pigmentierten Natur-Lasurfarbe.

Nun können Sie auf die Latten senkrechte Leisten im seitlichen Abstand von 30 bis 60 cm schrauben, die Sie ebenfalls vorher imprägniert haben.

Die Montage mit Leisten ergibt allerdings ein ziemlich streng geometrisches Rankgerüst. Zwar verdecken die Pflanzen bald die Hölzer, aber anfangs und nach dem Laubabwurf scheint das Muster der Leisten doch durch. Einen schöneren Anblick und ein natürlicheres Bild ergibt die Verwendung schlanker Laubholzstämmchen. Schrauben Sie diese anstelle der senkrechten Leisten auf die Querlatten. Fragen Sie beim Forstamt nach, ob beim Durchforsten des Waldes Holz angefallen ist, das Ihnen zur Verfügung gestellt werden kann.

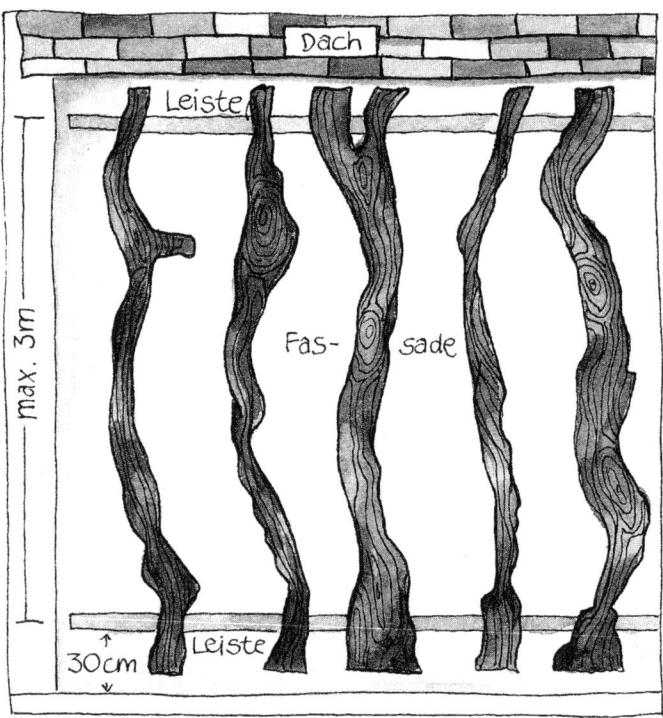

Abb. 6
Rankgerüst mit
kurvigen Brettern

Nehmen Sie Kontakte zu einem Sägewerk oder zu einer Schreinerei auf, und lassen Sie sich dort Laubholzstämme, so wie gewachsen, in ca. drei Zentimeter starke Brettscheiben sägen. Die unregelmäßige Außenkante der Bretter wird hierbei nicht gerade gesägt. Die unterschiedlich breiten und kurvigen Bretter können Sie wie oben beschrieben in gleicher Weise auf den Querlatten anbringen.

Eine andere Möglichkeit, Pflanzen eine Kletterhilfe anzubieten, besteht in der Verspannung von Stricken oder nichtrostenden Drahtseilen. Schrauben Sie hierzu in die Querlatten verzinkte Schraubösen oder -haken. Ziehen Sie den Draht von Haken zu Haken. Für größere und stabilere Konstruktionen ist der Einbau von Spannschlössern, wie sie bei Wildschutzzäunen verwendet werden, empfehlenswert.

Nachdem das Klettergerüst angebracht ist, bereiten Sie den Boden zum Pflanzen vor. Verbessern sie die Erde gegebenenfalls durch Zugabe von bis zu 50 % Kompost. Nachfolgend haben wir eine Auswahl von geeigneten, winterharten Pflanzen zusammengestellt.

Schlingpflanzen für Fassaden mit Rankgerüst:
– Aristolochia durior (Pfeifenwinde)*
– Campsis radicans (Trompetenblume)*
– Clematis in Arten und Formen (Waldrebe)
– Lonicera caprifolium (Jelängerjelieber)
– Polygonum aubertii (Knöterich)*
– Wisteria floribunda (Traubenwinde/Blauregen)*
* nicht heimische Arten

2. Dächer

Flachdächer und leicht geneigte Dächer eignen sich hervorragend zur Begrünung. Begrünte Dächer stellen einen wichtigen Ausgleich für versiegelte Flächen in der Stadt dar. Sie binden Staub und Rußpartikel, speichern Wasser, geben Feuchtigkeit in die trockene Stadtluft ab und leisten somit einen wirksamen Beitrag zur Verbesserung des Stadtklimas.

Gründächer sind keine neue Erfindung von Umweltschützern oder „Ökos". Schon vor hundert Jahren wurden Flachdächer, vorwiegend auf Industriebauten, begrünt, da sie wegen ihrer Haltbarkeit geschätzt wurden. Einige haben sich bis in unsere Zeit erhalten, wie ein Gründach im Naturschutzzentrum Ökowerk am Teufelssee in Berlin.

Damals wurden die Dächer noch mit einer Bitumenpappe abgedichtet, worauf ein Lehm-Sand-Gemisch als Substrat aufgetragen wurde. Heute finden vorwiegend Kunststoffolien Verwendung, deren Bahnen durchwurzelungssicher miteinander verschweißt werden müssen. Auf PVC sollten sie allerdings verzichten und besser umweltverträglichere Polyethylen- oder Kautschukfolien verwenden.

Die Bauausführung erfordert Fachkenntnisse und ist die Sache eines auf Dachbegrünung spezialisierten Betriebes. Hier können Sie bei Baufehlern dann auch Gewährleistungsansprüche geltend machen, was beim Selbstbau nicht möglich ist.

Auch geneigte Dächer bis zu einem Winkel von maximal 30° können begrünt werden. Es müssen zusätzliche Barrieren eingebaut werden, die verhindern, daß Substrat und Pflanzen der Schwerkraft folgen und nach unten rutschen.

Gründächer können mit speziellen Saatgutmischungen aus dem Handel angelegt werden. Aber auch durch Anflug oder den Transport von Samen durch Tiere wird sich im Laufe der Zeit eine standortgerechte Vegetation entwickeln.

Ein Gründach bedarf nur minimaler Pflege. Wässern ist nicht notwendig, weil sich die Artenzusammensetzung an den jeweiligen Standort anpaßt und auch Trockenperioden übersteht. Alle zwei bis drei Jahre sollten Sie das Dach auf Gehölze absuchen, die eventuell durch Anflug aufgekeimt sind und ausgerissen werden müssen. Ein Gründach soll mit Trockenstauden bewachsen sein und sich nicht zu einer Vorwaldgesellschaft entwickeln.

Unter einer Pergola in den Kindergarten

Falls der Kindergarten vor dem Haus einen Vorgarten besitzt oder ein Parkplatz in eine Grünfläche umgewidmet werden darf, dann haben Sie freien Gestaltungsraum, um den Weg von der Straße zum Haus mit einer berankten Pergola zu überbauen.

Lassen Sie die Pergola Ihr „grüner Pförtner" sein: Die Kinder und die Besucher empfängt er mit Blüten, Düften, summenden Insekten, singenden Vögeln und bei heißem Sonnenschein mit kühlem Schatten. Den Weg zur Eingangstür, der vorher nur eine leere Distanzstrecke war, verwandelt die Pergola in einen Erlebnisraum.

Von der Pergola zum Vordach
Sie können die Pergola ganz oder teilweise mit einem Flach- oder Ziegeldach versehen und so zu einem Vordach erweitern. Dies hat bei schlechtem Wetter viele Vorteile: Kinder und Erwachsene stehen

draußen nicht im Regen, können in Ruhe Schirme auf-und abspannen und auf den Bus warten – sofern schon die Haltestelle Öko-Kindergarten eingerichtet wurde.

Da der Bau von Pergolen und Dächern fachliches Können voraussetzt, sollten Sie die Hilfe von Zimmerleuten und Architekten in Anspruch nehmen. Der Bau eines Vordaches ist bei der zuständigen Baubehörde (Bauaufsichtsamt) mit Konstruktionsplan und Baubeschreibung zur Genehmigung einzureichen.

Wie eine Pergola gebaut wird und **welche Pflanzen für den Bewuchs geeignet sind,** finden Sie in den Kapiteln:
„Pergolen mit Berankung entfalten neue Räume" auf Seite 105;
„Ein grünes Kleid für Haus und Dach" auf Seite 79.

Ein Staudenbeet mit Trockenmauer

Ein Staudenbeet mit einer Vielfalt von winterharten, heimischen Pflanzen ist zu jeder Jahreszeit ein schöner Anblick. Durch geschickte Anordnung und Auswahl können fast das ganze Jahr blühende Attraktionen bewundert werden. Während Fassadengrün, Pergola und begrünter Fahrradständer die Räume nach oben abwechslungsreich gestalten, bringt ein Staudenbeet unten am Boden Leben in den Eingangsbereich des Kindergartens.

Für die Einfassung eines Staudenbeetes ist eine niedrige Trockenmauer ideal. In ihren Ritzen können sich wiederum Pflanzen ansiedeln und das Bild des Beetes bereichern. Bringen Sie durch kleine Mulden, Hügel und durch unterschiedliche Höhen der Trockenmauer Abwechslung ins Spiel. Als Steine eignen sich grob behauene Kalk- und Sandsteine oder Kieselsteine mit einem Durchmesser von 10 bis 30 cm.

Falls der Eingangsbereich nicht eingezäunt ist, können Pflanzen und Trockenmauer vor allem in einem sozial problematischen Umfeld das Opfer von Vandalismus sein. Es muß von daher im Einzelfall erwogen werden, ob vor dem Kindergarten im halböffentlichen Raum liebevolle Anpflanzungen angelegt werden können.

Nachfolgend stellen wir eine Liste mit vorwiegend heimischen Arten vor, die für ein Staudenbeet mit halbsonnigem Standort geeignet sind.

<u>Winterharte Stauden:</u>
- Alchemilla mollis (Frauenmantel)
- Androsace sempervivoides (Mannsschild)
- Campanula in Arten (Glockenblume)
- Corydalis in Arten (Lerchensporn)
- Cyclamen europaeum (Alpenveilchen)
- Erinus alpinus (Alpen-Leberbalsam)
- Gentiana in Arten (Enzian)
- Geranium in Arten (Storchschnabel)
- Hypericum in Arten (Johanniskraut)
- Linaria cymbalaria (Leinkraut)
- Linum perenne (Lein)
- Paradisea liliastrum (Paradieslilie)
- Primula in Arten (Primeln)
- Prunella grandiflora (Braunelle)
- Saxifraga in Arten (Steinbrech)
- Silene maritima (Leimkraut)
- Trollius europaeus (Trollblume)
- Veronica in Arten (Ehrenpreis)
- Viola odorata (Duftveilchen)

Zur weiteren Information lesen Sie:
Trockenmauern im Kapitel „Alte Steine – neu zusammengesetzt", auf Seite 101;
begrünte Fassaden im Kapitel „Ein grünes Kleid für Haus und Dach", auf Seite 79;
Begrünung im Kapitel „Vorschlag Nr. 5: Es grünt so grün: Mit Pflanzen den Kindergarten beleben", auf Seite 36;
Zäune aus Holz im Kapitel „Ein Zaun aus dem Wald", auf Seite 114.

Kontra Rost und Monotonie: ein Fahrradständer mit Gründach

Schenken Sie der Gestaltung eines Fahrradständers besondere Aufmerksamkeit. Ein ökologisch umgestalteter Kindergarten darf sich nicht mit Ständern der Marke „Felgenverbieger" oder „Rostlaube" blamieren. Der Fahrradständer sollte auch nicht als reine Zweckkonstruktion das Eingangsbild verschandeln.

Für den Bau eines vorbildlichen Fahrradständers stellen wir drei Kriterien auf:

1. **umweltfreundlich, ökologisch**
   Die verwendeten Materialien sollen weitgehend schadstofffrei, recycelfähig und gegebenenfalls kompostierbar sein.
2. **zweckmäßig**
   Die Fahrräder sollen standfest stehen, sicher angeschlossen werden können und vor Nässe geschützt sein.
3. **harmonisch**
   Das Bauwerk soll harmonisch in die umgestaltete Eingangssituation eingebunden sein.

Holz ist das Baumaterial, das die Kriterien in idealer Weise erfüllt. Wählen Sie bei den Metallteilen verzinkten Stahl, er ist lange haltbar, kann wiederverwertet werden und ist damit ressourcenschonend. Geben Sie mit einem Gründach der Natur Fläche zurück, die Sie auf dem Boden für das Bauwerk versiegeln müssen.

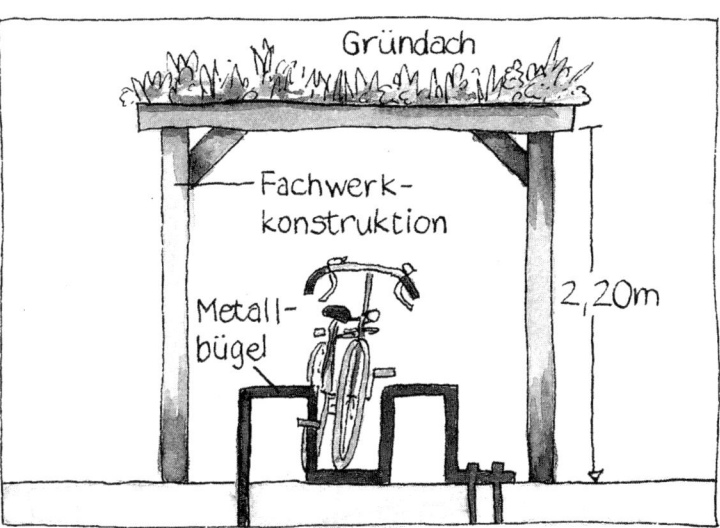

Abb. 7
Fahrradständer mit
Gründach

Der Fahrradständer sollte zum Schutz gegen Niederschläge mit einem Dach versehen sein. Flachdächer und leicht geneigte Dächer bis maximal 30° Neigungswinkel können Sie als Gründach gestalten. Der Aufbau des Gründaches ist analog dem Aufbau eines begrünten Flachdaches. Ein Gründach hat eine Lehm- und Sandauflage, die in nassem Zustand ein beträchtliches Gewicht aufweisen kann. Von daher muß die Konstruktion stabil sein, Sie sollten sich der Hilfe eines Architekten oder einer Architektin bedienen.

Die Trägerkonstruktion kann in der gleichen Ständerbauweise ausgeführt werden wie bei der Pergola. Alternativ hierzu können Sie auch von einem Zimmereibetrieb eine Fachwerkkonstruktion anfertigen lassen. Vorteilhaft ist es, die Wetterseite zu verkleiden, dann sind Mensch und Rad vor Wind und schräg auftreffendem Regen geschützt.

Um die Fahrräder anschließen zu können, haben sich verzinkte Stahlbügel bewährt, die bis an die Höhe des oberen Rahmenrohres heranreichen. Informationen über geeignete Fabrikate können Sie bei Fahrradinitiativen einholen.

Gleichen Sie die Bauweise des Fahrradständers der Pergola und anderen Objekten im Eingangsbereich an. Dies erreichen Sie durch die Verwendung gleicher Materialien und wiederkehrender Baumaße. Setzen Sie am Fuße der Holzbalken Kletterpflanzen in die Erde oder in Tröge. Die Gestaltungskraft der Natur verhilft Ihnen zu einem harmonischen Eingangsbild.

Großdimensionierte Bauwerke müssen Sie bei der Bauaufsichtsbehörde genehmigen lassen. Als Unterlagen müssen Sie dann die Pläne und die Baubeschreibung einreichen.

Zur weiteren Information lesen Sie:

Begrünung im Kapitel „Ein grünes Kleid für Haus und Dach", auf Seite 79;
und in Kapitel 3: Vorschlag Nr. 5: „Es grünt so grün: mit Pflanzen den Kindergarten beleben", auf Seite 36.

6.1.3 Flachland in Täler und Hügel verwandeln

Mit der Umgestaltung wollen wir den Kindern naturnahe Spiel- und Erlebnismöglichkeiten anbieten. Die erste Voraussetzung dieses zu erreichen, ist die Veränderung der Geländetopographie.

Einsehbare, ebene Flächen waren früher erwünscht, um die Kinder besser beaufsichtigen zu können. Dies ist ein Grund, weshalb heute noch in vielen Kindergärten das Spielgelände flach und somit eintönig gestaltet ist. Kinder mögen es, auf Hügel zu klettern, in Gruben zu springen und sich im buckligen Gelände zu verstecken.

Es ist ratsam, bei der Umgestaltung mit den Bodenbewegungen zu beginnen. Da arbeitssparend und ökonomisch vorgegangen werden soll, gilt das Prinzip, möglichst keinen Boden zu beschaffen noch Boden abzufahren. Oft wird in diesem Zusammenhang dann die Frage gestellt, wie auf diese Weise Täler und Hügel entstehen. Das ist aber ganz einfach: Dort wo Sie eine Grube für einen Teich graben, wächst auch ein Berg mit Aushubmaterial an. Dieses können Sie verwenden, um einen Spielhügel aufzuschütten.

Eines müssen Sie aber berücksichtigen: Trennen Sie den oberen, wertvollen Humusboden immer vom darunter liegenden Mineralboden! Vermischen Sie beim Schaufeln nicht beide Bodenarten, sondern legen Sie immer getrennte Materialhaufen an. Wenn Sie das Gelände fertig modelliert haben, kommt am Schluß der Humusboden obenauf.

Beim Anschütten von Erhebungen sollte zuvor ebenfalls der Humusboden mit der Vegetation abgestochen werden. Es erscheint zwar im ersten Moment widersinnig, den Bau eines Hügels mit dem Graben einer Vertiefung zu beginnen – die beiseite gelegten, bewachsenen Bodenstücke können jedoch nachher hervorragend auf den Hügel ausgelegt werden. In dieser Weise begrünt sich der Hügel schneller und kann bald von den Kindern genutzt werden.

Großräumige Erdbewegungen sind mit Hilfe eines Radladers schnell und leicht zu bewerkstelligen. Das Gerät kann mit seiner Schaufel zuerst den Humusboden abschieben und zur Zwischenlagerung aufschütten. Dann ist im nächsten Arbeitsgang die grobe Gestaltung von Vertiefungen und Erhöhungen an der Reihe.

Ob Ihnen die Verwandlung einer Ebene in Täler und Hügel noch nicht so gut gelungen ist, erkennen Sie daran, ob das Gelände am Schluß den Eindruck einer unfertig gestalteten Ebene mit Löchern und Erdhaufen erweckt. In diesem Fall sollten Sie noch nachbessern und die Täler und Hügel vergrößern und die Böschungen abflachen. Die Geländetopographie sollte in harmonischen Schwingungen verlaufen, und der ursprüngliche Bodenhorizont darf nicht mehr zu erkennen sein.

Die Feinmodellierung des Geländes führen sie besser per Hand, mit Harken und Schaufeln aus. Eine schwere Maschine würde den Boden zu sehr aufwühlen und verdichten. Das gleiche gilt für das Aufbringen des Humusbodens. Wenn hier sinnvoll mit einem Radlader gearbeitet werden soll, dann darf er nur bis an den Rand der zu bearbeitenden Fläche fahren und die Erde abladen, soweit der Schaufelarm reicht.

Die Gestaltung im einzelnen ist natürlich von den Bedingungen vor Ort und Ihren Zielen und Wünschen abhängig. Es kommt auch auf das Geschick und die Fantasie aller Beteiligten an, die an den Entwürfen und der Bauausführung arbeiten.

Am Schluß bleiben sicherlich mehr oder weniger große, vegetationsfreie Flächen zurück, die Sie mit zwei Methoden begrünen können:

1. Sie überlassen alles der Natur. Samen und Wurzeln im Boden, aber auch Samen, die Wind und Tiere herbeitragen, lassen schon nach wenigen Wochen eine dichte Pionierpflanzenvegetation entstehen. Dieses Vorgehen kostet Sie keinen Pfennig, es ist mit wenig Arbeit verbunden und bietet den Kindern das größte Spiel- und Gestaltungsangebot.

2. Sie säen Landschaftsrasen. Verwenden Sie nach DIN 18917 gekennzeichnetes Saatgut. Berechnen Sie die notwendige Menge nach einer Dichte von drei Saatkörnern pro cm^2 (30000 pro m^2).

Punktuell können Sie einige Gehölzgruppen mit niedrigwachsenden Arten pflanzen. An einer sonnigen Ecke legen Sie ein Beerensträuchergärtchen an mit Johannis-, Stachel-, Him- oder Brombeeren.

Darauf müssen Sie achten:
- größere Aufgrabungen und Aufschüttungen bedürfen einer Baugenehmigung durch die örtliche Bauaufsichtsbehörde.
- Beachten Sie beim Graben verlegte Leitungen; schütten Sie keine Schächte und Hydrantendeckel zu!

Zur weiteren Information lesen Sie:
Rasen anlegen im Kapitel „Ein Rasen zum Spielen und Toben" auf Seite 122.

6.1.4 Die sanften Riesen: Bäume im Kindergarten

Bäume im Kindergarten sind ein Geschenk der Natur. Sie spenden im Sommer kühlen Schatten und schützen die Kinder vor den UV-Strahlen der Sonne, die heute intensiver durch die dünnere Ozonschicht dringen als noch vor einigen Jahren. Bäume regen die Kinder immer wieder zu Spielen und Erlebnissen an: Ein dicker Stamm fordert dazu auf, ihn mit den Armen zu umfassen, die Verschiedenartigkeit der Rinde ist mit geschlossenen Augen intensiv zu erfühlen, an einen starken Ast kann ein Seil zum Schwingen geknotet werden. Ein verzweigter Baum lädt zum Klettern ein, aus den Früchten, Nüssen oder Kernen von Bäumen lassen sich Spielsachen und Schmuck herstellen, und manchmal sind die Früchte sogar eßbar!

Bäume und Planung

Bei der Planung und den Entwürfen für die Umgestaltung sind die vorhandenen Bäume im Kindergarten grundsätzlich eine zu berücksichtigende Vorgabe. Sie sind keine beliebig verschiebbaren Figuren auf dem Planungstisch, weil sie schlichtweg an ihrem Standort fest verwurzelt sind und Lebensgemeinschaften mit Tieren, Pflanzen und Pilzen bilden. Verschiedenenorts werden manchmal Versuche mit Großbaumverpflanzungen durchgeführt. Das ist aber ein sehr aufwendiger Vorgang, der schwerwiegend in das Leben des Baumes eingreift und nicht immer erfolgreich verläuft. Es ist besser, durch eine weitsichtige Planung die Bäume am Standort zu erhalten und Bäume nur in Notfällen umzusetzen.

Bäume und Baumaßnahmen

Durch die Naturschutzgesetze des Bundes und der Länder sowie durch die Baumschutzverordnungen in verschiedenen Ländern und Gemeinden sind Bäume unter einen besonderen Schutz gestellt. Unter anderem dürfen sie, je nach Schutzstatus, mit Stammumfängen ab 30 oder 60 cm nur mit Genehmigung der Naturschutzbehörde gefällt werden. Eingriffe sind auf einen festgelegten Zeitraum im Winterhalbjahr beschränkt. Bei unerlaubten Fällaktionen können die Behörden ein Bußgeld verhängen und Ersatzpflanzungen anordnen.

Bei den Baumaßnahmen im Außengelände wird manchmal übersehen, daß Bäume mehr sind als nur ihr Stamm. Bäume haben eine Krone und ein Wurzelwerk. Für Planung und Entwurf ist es unabdingbar, schon im Bestandsplan die Traufkante der Krone einzuzeichnen. (Die Traufkante ist der äußere Rand der Krone, projiziert auf den Boden.) So lassen sich Fehlplanungen leichter vermeiden.

Innerhalb der Traufkante sollte nicht gegraben werden, da sonst das Wurzelwerk des Baumes beschädigt wird. Auch ist dieser Bereich vor Bodenverdichtung zu schützen. Nur in lockeren Böden kann der Luftsauerstoff bis zu den Wurzeln durchdringen. Die meisten Bäume vertragen auch keine Anschüttungen. Ausnahmen sind Pionierbaumarten wie Birken, Pappeln oder Weiden.

Sind Grabungen im Wurzelbereich eines Baumes unumgänglich, dürfen sie nur nach festgelegten Vorkehrungen durchgeführt werden. Grundsätzlich kommt für diese Arbeiten nur die Zeit der Vegetationsruhe in Frage. Die abgetrennten Wurzeln müssen auf der Schachtseite des Baumes mit einer Verschalung vor weiterer Beschädigung und Austrocknung geschützt werden. Weil ein beschädigtes Wurzelwerk unter Umständen nicht mehr die Kraft hat, die ganze Krone zu versorgen, müssen Fachleute überprüfen, ob sie zurückgeschnitten werden muß. Ansonsten können Kümmerwuchs und das Absterben von Trieben die unerwünschten Folgen sein.

Auf Baustellen ist oft die Unsitte zu beobachten, an Baumstämmen allerlei Material abzulagern. Hierbei können harte und kantige Gegenstände die Rinde und die Leitungsbahnen des Baumes verletzen. Schweres Material und Maschinen können den Boden verdichten und die Wurzeln schädigen. All diese vermeidbaren, scheinbar unwesentlichen Beeinträchtigungen können in der Summe ihrer Wirkung die Vitalität des Baumes erheblich schwächen.

Um diese Dinge zu vermeiden, sind gleich bei der Einrichtung einer Baustelle Schutzmaßnahmen gegen mögliche Schäden an Bäumen zu ergreifen: Die Stämme erhalten eine Bretterummantelung, der Bereich innerhalb der Traufkante des Baumes wird mit einem Absperrgitter oder einem Zaun abgesichert. Unvermeidbare Fahrwege über die Baumscheibe hinweg sind mit ausgelegten Baubohlen zu sichern.

Bäume pflanzen

In vielen Kindergärten stehen zu wenige Bäume im Außengelände. Deshalb gehört das Pflanzen von Bäumen zu einer der wichtigsten Maßnahmen bei Umgestaltungen.

Das Pflanzen auch eines jungen Baumes stellt für diesen eine Belastung dar, weshalb die Phase der Vegetationsruhe, außerhalb der Frostperiode, abgewartet werden sollte. In Tallage sind dies die Zeiträume von Ende Oktober bis Mitte Dezember und von Ende Februar bis Ende April.

Stehen die jungen Bäume zum Einpflanzen bereit, dann graben Sie ein Loch, das doppelt so groß wie das Volumen des Wurzelballens ist. Setzen Sie den Baum so tief, daß der Übergang vom Stamm zur Wurzel genau an der Bodenoberkante liegt. Mit festen Schuhen treten Sie die eingefüllte Erde um die Wurzeln fest, damit die Hohlräume geschlossen werden und die Wurzeln nicht austrocknen können. Wässern Sie gründlich, und füllen Sie eventuell entstandene Erdabsenkungen auf. Im Frühjahr vor dem Austrieb sollte die Krone zurückgeschnitten werden – bei Bäumen ohne Ballen stärker, damit das Wurzel-/Kronenvolumen-Verhältnis wieder ins Gleichgewicht kommt. Ohne Rückschnitt würden Teile der Krone absterben, da durch den Eingriff des Umpflanzens die Wurzel noch nicht die Kraft hat, alle Triebe zu versorgen.

Müssen die Bäume vor dem Pflanzen noch einige Zeit gelagert werden, sind sie auf jeden Fall gleich nach der Anlieferung an einem schattigen Platz einzuschlagen. Freiliegende Wurzeln sind äußerst empfindlich und können bei Wind und Sonne schon nach einer halben Stunde vertrocknet sein.

Die Arbeit des Einschlagens wird wie folgt ausgeführt: Heben Sie einen Graben aus und legen Sie die Bäume mit dem Stamm flach auf die Böschung und mit dem Wurzelballen in die Vertiefung. Bedecken Sie die Wurzeln ausreichend mit Erde. Vergessen Sie nicht das Wässern – ein Baum in der Ruhezeit ist kein Totholz, sondern er lebt und braucht Wasser.

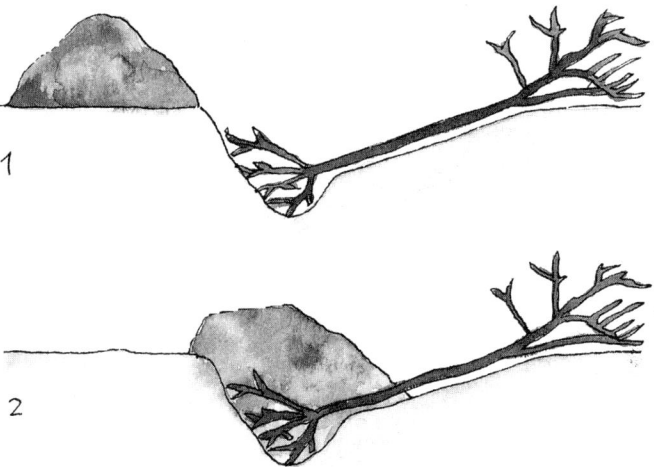

Abb. 8
Das Einschlagen
von Bäumen

Bäume für den Kindergarten

Eine Auswahl von Bäumen, die u.a. aufgrund ihrer Blüten und Früchte sowie ihres Wuchses für die Pflanzung im Kindergarten besonders geeignet sind, stellen wir Ihnen nachfolgend vor.

Bäume mit schönen Blüten und/oder mit Früchten:
– Aesculus hippocastanum (Roßkastanie)
– Amelanchier canadensis (Felsenbirne)[2]
– Juglans regia (Walnuß)[2]

- Magnolia (Magnolie)[1, 2]
- Malus (Apfelbaum)[1]
- Prunus (Kirschbaum)[1]
- Pyrus (Birnbaum)[1]
- Sorbus aucuparia (Eberesche)
- Syringa vulgaris (Flieder)

Große Bäume als Schattenspender:
- Acer platanoides (Spitzahorn)
- Aesculus hippocastanum (Roßkastanie)
- Pinus silvestris (Kiefer)
- Platanus acerifolia (Platane)
- Tilia (Linde)[1]
- Ulmus (Ulme)[1]

Schnellwüchsige Bäume:
- Acer platanoides (Spitzahorn)
- Aesculus hippocastanum (Roßkastanie)[2]
- Alnus (Erle)[1]
- Betula verrucosa (Sandbirke)
- Fraxinus excelsior (Esche)
- Populus (Pappel)[1]
- Salix alba (Weißweide)

Kleinwüchsige Bäume:
- Amelanchier canadensis (Felsenbirne)[2]
- Carpinus betulus (Hainbuche)
- Crataegus monogyna (Weißdorn)
- Malus (Apfelbaum)[1]
- Sambucus nigra (Holunder)
- Sorbus aucuparia (Eberesche)
- Syringa vulgaris (Flieder)

[1] = in Arten und Formen
[2] = nicht heimische Gehölze

6.1.5 Entsiegelung – damit der Boden atmen kann!

Boden ist Lebensraum und keine tote Materie! Von den obersten 30 cm des Bodens hängt das ganze Leben auf der Erde ab. Dies sollten wir uns immer wieder ins Gedächtnis zurückrufen und immer dort, wo es geht, den vorhandenen, natürlichen Boden erhalten und versiegelte Flächen aufbrechen und naturnah gestalten.

Von Bodenversiegelung wird gesprochen, wenn der Boden mit luft- und wasserundurchlässigen Materialien befestigt ist. Leben ist dort kaum noch möglich. Wasser kann nicht mehr versickern und muß künstlich abgeleitet werden. Es wird in der Kanalisation mit Abwässern vermischt oder direkt in Vorfluter (Kanäle, Flüße) geleitet, womit es für die Natur vor Ort und für die Grundwasserneubildung verloren ist.

Gerade in Städten und Ballungsgebieten, wo der Bedarf an Wasser am größten ist, sinken die Grundwasserstände kontinuierlich ab. Dieser Trend kann nur durch einen sparsameren Verbrauch und die Entsiegelung befestigter Oberflächen aufgehalten werden.

Auch in Kindergärten sind über ein sinnvolles Maß hinaus Flächen zubetoniert, asphaltiert oder mit Betonplatten und Pflastersteinen belegt worden. Diese Flächen sind nicht nur von Nachteil für das Bodenleben und die Umwelt, sondern auch für die gesunde, anatomische Entwicklung der Kinder. Wie wir im Kapitel „Baubiologische Sanierung von A-Z" erwähnt haben, sollten Kinder vorwiegend auf natürlichem Boden oder naturnahen Bodenmaterialien laufen.

Zur weiteren Information lesen Sie:
Gesunde, anatomische Entwicklung der Kinder im Kapitel „Baubiologische Sanierung von A-Z", **Stichworte Kork, Linoleum und Teppichböden** auf den Seiten 254f., 258 und 264ff.

Vorbereitungen für die Entsiegelung
Der erste Schritt zur Entsiegelung beginnt mit der Überprüfung der vorhandenen Flächen im Außengelände. Machen Sie sich hierzu eine Kopie des Bestandsplanes und kategorisieren Sie drei Bereiche, die Sie mit unterschiedlichen Farben in der Plankopie markieren. Hiermit erhalten Sie eine klare Übersicht über die anstehenden Entsiegelungsmaßnahmen.

Rot:
Färben Sie alle versiegelten Flächen rot, von denen Sie meinen, daß sie unbedingt so bleiben müssen, wie sie derzeit sind.

Blau:
Färben Sie alle versiegelten Flächen blau, von denen Sie meinen, daß sie durch naturfreundlichere Materialien ersetzt werden können.

Grün:
Färben Sie alle versiegelten Flächen grün, von denen Sie meinen, daß sie ersatzlos beseitigt und bepflanzt werden können.

Sicherheitshinweis

Kurze Hosen, Sandalen und T-Shirt sind bei Entsiegelungsarbeiten nicht die richtige Kleidung! Schützen Sie sich mit Arbeitshandschuhen, robuster Arbeitskleidung und Sicherheitsschuhen. Beim Arbeiten mit der Spitzhacke setzen Sie eine Sicherheitsbrille zum Schutz gegen aufspritzende Splitter auf.

Beton

Beton ist eine Mischung aus Zement und Kies und kann zur Verbesserung der statischen Eigenschaften mit Stahl bewehrt sein. Unter einer Betondecke befindet sich meist eine Schotter- oder Bruchsteinschicht, um die Tragfähigkeit zu verbessern. Betonflächen lassen nahezu kein Wasser versickern.

Dicke Betondecken müssen mit schwerem Gerät beseitigt werden. Bei einer kleinen Fläche kann zunächst ein Versuch unternommen werden, ob sie mit einem schweren Vorschlaghammer zu zerschlagen ist. Stahlmatten und -drähte erschweren den Abriß und müssen mit Bolzenschneider oder Trennscheibe zerkleinert werden. Im Beton bilden sich, je nach Qualitätsnorm, im Laufe der Zeit mehr oder weniger starke Risse aus, die das Zertrümmern erleichtern.

**Wieder-
verwertung** Den Abraum können Sie beim Bau von Fundamenten und von befahrbaren Wegen wie einer Feuerwehrzufahrt verwenden. Aufschüttungen im Spielgelände sind mit diesem Material nicht zu empfehlen, zumal wenn es mit Eisen vermischt ist. Durch Erosion und Grabungen der Kinder könnten Teile davon wieder an die Oberfläche kommen. Falls Sie aber einen Lärmschutzwall anlegen wollen, können Sie den Kern mit den Bruchsteinen aufschütten.

Haben Sie keine eigene Verwendungsmöglichkeit, fragen Sie beim Tiefbauamt an, ob dort das Material entgegengenommen wird. Auch bei Bodenleitstellen kann wiederverwertbares Material abgeliefert werden. Falls sie dort keine Abnehmer finden, bleibt als letzte Möglichkeit die Abfuhr auf eine Bauschuttdeponie.

Asphalt

Eine Asphaltdecke für leichte Belastungen besteht aus Schotter und Splitt, die mit Teer oder Bitumen gebunden sind. Asphalt ist nahezu wasserdicht und sollte bei Entsiegelungsmaßnahmen auf der Prioritätenliste obenauf stehen. Bei dünnen Decken kann versucht werden, sie mit Spitzhacke und Vorschlaghammer aufzubrechen. Falls dieser Versuch nicht zum Erfolg führt, muß die Entsiegelung mit Preßluft- oder Elektromeißel fortgesetzt werden.

Wieder-verwertung Der abgeräumte Asphaltbelag ist im Außengelände bei der Umgestaltung nicht weiter verwendbar. Bitumen und Teer sind Erdölprodukte, die nicht in den Boden gehören. Deswegen sollte der Abraum zum Bauschuttrecycling gebracht werden, wo er eventuell wieder zum Straßenbau verwendet werden kann. Schotter und Steine unter dem Asphalt können aber im Kindergarten beim Wegebau wiederverwertet werden.

Platten und Pflaster

In der Regel werden im Kindergarten Platten und Pflaster in einem Sandbett verlegt sein. Das macht die Entsiegelung sehr einfach. Heben Sie die Steine mit einer Brechstange hoch, und bringen Sie sie gleich an den Platz ihrer Lagerung oder dahin, wo ein Fahrzeug sie aufladen kann.

Bei befahrbaren Wegen kann es vorkommen, daß die Steine in Zementmörtel gelegt wurden. Versuchen Sie hier, die Steine mit einer großen Brechstange zu lösen. Den Mörtel müssen Sie mit Vorschlaghammer und Spitzhacke abbrechen. Haben Sie mit diesen Mitteln keinen Erfolg, ist der Einsatz von Abbruchmaschinen erforderlich.

Wieder-verwertung Gut verlegte Betonplatten ergeben eine schöne glatte Fläche, die hervorragend zum Rollschuhlaufen geeignet ist. Dies ist der einzige Fall, für den im umgestalteten Kindergarten Betonplatten zu akzeptieren sind. Steinbruch können Sie beim Bau von Fundamenten und befestigten Wegen wiederverwerten.

Versuchen Sie, die nicht benötigten Platten als „Tauschware" im Bauhof Ihrer Gemeinde gegen dringend benötigte Dinge abzugeben: Sand, Kies, Pflastersteine, Baumpfähle und anderes. Oder Sie fragen in der für Abfälle und Bauschutt zuständigen Stelle Ihrer Gemeinde nach, wo Sie die Steine zum Recycling hinbringen lassen können.

Platten und Pflaster aus Naturstein sind demgegenüber wertvoll und vielseitig verwendbar. Es können Trockenmauern errichtet, Wege und Plätze gebaut oder ein Wassergarten angelegt werden.

Auch wenn Sie im Augenblick keine Verwendungsmöglichkeiten haben, sollten Sie die Materialien für einen späteren Gebrauch im Kindergarten deponieren.

Pflastern mit Holz und Stein

1. Holzpflaster

Kleine Plätze um eine Bank, Räume zwischen Hochbeeten und schmale Wege im Garten bieten Einsatzmöglichkeiten für das Holzpflaster. Hierfür kommen Rundhölzer in Frage, wobei das Stirnholz nach oben und unten weist.

Wir raten wegen der bekannten Gefahren für die Gesundheit zum Verzicht auf giftige Holzschutzmittel und empfehlen Eichen- oder Robinienholz, das gegen Verwitterung sehr robust ist. Das Holz der Robinie ist sehr hart und zäh und läßt sich nur schwer mit der Hand sägen. Dies ist einer der Ausnahmefälle, bei denen der Einsatz einer Motorsäge notwendig ist. Wenden Sie sich an die Forstbehörde oder den Gemeindebauhof, und bitten Sie um Hilfe.

Vom Arbeiten mit der Motorsäge in Eigeninitiative raten wir ab. Nur von Personen, die einen Motorsägeführerschein nachweisen können und über die notwendige Sicherheitsausrüstung verfügen, dürfen Sie Hilfe annehmen. Halten Sie vor einem solchen Einsatz Rücksprache mit Ihren Vorgesetzten, und versichern Sie sich deren Einverständnisses.

> Sicherheitshinweise für den Umgang mit Motorsägen:
>
> 1. Besitz eines Motorsägeführerscheines
> 2. Sicherheitskleidung
> – Spezialhose mit Stahlgeflechteinlage
> – Schuhe mit Stahlkappen
> – Schutzhelm und -brille

Legen Sie das Holzpflaster in ein Sand- oder Kiesbett, damit nach Niederschlägen das Wasser schnell nach unten abgeleitet wird. Die Rundhölzer sollten zehn bis zwölf Zentimeter lang sein. Unterschiedliche Durchmesser ergeben ein schöneres Muster und kleinere Fugen. Weil Holz „arbeitet", darf das Pflaster nicht auf „Tuchfühlung" verlegt werden, sonst könnte sich der Belag hochwerfen. Verfugen Sie die Zwischenräume nach dem Verlegen mit Sand, Splitt oder Feinkies.

Abb. 9
Holzpflaster mit
zu geringem
Zwischenraum

Abb. 10
Holzpflaster mit
richtigem Zwi-
schenraum

2. Steinpflaster

Mit Pflastersteinen können Sie im Kindergarten mehr gestalten als nur Wege und Plätze. Trockenmauern, ein Wassergarten, Sitzplätze oder Kletterfiguren sind nur einige mögliche Anwendungsbeispiele.

Wir empfehlen, frühzeitig mit dem Sammeln von Pflastersteinen zu beginnen (Anfragen bei Behörden und beim Baustoffrecycling). Größere Mengen sind später ad hoc nur schwierig zu organisieren, es sei denn, Sie können sie im Baustoffhandel kaufen. Haben Sie keine Bedenken, nach der Umgestaltung auf überzähligen Pflastersteinen sitzenzubleiben. Weil diese stark begehrt sind, lassen sich immer Abnehmer finden, die Ihnen zum Tausch vielleicht andere Materialien anbieten oder Ihnen bei der Umgestaltung als Ausgleich später einen Gefallen erweisen.

Für eine normale Trittbelastung reicht es aus, Pflastersteine in Sand zu verlegen. Bei Mosaikpflaster müssen Sie auf enge Fugen achten, sonst können später die einzelnen Steine leicht herausgelöst werden. Besondere Beachtung verdienen die äußeren Steine einer Fläche, damit sie dort nicht herausbrechen. Eine Reihe Klein- oder Großpflaster, die in Zementmörtel verlegt wird, dient als trittsichere Kante. Nach dem Verfugen mit Sand wird das Pflaster abgerüttelt. Dies geschieht mit einer Rüttelwalze oder -platte.

Feuerwehrzufahrt: Darüber lassen wir Gras wachsen

Soweit im Kindergarten überhaupt die Befahrbarkeit von Wegen gegeben sein muß, sollte sich dies auf die Feuerwehrzufahrt beschränken, die in Ausnahmefällen für die Abfuhr und Anlieferung von Materialien genutzt werden kann.

Eine Zufahrt kann problemlos so gestaltet werden, daß Gras über die Fläche wächst und bald der Eindruck eines Rasens entsteht. Dies ist möglich durch eine Bauweise, die genügend Hohlräume zwischen den Steinen freiläßt und die Wurzeln so vor Beschädigungen schützt.

1. Rasengittersteine

Rasengittersteine sind aus Beton gegossene Formsteine, die etwa zu 40 % ihres Volumens aus Hohlräumen bestehen. Auf eine 25 cm starke, verdichtete Tragschicht aus Schotter und Sand wird eine Ausgleichsschicht aus Sand aufgebracht. In den Sand werden die mindestens 12 cm hohen Rasengittersteine verlegt. Anschließend werden die Hohlräume mit Sand oder einem Sand-Humusgemisch verfugt, und es wird Landschaftsrasen eingesät.

Bei geringeren Ansprüchen an die Tragfähigkeit (Befahren nur mit PKW) genügt die Verlegung in Sand.

2. Schotterrasen

Schotterrasen ist weniger belastbar als ein Weg mit Rasengittersteinen, dafür aber einfacher zu bauen. In die ausgekofferte Wegstrecke wird eine ca. 20 cm starke Schotterschicht (Körnung 30/60 mm), vermischt mit Humus und Sand, aufgetragen und verdichtet. Auf diese Fläche kommt nochmals ein etwa daumendicker Auftrag aus Sand und Humus. Danach wird der Weg mit Landschaftsrasen eingesät.

3. Pflaster

Sie können die Zufahrt in der ganzen Fläche mit Großpflaster füllen, oder Sie legen nur zwei Fahrspuren an. Die Breite einer Spur sollte 100 cm betragen, der Zwischenraum in der Mitte des Weges mindestens 80 cm, entsprechend dem Radstand von Lastkraftwagen. Ein Kurvenradius von 25 m sollte nicht unterschritten werden, sonst wird das Befahren zur Akrobatik.

Die äußeren Reihen einer Spur sollten in Zementmörtel gesetzt werden, damit die Steine beim Befahren nicht wegbrechen. Für die innen liegenden Steine genügt eine Verlegung in Sand. Eine Fugenbreite von 3 cm läßt das Niederschlagswasser gut versickern und bietet den Gräsern ausreichend Wurzelraum.

Der Zwischenraum der Fahrspuren kann auch als Schotterrasen angelegt werden. Kommt ein Reifen einmal von der Spur ab, bilden sich keine tiefen Fahrrillen aus.

Rindenmulch: Schwingendes Gehgefühl

Rindenmulch für kleine Wege und Plätze ist ein idealer Belag im Kindergarten-Außengelände. Durch das Begehen verfestigt sich die Rindenmulchauflage, bleibt aber trotzdem elastisch und verschafft ein angenehmes, leicht schwingendes Gehgefühl.

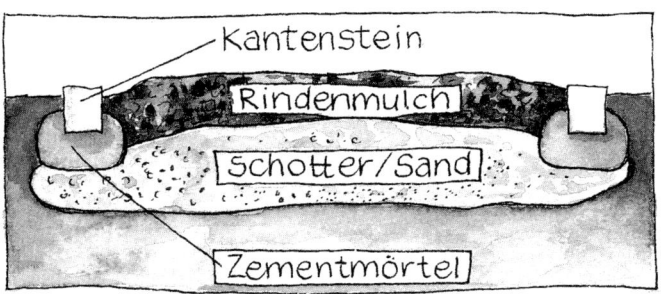

Abb. 11
Aufbau eines Weges
mit Rindenmulch

Entfernen Sie den alten Wegebelag, bzw. stechen Sie den Humusboden ab, und prüfen sie den Unterbau. Er sollte wasserdurchlässig sein und im Idealfall aus Sand, Kies oder Schotter bestehen. Bei lehmigem Boden ist eine Drainageschicht aus Kies unter der Rindenmulchdecke erforderlich.

Kleine Pfade können einfacher, als in obiger Abbildung dargestellt, ausgeführt werden. Stechen Sie einfach den oberen Humusboden ab, und verfüllen Sie den Weg mit einer 10–15 cm starken Auflage Rindenmulch. Auf Kantensteine können Sie hierbei verzichten.

Wege aus Rindenmulch sollten nicht bis direkt an Eingangstüren zum Haus führen. Etwas Material, besonders wenn es feucht ist, bleibt immer an den Schuhen haften und würde somit in die Innenräume getragen werden.

Sollte nach einigen Jahren der Rindenmulch zu verrotten beginnen, kann er ersetzt und problemlos kompostiert werden.

Rindenmulchweg ohne Kantenstein

Rindenmulch wird aus der zerkleinerten Rinde geschälter Stämme in der Forstwirtschaft gewonnen. Im Winterhalbjahr ist die Zeit des Holzeinschlages, und deshalb fällt in dieser Periode auch die größte Menge Rindenmulch an. Wenden Sie sich also rechtzeitig an die Forstbehörde oder ein Sägewerk, um von dort die gewünschte Menge zu bekommen.

Rindenmulch kann mit Rückständen von Insektiziden belastet sein. Die Stämme wurden dann im Forst oder auf den Holzlagerplätzen gegen den Befall von Borkenkäfern und anderer Insekten behandelt. Fragen Sie beim Forstamt nach, ob die Rinde unbelastet ist. Im Zweifelsfall und wenn es außerdem um eine größere Menge Rindenmulch geht, können Sie zur Sicherheit eine Probe bei einem Umweltinstitut analysieren lassen.

6.1.6 Alte Steine neu zusammengesetzt

1. Trockenmauern

Eine Trockenmauer kann das Schmuckstück eines Gartens sein. Im umgestalteten Kindergarten sind Trockenmauern vielseitig einsetzbar. Gerade wenn Sie im Außengelände Hügel und Täler geformt haben, ergeben sich viele Böschungen, die mit Trockenmauern bestückt werden können.

Trockenmauern sollten von der Sonne beschienen werden. In den

Fugen können sich dann wärmeliebende Stauden wie Seifenkraut und Mauerpfeffer entfalten. Auch die Zauneidechse liebt es, sich auf den warmen Steinen zu sonnen. Feuerwanzen sammeln sich und verwandeln die Steine in bunte Bilder. Unter den Steinen, wo es feucht ist, leben Asseln, Spinnen und Käfer. Trockenmauern sind Plätze, an denen die Kinder immer etwas zu entdecken und zu beobachten haben.

Das schönste Bild ergeben Mauern aus grob- oder unbehauenen Natursteinen. Aber auch recycelte Klinker- oder Pflastersteine können mit geschickter Hand zu einer dekorativen Trockenmauer zusammengesetzt werden. Auf der Suche nach geeigneten Steinen heißt es die Augen offenhalten. Abrißhäuser und Recyclingmaterialplätze sind ideale Fundorte. Auch wenn Baugruben ausgehoben werden, können Findlinge oder Bruchsteine im Abraum dabei sein. Eine Frage beim Bauunternehmen kostet nichts! Vielleicht bekommen Sie die Steine für den Kindergarten gespendet!

Eine Trockenmauer können Sie immer in der gleichen Bauweise ausführen: Stechen Sie den Humusboden der vorgesehenen Grundfläche der Mauer ab und verfüllen Sie das Mauerbett mit Kies, Schotter oder Steinbruch, die Sie mit einem Rüttler verdichten. Wählen Sie für die unterste Reihe die größten Steine aus, und wenden Sie eine schöne und ebene Seite nach außen. Je mehr Aufmerksamkeit Sie darauf verwenden, die einzelnen Steine zusammenzusetzen, desto harmonischer wird am Ende das Erscheinungsbild Ihrer Mauer. Falls ein Stein wackelt, muß er mit Steinsplittern verkeilt werden.

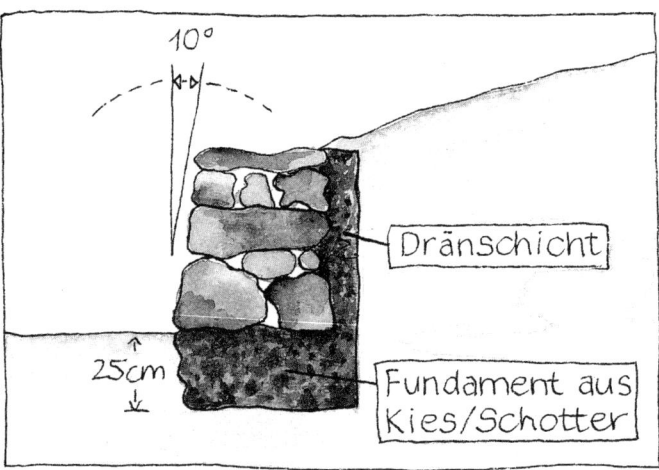

Abb. 12
Aufbau einer
Trockenmauer

Wenn viele kleine Hände viele kleine Dinge tun, kommt Großes zustande.

An der Basis ist die Mauer am breitesten. Dort muß sie mindestens ein Drittel ihrer Höhe betragen. Eine freistehende Trockenmauer verjüngt sich nach oben zu beiden Seiten um ca. zehn Grad. Am Hang wird die hintere Seite gerade hochgemauert und mit einer Dränschicht aus Schotter oder Steinbruchmaterial hintermauert. Für den oberen Abschluß der Mauer wählen Sie große und flache Abdecksteine aus, die den Halt festigen.

2. Einfassungen

Sie müssen jeweils nach Ihrem eigenen ästhetischen Empfinden und nach dem angestrebten Zweck entscheiden, ob Wege, Plätze und Beete uneingefaßt in der sie umgebenden Fläche liegen oder ob mit Kanten und Begrenzungen eine bessere Lösung verwirklicht werden kann.

Einfassungen mit Steinen ergeben stabile und haltbare Kanten. Wegen der Stolpergefahr sind die Steine ebenerdig zu verlegen und dürfen maximal einen Zentimeter herausragen.

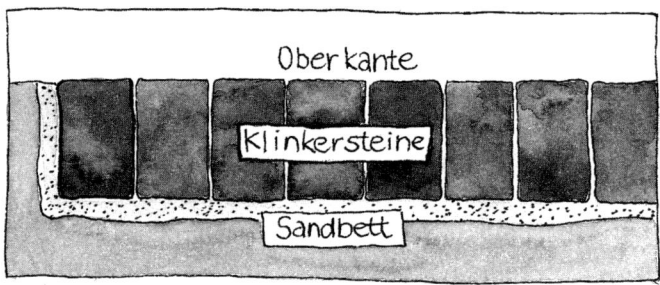

Abb. 13
Verlegung einer
Kante mit Klinker-
steinen

Eine Kante, die keinen großen Belastungen ausgesetzt ist wie ein Beet im Garten, kann mit einem hochkant in die Erde eingelassenen Klinkerstein eingefaßt werden. Wird die Größe des Beetes später geändert, können auch die Steine leicht umgesetzt werden.

Für eine Wegkante ist es wegen der Trittbelastung sinnvoll, den Kantenstein in eine Zementmischung zu legen. Der Mörtel wird auf eine ca. 20 cm starke Kiesschicht aufgebracht. Bei Wegen sollten die Steine auf gleicher Höhe mit der Wegedecke liegen, um Stolperkanten zu vermeiden.

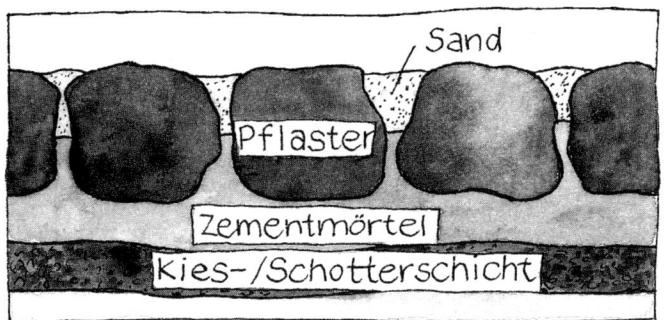

*Abb. 14
Einfassung einer
Fläche mit Pflaster*

Einfassungen von Sandkästen oder Fallschutzflächen von Spielgeräten müssen die DIN Norm 7926 für Kinderspielgeräte erfüllen. Es dürfen keine scharfkantigen Materialien verwendet werden. Aus Sicherheitsgründen sollten die Kanten dort mit Halbrundhölzern abgesichert sein.

6.1.7 Pergolen mit Berankung entfalten neue Räume

Pergolen sind im Kindergarten an vielen Stellen einsetzbar. Am Haus gestalten sie die Übergänge von drinnen nach draußen. Eine Pergola kann langweilige Fassaden verdecken, aber auch als Raumteiler im Gelände oder als Schattenspender am Spielplatz dienen.

Eine unberankte Pergola ist wie ein Baum ohne Blätter. Erst mit einer grünen, blühenden Berankung entfaltet die Pergola ihre volle Wirkung und Schönheit.

Konstruktion

Pergolen können Sie immer nach der gleichen, bewährten Konstruktion bauen: Verbinden Sie senkrecht aufgestellte Ständer oben mit Pfetten, auf denen Sie das Rankgerüst, bestehend aus Dachlatten oder Rundhölzern, befestigen (vgl. Abbildungen 18–20).

Es ist nicht ratsam, die Ständer in den Boden einzugraben. An der Bodenoberkante würden sie sehr schnell von Fäulnis befallen werden. Um das Holz zu schützen, wird es auf verzinkte Flacheisen oder Metallschuhe geschraubt, die in einem Punktfundament aus Beton eingelassen sind. Zur besseren Verankerung im Fundament können die Flacheisen am unteren Ende ca. 5 cm eingesägt und jeweils in Gegenrichtung umgebogen werden.

Der Abstand zwischen Ständer und Bodenkante soll ca. 5 cm betragen. Das Fundament soll frostsicher 80 cm tief reichen und 25–30 cm im Durchmesser haben.

Abb. 15
Verankerung
der Ständer im
Fundament.

Die Flacheisen sollten „im Wasser liegen", d. h., mit Hilfe einer Wasserwaage werden sie senkrecht ausgerichtet und mit einer Hilfskonstruktion aus Pflöcken und Querbrett ein bis zwei Tage fixiert, bis der Beton abgebunden hat.

Die Ständer können aus Kantholz oder aus Rundholz sein. Letzteres ist kostengünstiger. Fragen Sie beim Forstamt nach, ob Sie Koniferenstämme aus der Durchforstung zur Verfügung gestellt bekommen. Aber auch altes Bauholz und Holz aus einem Recyclinglager sind oft noch gut verwendbar.

Wenn nach einigen Tagen der Beton durchgehärtet ist, können Sie die Ständer an die Flacheisen schrauben. Bei runden Ständern muß vorher die Verbindungsstelle eben gehobelt werden.

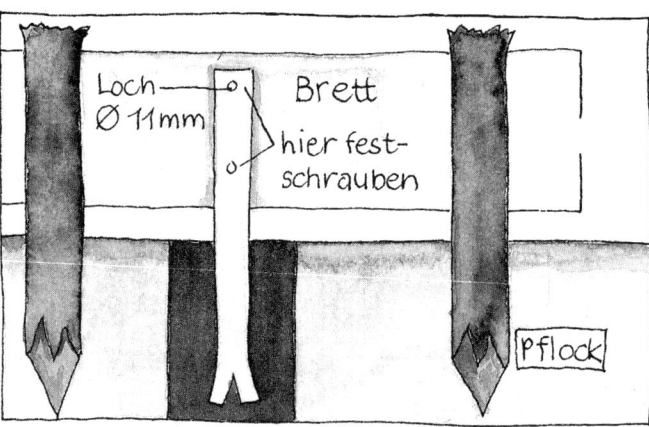

Abb. 16
Hilfskonstruktion

Am stabilsten ist die Verbindung mit zwei durchgehenden Gewinde-schrauben. Bringen Sie die Ständer mit der Wasserwaage exakt ins Lot, und markieren Sie die Bohrung. Hierzu benötigen Sie die Hilfe weiterer Hände, die den Ständer justieren. Wenn Sie ganz sicher ge-hen wollen, bauen Sie aus Pflöcken und Latten eine Hilfskonstruk-tion, und nageln Sie den Ständer provisorisch daran fest, nachdem Sie ihn genau senkrecht ausgerichtet haben.

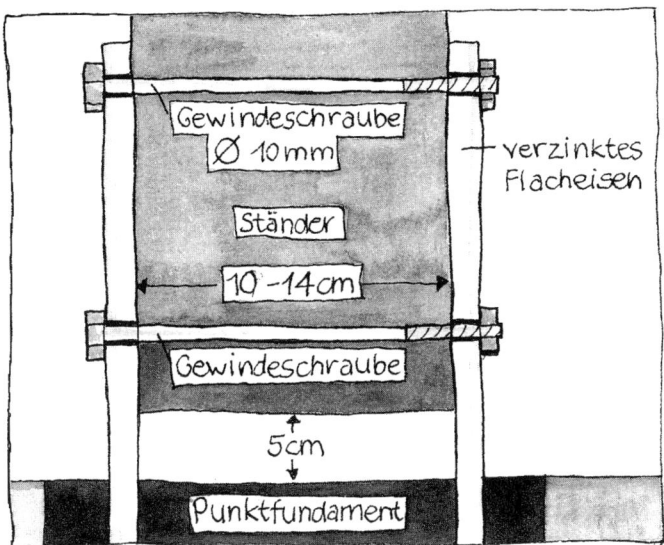

Abb. 17
Befestigung der
Ständer an den
Flacheisen

Eine Reihe mit Ständern verbinden Sie oben mit ein oder zwei Pfet-ten, je nach gewünschter Stabilität. Der Abstand zwischen den Stän-dern kann zwei bis maximal drei Meter betragen. Die Höhe der Stän-der sollte nicht zu knapp bemessen sein, da die Pflanzen Raum beanspruchen werden. Sonst kann es Ihnen passieren, daß Sie bald nur noch gebückt die Pergola durchqueren können. Die Durchlauf-höhe sollte deshalb mindestens 2,20 Meter betragen (vgl. Abb. 18).

Bohren sie durch Pfette und Ständer ein Loch, und verbinden Sie die Teile mit Schloßschrauben. Diese haben einen runden Kopf ohne Schlitz, der auf einem Vierkantstück sitzt, welches das Drehen der Schraube verhindern soll. Die Mutter sollte versenkt werden, und das Schraubengewinde sollte nicht aus dem Holz hervorstehen. Fräsen Sie ein Loch in das Holz, das ca. 5 mm größer ist als der Durchmes-ser der Mutter. Dann können Sie mit einem Steckschlüssel die Mutter anziehen. In der DIN-Norm 1052 für Holzbauwerke sind die sicherheitstechnischen Anforderungen definiert und nachlesbar.

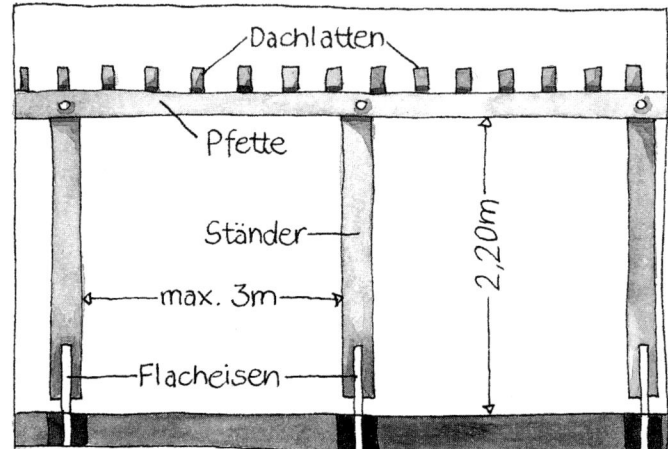

Abb. 18
Pergola in der
Seitenansicht

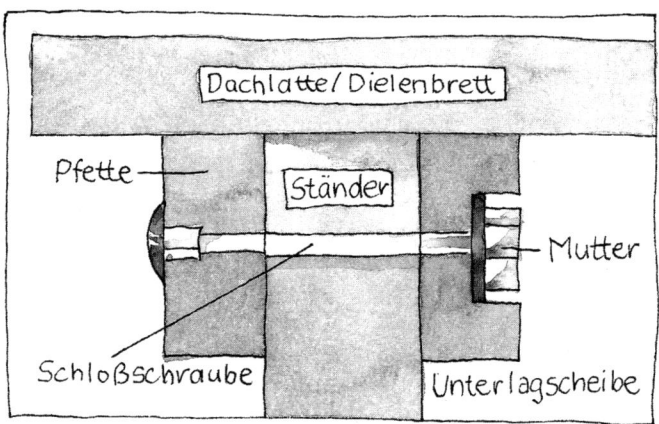

Abb. 19
Anschrauben der
Pfetten

Parallel, im Abstand von 2,00–2,50 m zur ersten Ständerreihe, fügen Sie eine weitere hinzu. Verbinden Sie oben beide Reihen, indem Sie auf die Pfetten Dachlatten oder Dielenbretter aufsetzen.

Eine Pergola in der hier vorgestellten Bauweise sollte nicht größer sein als in den von uns angegebenen Abmessungen. Andernfalls könnten bei Wind Probleme mit der Statik auftreten.

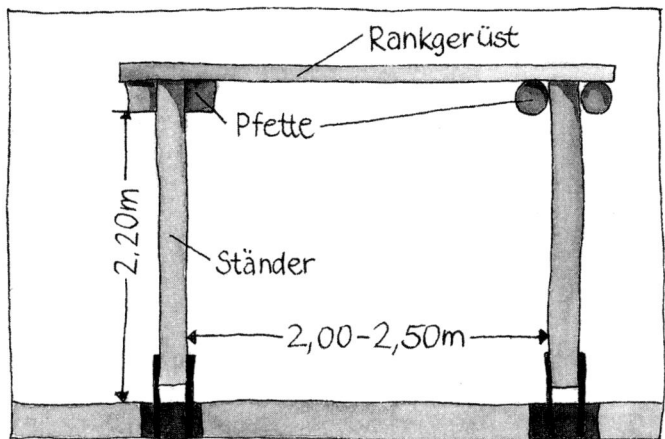

*Abb. 20
Pergola im
Querschnitt*

Holzschutz

Um die Pergola vor Verwitterung zu schützen, ist das beste Mittel der konstruktive Holzschutz, wie wir ihn schon bei der Bodenverankerung der Ständer beschrieben haben. Weiterhin zählt hierzu das Abschrägen von allen Brettunterkanten, an denen die Wassertropfen ansonsten hängen bleiben würden. Bei einer abgeschrägten Unterkante rinnen die Wassertropfen zur unteren Kante und fallen ab. Auch die Enden der Ständer sollten oben und unten leicht abgeschrägt sein, weil das Stirnholz besonders gut Wasser aufsaugen würde (vgl. Abb. 15).

Geschälte und geglättete Stämme beugen einem Befall durch Insekten und Pilze vor und schützen vor möglichen Verletzungen.

Als weitere Holzschutzmaßnahme kommt das Imprägnieren mit einer Natur-Lasurfarbe in Betracht. Wählen Sie eine Farbe mit Pigmentanteilen, die einen besseren Schutz vor Verwitterung gibt.

Schlingpflanzen für die Pergola:
– Aristolochia durior (Pfeifenwinde)*
– Campsis radicans (Trompetenblume)*
– Clematis in Arten und Formen (Waldrebe)
– Humulus lupulus (Hopfen)
– Lonicera caprifolium (Jelängerjelieber)
– Parthenocissus quinquefolia ‚Engelmannii' (Wilder Wein)*
– Parthenocissus tricuspidata ‚Veitchii' (Wilder Wein)*
– Polygonum aubertii (Knöterich)*

– Vitis in Arten und Formen (Weinrebe)*
– Wisteria floribunda (Traubenwinde/ Blauregen)*
* nicht heimische Arten

Zur weiteren Information lesen Sie:
Pergolen im Kapitel „Unter einer Pergola in den Kindergarten" auf Seite 82.

6.1.8 Unterm Dach des Pavillons

Bei Dauerregen und bei sengender Sonne können sich die Kinder im Schutz des Pavillons zum Spiel aufhalten und sind trotzdem nahe bei der Natur.

Abb.21
Pavillon

Im Regen zeigt die Natur den Kindern ein ganz besonderes Gesicht. Viele Beobachtungen lassen sich unterm trockenen Dach des Pavillons intensiv durchführen: Regenwürmer und Schnecken kommen ans Tageslicht und ziehen ihre Spuren. Vögel putzen ihr nasses Gefieder, und vielleicht traut sich sogar ein Igel, auf der Suche nach Freßbarem, hervor. Wassertropfen perlen an Blättern ab, und die feuchte Luft riecht nach Laub, Kräutern und frischem Grün.

Aber auch bei schönem Wetter bietet ein Pavillon viele Vorteile: Wenn die Sonne vom Himmel brennt, können sich die Kinder im schützenden Schatten aufhalten. Beim Werken spielt es keine Rolle, ob die Farbe auf den Boden tropft, ob das Sägemehl aufstaubt oder sich Sand und Steinchen im Raum verteilen.

Mit einer Hilfskonstruktion werden die Ständer des Pavillons senkrecht fixiert.

Der Pavillon kann, ähnlich wie eine Pergola, in einer Ständerbauweise errichtet werden. Der wesentliche Unterschied besteht im Aufsatz eines wasserdichten Daches. Den Bau eines Pavillons sollten Sie mit Hilfe von Zimmerleuten durchführen. Die Fachleute können Sie beraten, welche Arbeiten Sie in Eigenregie ausführen können. Das Bauwerk ist vorher bei der örtlichen Baubehörde mit Konstruktionsplan und Baubeschreibung genehmigen zu lassen. Ein kleiner Pavillon mit dem Charakter eines Spielgerätes bedarf in der Regel keiner Baugenehmigung (Durchmesser ca. 2 m). Aber auch dieser muß die DIN-Richtlinien 1052 für Holzbauwerke erfüllen.

Verzichten Sie auf eine Verkleidung oder Verglasung der Wände, damit die Kinder einen direkten Bezug zur umgebenden Natur haben. Entscheiden Sie sich beim Bodenbelag entweder zwischen einer Auslegung mit Rindenmulch oder einer Befestigung mit Klinkersteinen. Auf Rindenmulch ist es angenehm zu gehen, auf einer ebenen, befestigten Unterlage stehen Tische und Stühle standfester. Verlegen Sie die Klinkersteine in ein Sandbett, und verfugen Sie die Zwischenräume ebenfalls mit Sand.

Bei Ihrem nächsten Kindergartenfest werden Sie den Pavillon besonders gut nutzen können: als Bastelwerkstatt, als Saftbar und Waffelstand oder als Retter in der Not, wenn ein Regenschauer plötzlich kommen sollte ...

Zur weiteren Information lesen Sie: **Ständerbauweise** im Kapitel „Pergolen mit Berankung entfalten neue Räume" auf Seite 105.

6.1.9 Mehr als ein Sitzplatz: Märchenbänke aus Holz

Sitzgelegenheiten sollten im Außengelände nicht vergessen werden. Erwachsenen bieten sie Platz zum Ausruhen und Kindern Gelegenheit zum Klettern und Spielen. Eine Bank im Allerweltsdesign ist für den Kindergarten unpassend. Bänke wie aus dem Märchen überraschen den Besucher: In der Wiese sonnt sich ein Löwe, zwei Knurzelwichte schauen hinter dem Busch hervor, und ein Krokodil lauert am Teich (vgl. Abbildungen 22–24).

Falls Sie für die Herstellung einer Bank harte Hölzer wie Eiche und Robinie wählen, hat das den Vorteil einer längeren Haltbarkeit, aber auch den Nachteil einer schwierigeren Bearbeitung. Wir schlagen einen Kompromiß vor: Wählen Sie Hartholz für den der Feuchtigkeit stärker ausgesetzten Fuß der Bank und Weichholz für den Figurenteil.

Abb. 22
Eine Löwenbank

Abb. 23
Eine Knurzel-
wichtel-Bank

Abb. 24
Eine
Krokodil-Bank

Arbeiten Sie die Märchenbank aus ganzen oder halben Stammstücken. Formen Sie krumm gewachsene Stämme fantasievoll zu passender Gestalt.

Erkundigen Sie sich, wer im Holzschnitzen und -bearbeiten Talent hat. Vielleicht übt jemand im Kreise der Eltern oder in der Nachbarschaft dieses Hobby aus und kann Ihnen helfen.

Verbinden Sie die einzelnen Elemente der Bänke mit rostfreien Schrauben und verzinkten Winkeln. Imprägnieren Sie die fertige Bank mit einem Natur-Imprägniergrund und einer Natur-Lasurfarbe.

6.1.10 Ein Zaun aus dem Wald

Auch im umgestalteten Kindergarten gibt es Zäune. Nur wollen wir sie derart bauen, daß sie einerseits ihren Zweck erfüllen, aber andererseits das Bild eines naturnah gestalteten Außengeländes nicht stören. Dies erreichen wir am einfachsten, wenn wir uns der Materialien bedienen, die uns die Natur selbst liefert.

Knüpfen Sie Kontakt mit Forst- oder Naturschutzämtern, und fragen Sie nach dünnem Stammholz, das bei der Durchforstung des Waldes anfällt. Für Zäune geeignet sind gerade gewachsene Nadelholzstämmchen von 5–10 cm Durchmesser.

Sägen Sie alle Stämme auf ein einheitliches Maß. Die Höhe des Zaunes bemißt sich nach der Länge der Stämme plus fünf Zentimeter, die zwischen Boden und Zaunstämmen freibleiben. Zum Zwecke des konstruktiven Holzschutzes führen Sie einen schrägen Sägeschnitt aus, damit das Regenwasser am Stirnholz schnell abläuft. Runden Sie die Kanten ab, damit keine Verletzungsgefahr gegeben ist (vgl. Abb. 25).

Entrinden Sie die Stämme und streichen Sie das Holz mit einem Natur-Imprägniergrund und einer Natur-Lasurfarbe.

Zaunpfosten aus Nadelholz faulen an der Bodenkante sehr schnell durch. Lösen Sie dieses Problem, indem Sie eine Konstruktion wählen, wie wir sie beim Bau der Pergola vorgeschlagen haben (siehe Seite 105). Gießen Sie für die Zaunpfosten Punktfundamente aus Beton, und lassen Sie darin zwei verzinkte Flacheisen ein. Eine andere Befestigungsmöglichkeit stellen Eisenschuhe dar, die Sie im Baustoffhandel erhalten (vgl. Abb. 26).

Befestigen Sie die Pfosten mit nichtrostenden Schrauben an den Eisen, und lassen Sie etwa fünf Zentimeter Luft zwischen Boden und Pfosten. Der Abstand von Pfosten zu Pfosten sollte zwei bis drei Meter betragen. Schrauben Sie unten und oben auf die Zaunpfosten eine Querlatte an, auf die dann die fertig gearbeiteten Stämmchen senkrecht montiert werden. Die Zwischenräume sollten hier ca. fünf Zentimeter betragen, damit die Kinder sich weder die Finger noch den Kopf oder die Füße einklemmen können.

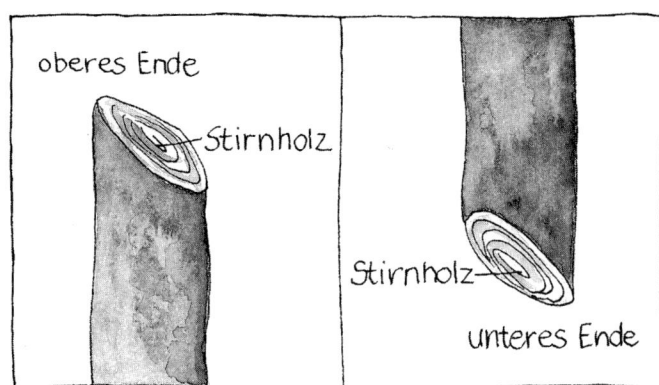

Abb. 25
Abschrägung der „Zaunlatte" oben und unten

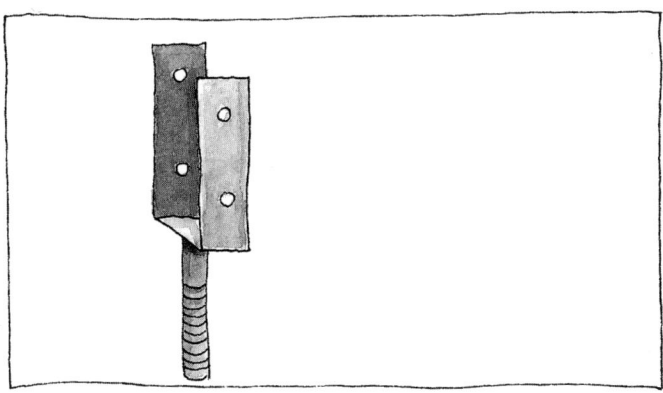

Abb. 26
Eisenschuh für Zaunpfosten

Bringen Sie die Nadelholzstämme innen, im Kindergartengelände an, damit die Kinder nicht auf die Querlatten klettern können. Daß fremde Kinder von außen auf den Zaun steigen, können Sie verhindern, wenn Sie auf der Außenseite eine zusätzliche Reihe Zaunstämmchen anbringen. Allerdings ist der Materialbedarf dann wesentlich höher.

Eine Alternative zu Zaunpfosten auf Punktfundamenten ist die Verwendung von Robinien- oder Eichenholz, das auch eingegraben mehrere Jahre haltbar bleibt. Brauchbar sind aber nur gerade gewachsene Äste und Stämme.

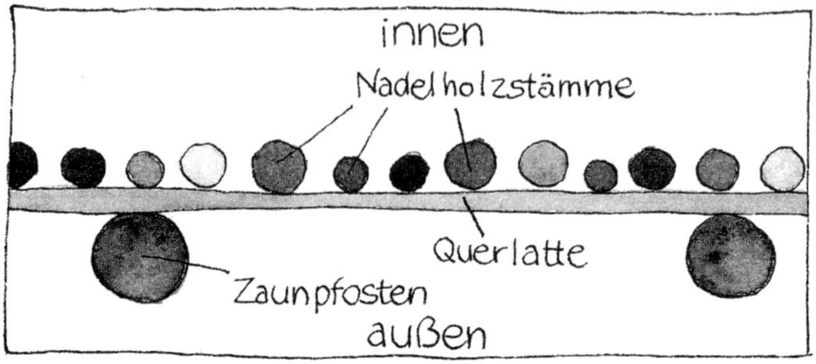

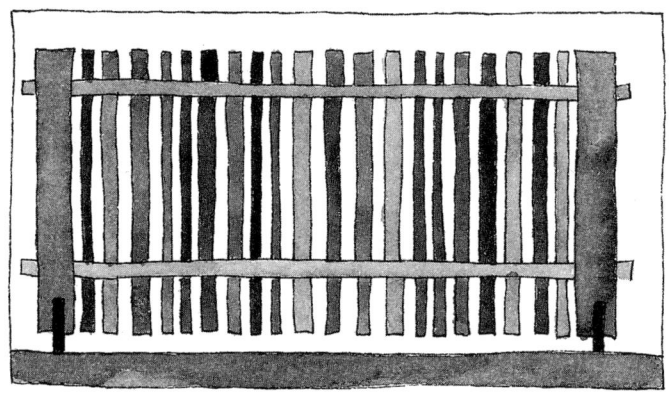

Abb. 27
Draufsicht auf den
Zaun, einreihig

Abb. 28
Seitenansicht des
Zaunes von außen

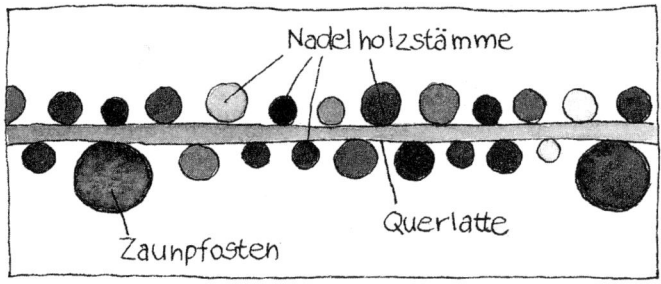

Abb. 29
Draufsicht auf den
Zaun, zweireihig

Die Hälfte der Pfostenhöhe muß im Boden verankert werden. Dies sind bei 120 cm Zaunhöhe 60 cm. Stellen Sie den Pfosten in das ausgehobene Loch und richten ihn mit einer Wasserwaage senkrecht aus. Eine zweite Person sollte dann das Loch mit Steinen unterschiedlicher Größe und dem Aushubmaterial verfüllen. Stampfen Sie immer wieder die Füllung um den Pfosten herum fest, nur so wird er einen wackelfreien, stabilen Stand erhalten.

6.1.11 Schallschlucker: grüne Wälle und Mauern

Wird der Kindergarten durch Verkehrslärm und andere unerwünschte Geräuschquellen belastet, gilt es Abhilfe zu schaffen. Grundsätzlich sollte der Lärm an den Quellen bekämpft werden. Das heißt, Verkehrsberuhigung und Schallisolierungen bei den Lärmverursachern sind notwendige Maßnahmen. Dies werden Sie höchstwahrscheinlich nicht von heute auf morgen durchsetzen können. Es ist sinnvoll, zunächst die Öffentlichkeit auf das Problem aufmerksam zu machen und Forderungen an die verantwortlichen Politiker und Behörden zu stellen.

Was können Sie aber sofort gegen Lärm von außen in Ihrem Kindergarten unternehmen? Im Haus kann der Einbau von Schallschutzfenstern den Lärmpegel senken – solange die Fenster geschlossen sind. Im Außengelände muß versucht werden, dem Lärm schallschluckende Hindernisse in den Weg zu stellen.

Die besten schallschluckenden Eigenschaften haben massive Bauwerke mit einer rauhen Oberfläche und einem stark unebenen Relief. Glatte Wände reflektieren den Schall und können unangenehme Echoeffekte verursachen. Nachfolgend führen wir einige Beispiele von Schallschutzbauten an, in der Reihenfolge von einer guten bis zu einer weniger guten Dämpfung.

Erdwälle

Erdwälle, wie sie oft entlang Autobahnen zum Schutz von Siedlungen zu sehen sind, haben sehr gute schalldämmende Eigenschaften. Sie müssen hoch genug sein, damit die zu schützenden Bereiche auch vollständig im Lärmschatten liegen. Um im Kindergarten Lärm von der Straße abzuhalten, sind 2,00 m Höhe das Mindestmaß. Die Böschung des Erdwalles darf höchstens eine Neigung von 45° aufweisen. Dies ergibt an der Basis des Walles eine Breite von mindestens 5,50 m (vgl. Abb. 30).

Den Kern des Walles können Sie aus Steinschutt von Entsiegelungsmaßnahmen aufbauen. Darauf bringen Sie eine Erdauflage aus, die Sie bepflanzen. Der Nachteil dieses Bauwerkes liegt im hohen Flächenbedarf. Durch verschiedene raumsparende Varianten kann die Grundfläche reduziert werden (vgl. Abb. 31).

Ein zwei Meter hoher Erdwall wird durch eine Mauer auf die Gesamthöhe von 2,50 m gebracht. Hierbei muß der Steinkern gründlich verdichtet werden, weil er als Mauerfundament dient. Es ergibt sich eine Ersparnis von rund einem Meter am Basisdurchmesser des Erdwalles (vgl. Abb. 32).

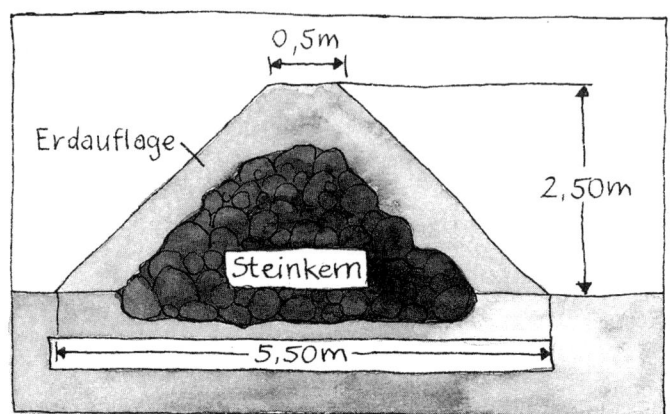

Abb. 30
Aufbau eines
Erdwalles

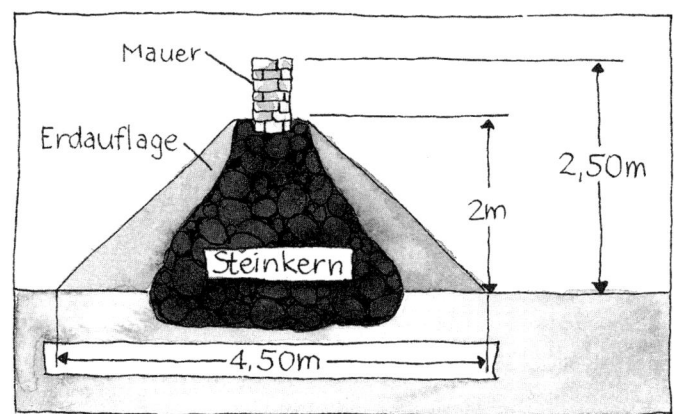

Abb. 31
Aufbau eines
Erdwalles mit
Maueraufsatz

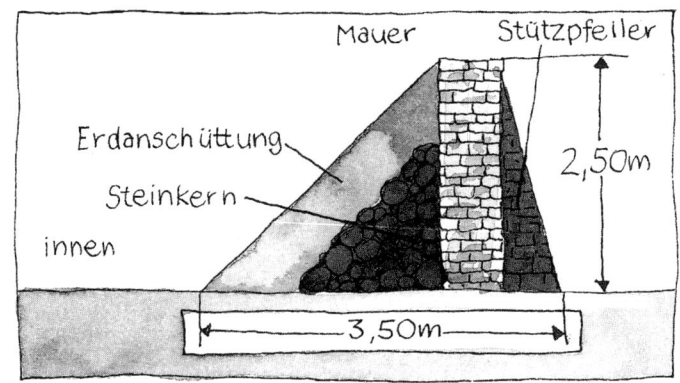

Abb. 32
Aufbau einer
Mauer mit Erdan-
schüttung

Als Steine für die Mauer können Sie kostengünstige und umweltfreundliche Recycling-Klinker verwenden. Fragen Sie hierzu bei Recycling-Höfen, Bodenleitstellen und bei Tiefbauämtern nach.

Um einen zusätzlichen Meter läßt sich der Wall im Basisdurchmesser verkleinern, wenn er nach außen mit einer Mauer abschließt. Da durch den Druck des angeschütteten Materials horizontale Kräfte auf die Mauer einwirken, muß sie entsprechend stark gebaut oder mit keilförmigen Stützpfeilern gesichert sein! Die Außenseite der Mauer bilden Sie reliefartig durch Simse, Nischen, Vorsprünge und Hohlräume aus. Dies verbessert nicht nur die schalldämpfenden Eigenschaften, sondern schafft ökologisch interessante Kleinsträume für Pflanzen und Insekten.

Durch ingenieurbiologische Maßnahmen müssen die Böschungen der Wälle vor Erosion geschützt werden. Das mindeste ist die Ansaat eines Landschaftsrasens. Die beste Schutzwirkung erzielen Sie jedoch mit der Hangsicherung durch spezielle Weidenarten. Am einfachsten bringen Sie im Frühjahr Stecklinge in den Boden. Alles weitere macht die Natur.

Weiden zur Hangsicherung:
- Salix purpurea (Purpurweide)
- Salix viminalis (Korbweide)

Mauern
Wenn es um größtmöglichen Lärmschutz bei niedrigstem Flächenbedarf geht, kommt nur eine Mauer in Frage. Die vielerorts angebrachten Lärmschutzwände an Schienensträngen und Autobahnen bestehen aus einem Kunststoff-Recyclingmaterial. Aus optischen und ökologischen Gründen kommt solch eine Lösung für den Kindergarten nicht in Betracht. Wir möchten Ihnen stattdessen vorschlagen, eine Mauer aus Recycling-Klinkern zu bauen, die sich bald in einen begrünten Lebensraum für Tiere und Pflanzen verwandeln wird.

Die Mauer darf nicht „glatt" hochgezogen werden. Zur Verbesserung der schalldämpfenden Eigenschaften sind zahlreiche Nischen und Vorsprünge einzubauen. Auf der Innenseite können Sie im oberen Teil der Mauer kleine Höhlen und Halbhöhlen einbauen, die Vögeln als Brutstätte dienen können. In aufgehängten Schilfrohrbündeln und Bohrlöchern finden Florfliegen und Solitärbienen Unterschlupf. Nehmen Sie Kontakt mit Ornithologen oder einem

Vogelschutzverein auf. Diese beraten Sie sicher gerne, welche Vogelarten in Ihrer Gegend brüten und wie die Höhlen gestaltet sein müssen. Im unteren Teil der Mauer gestalten Sie Ritzen, Höhlen und Gänge für Eidechsen, Kröten und Insekten.

Pflanzen Sie an den sonnenbeschienenen Seiten der Mauer Wilden Wein, im Schattenbereich Efeu. Eine dergestalt errichtete Mauer wird zu einem grünen Erlebnisraum und ergibt keinesfalls das Bild eines „Gefängnishofes" in Ihrem Kindergarten.

Lehmmauer mit Weidengeflecht

Die Verwendung umweltfreundlicher und lebender Baumaterialien bei Lärmschutzbauten ist eine gute Idee. In der Praxis ergeben sich leider noch Probleme bei der Haltbarkeit. Es kommt vor, daß die horizontal eingeflochtenen Weidenruten statt einzuwurzeln verrotten. Die Stabilität der Konstruktion ist dadurch gefährdet.

Eine Lösung kann darin bestehen, daß anstelle eines waagerechten Flechtwerkes Stecklinge diagonal eingeflochten und bis nach unten in das Erdreich gesteckt werden. In dieser Weise gibt es kein Totholz an der Lehmmauer, das verrotten könnte und die Stabilität der Mauer gefährdet.

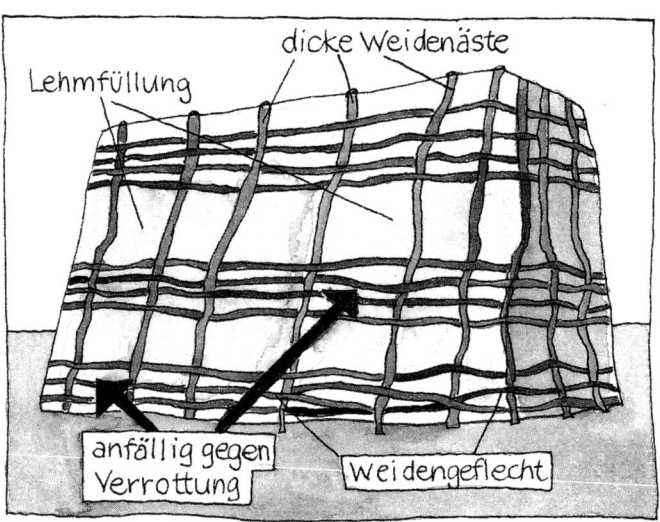

Abb. 33
Lehmmauer

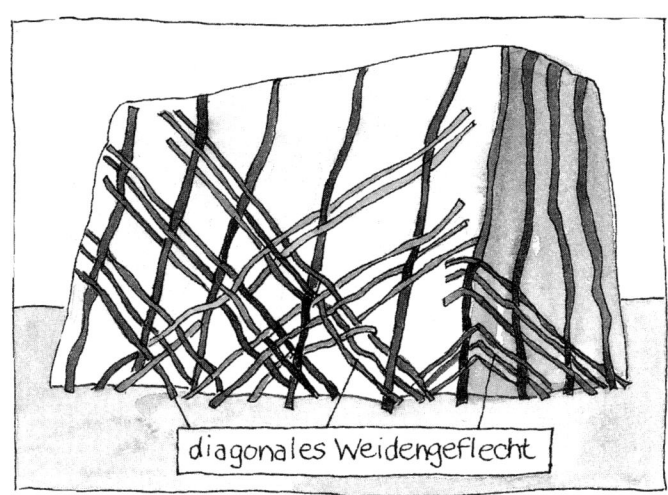

Abb. 34
Lehmmauer mit
diagonalem Flecht-
werk

Holzzäune

Holzzäune und Bretterwände sind als Lärmschutzbauten weitgehend unwirksam. Die meist 2 bis 5 cm dicken Bretter sind zu dünn,
um den Schall abzuweisen, und die glatte Oberfläche reflektiert den
Lärm unangenehm in den davor liegenden Raum.

Flechtzäune aus tropischem Bongossi-Holz dienen nur der Optik,
schaden dem Regenwald und bringen einzig dem Verkäufer einen
Gewinn.

Wann müssen Bauanträge gestellt werden?

Nach den Bauordnungen der Bundesländer sind Einfriedungen
(Zäune und Mauern) dann genehmigungspflichtig, wenn Sie eine bestimmte Höhe überschreiten (die Grenze liegt zwischen
1,50 m und 2,00 m) oder wenn von ihnen Wirkungen wie von Gebäuden ausgehen. Aufgrund ihrer größeren Ausmaße werden
Erdwälle und Schallschutzmauern meist in den Geltungsbereich
genehmigungspflichtiger Anlagen fallen.
Auskünfte erhalten Sie bei der Bauaufsichtsbehörde Ihrer Gemeinde.

6.2 Umgestaltungs-Abschnitt: „Spielplatz"

6.2.1 Bewegungs-Spiel

Ein Rasen zum Spielen und Toben

Eine Rasenfläche für Ballspiele, zum Purzelbäume schlagen, zum Laufen und zum Toben gehört zu jedem Kindergarten-Spielplatz.

Das Einsäen

Eine Rasenfläche anzulegen ist kinderleicht. Nachdem Sie auf einer Fläche den Boden verteilt und mit dem Rechen geebnet haben, kann die Einsaat beginnen. Besorgen Sie sich eine Saatgutmischung mit Spielrasen. Die einzelnen Rasentypen sind nach der DIN 18917 genormt. Wenn Sie eine Saatgutmischung nach DIN auswählen, sind Sie sicher, ein brauchbares Produkt und keine Fantasiemischung zu erhalten. Spielrasen nach DIN 18917 setzt sich wie folgt zusammen:

Spielrasen (nach DIN 18917)		
Grasarten	Kornanteil in %	Gewichtsanteil in %
Cynosurus cristatus (Kammgras)	7	10
Festuca rubra (Rotschwingel)	13	30
Phleum pratense (Lieschgras)	9	10
Poa pratensis (Wiesenrispe)	71	50

Die notwendige Menge errechnet sich aus dem Korngewicht, das auf der Verpackung vermerkt ist. Das Saatgut soll in einer zweckmäßigen Dichte von 3 Korn pro cm^2 ausgebracht werden.

Rechenbeispiel

Angenommen, ein Gramm der Rasenmischung enthält 3000 Körner, dann brauchen Sie bei einer Dichte von 3 Korn pro cm^2 für 1 m² 30 000 Körner, die insgesamt 10 g wiegen. Bei einer üblichen Keimfähigkeit von 80 bis 90 % und einer Sortenreinheit von ca. 95 % des Saatgutes ergibt sich daraus ein Bedarf von rund 12 g pro m². Für eine Rasenfläche von zehn auf zehn Meter benötigen Sie also 1,2 kg der Spielrasenmischung.

Selbstverständlich müssen Sie nicht die Körner zu drei Stück quadratzentimeterweise in den Boden stecken. Streuen Sie mit der Hand möglichst gleichmäßig das Saatgut auf die Fläche. Falls Sie sich diese Arbeit nicht zutrauen, versuchen Sie, vom Grünflächenamt oder von einem Gartenbaubetrieb eine Sämaschine auszuleihen.

Das Walzen oder das Antreten
Nun folgt ein Arbeitsgang, den die Kinder mit Spaß ausführen: Die Körner müssen angewalzt werden, damit sie guten Bodenkontakt erhalten. Das Walzen kann aber auch durch das Antreten mit kleinen Trittbrettern ersetzt werden. Stellen Sie die Brettchen mit den Kindern in der Kindergartenwerkstatt her.

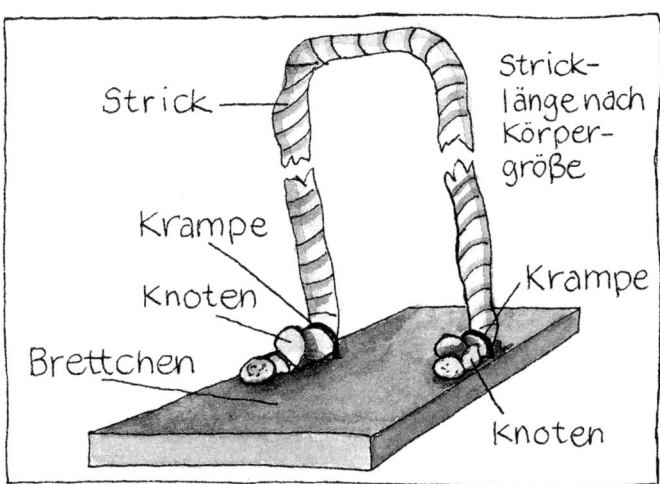

Abb. 35
Trittbrettchen

Aus Abfallholz werden Brettchen in der Größe von ca. 15 mal 30 cm gesägt. Mit Krampen oder umgeschlagenen Nägeln wird ein Strick in der Mitte der Brettchen befestigt. Die Länge richtet sich nach der Größe des jeweiligen Kindes.

Wenn die Kinder sich anschließend auf die Brettchen stellen, halten sie den Strick fest und können in einer geschlossenen Reihe mit den Brettchen unter den Füßen vorwärts gehen und die eingesäte Fläche „anwalzen".

Die ersten sechs Wochen

Rasen braucht eine Keimtemperatur von mindestens 8° C. Für die Aussaat kommt deshalb nur der Zeitraum von März bis Oktober in Frage. Sobald die Körner mit Feuchtigkeit in Berührung kommen, beginnt der Quellvorgang. Jetzt sind sie gegen Austrocknung besonders empfindlich. In dieser Zeit sollten Sie täglich die Keimsaat überprüfen und bei Bedarf mit feinen Düsen am Schlauch oder an der Gießkanne wässern, damit Erde und Saat nicht weggespült werden.

Der neue Rasen soll nach rund sechs Wochen das erste Mal vorsichtig betreten werden. Beginnen Sie mit rasenschonenden Spielen, und gehen Sie zunächst nur mit einer kleinen Gruppe dorthin. Das frühzeitige Betreten fördert das Wachstum der trittfesten Gräser und unterdrückt unerwünschte Sorten. Nach drei bis sechs Monaten steht der Rasen den Kindern dann uneingeschränkt zur Verfügung.

Pflegetip

Mähen Sie den Rasen in kürzeren Zeitabständen, dann kann die geringe Menge Schnittgut liegenbleiben, und die Nährstoffe verbleiben im Kreislauf.

Wenn überhaupt, dann wässern Sie selten, aber ausgiebig. Diese Methode unterstützt das Wurzelwachstum in die Tiefe. Zu oft gewässerter Rasen vermoost und die Wurzeln wachsen flach unter der Erdoberfläche, wodurch der Rasen bei Trockenheit schnell vergilbt.

Für kleine Akrobaten: Kletter- und Balancierbäume

Klettern und Balancieren gehört zu den schönsten und beliebtesten Spieltätigkeiten der Kinder. Wir wollen ihnen im umgestalteten Kindergarten dafür viele Gelegenheiten bieten. Falls die Bäume in Ihrem Kindergarten zum Klettern ungeeignet sind oder der Schonung bedürfen, raten wir zu der Aufstellung von gerodeten Bäumen. Ein alter Birnbaum oder Abschnitte von gefällten Straßenbäumen sind als Brennholz viel zu schade und tun im Kindergarten gute Dienste.

Melden Sie Ihr Interesse bei den Vorständen von Schrebergartenvereinen an. Fragen Sie außerdem bei den Naturschutz- und Forstämtern nach, ob diese Ihnen geeignete Bäume besorgen können.

Das Herrichten des Kletterbaumes

Sägen Sie alle Äste mit einem Durchmesser von weniger als 8 cm und außerdem alle morschen oder beschädigten Äste ab. Entfernen Sie zusätzlich überall dort Äste, wo die Zwischenräume zu eng sind und die Kinder sich einklemmen könnten. Runden Sie die Kanten der Sägeschnitte ab. Schälen Sie die Rinde, und glätten Sie alle hervorstehenden Aststummel. Rindenarten, die wenig verrottungsanfällig sind, wie bei Stiel- und Traubeneiche, können zunächst am Stamm verbleiben. Setzt Fäulnis ein, muß dann aber auch dort geschält werden.

Verankerung und Aufstellung

Der Baum sollte mindestens an drei Punkten gut verankert sein: am Stamm und an zwei starken Ästen. Entweder Sie graben den Stamm und die Äste, je nach Baumgröße, mindestens einen Meter tief in die Erde ein, oder Sie stellen Punktfundamente her, in die verzinkte Flacheisen eingelassen sind. Daran können Sie die Baumteile anschrauben. Versenken Sie das Eisen im Holz und die Schrauben im Stahl, damit keine Verletzungsgefahr besteht. Rund um die eingegrabenen Holzteile füllen Sie zuunterst Schotter oder Steinbruch unterschiedlicher Korngrößen ein (feststampfen!). Decken Sie zuoberst das Loch mit Kies ab, damit Niederschlagswasser abfließt und keine pilzfördernde Staunässe entsteht.

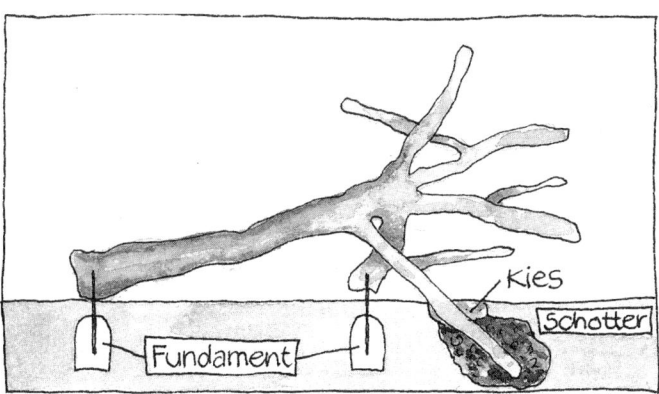

Abb. 36
Kletterbaum

Die DIN 7926 für Kinderspielgeräte, Teil 1, schreibt vor, daß die abgerundeten Fundamentköpfe 20 cm tief im Boden liegen müssen. Die Flacheisen müssen dann rund 40 cm aus dem Fundament herausragen.

Befestigung des Balancierbaumes

Für die Herrichtung von Balancierbäumen gehen Sie ähnlich vor. Im Unterschied zu Kletterbäumen besitzen diese keine Krone und werden mehr oder weniger horizontal ausgerichtet aufgestellt. Schrauben Sie hier ebenfalls den Stamm an Flacheisen, die in einem Punktfundament stecken.

Sicherheitsprüfung

Für die sicherheitstechnische Überwachung von Spielgeräten ist der TÜV zuständig. Lassen Sie den Kletterbaum deshalb abnehmen, bevor Sie ihn den Kindern zum Spiel freigeben. Auch bei Unklarheiten in der Bauausführung, was Stabilität und Sicherheit betrifft, können Sie sich an den örtlichen TÜV wenden.

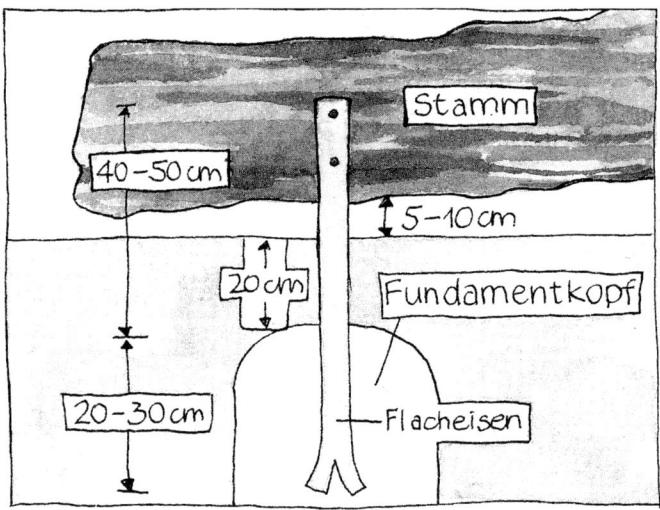

Abb. 37
Fundament
für einen
Balancierbaum

Zur weiteren Information lesen Sie:
Punktfundamente im Kapitel: „Pergolen mit Berankung entfalten neue Räume" auf Seite 105.

Poller und Steinblöcke – zum Hüpfen und Klettern

Haben Sie schon einmal eine Hafenrundfahrt gemacht? Dann sind Ihnen Poller nicht unbekannt. Es handelt sich hierbei um dicke Holz- oder Metallstümpfe, an denen die Schiffe vertäut werden. Am Beispiel von Pollern und Steinblöcken wollen wir Ihnen vorführen, wie mit einfachen Mitteln interessante Spielmöglichkeiten geschaffen werden können.

Bauanleitung für Poller

Für Poller im Kindergarten eignen sich am besten Baumstämme mit einer Länge von 70 bis 100 cm und einem Durchmesser von 20 bis 50 cm.

Schälen Sie die Rinde ab, und graben Sie die Poller aufrecht bis zur Hälfte in den Boden ein. Verfüllen Sie das Loch mit dem Aushubmaterial und einigen Steinen unterschiedlicher Größe. Stampfen Sie das Material um den Stamm herum gut fest, damit dieser nicht wackelt. Die obere Kante sollte abgerundet sein, damit sich die Kinder an ihr nicht verletzen.

Eichen und Robinienstämme sind besonders gut haltbar, Weich- und Nadelhölzer müssen Sie wahrscheinlich nach drei bis fünf Jahren wieder ersetzen.

Für die kleineren Kinder stellen Sie die dünneren Stämme auf, die 20 bis 30 cm aus dem Boden ragen und in Abständen von 30 bis 50 cm stehen sollten. Für die größeren Kinder und jene, die ihren Mut beweisen wollen, bauen Sie die dickeren Stämme auf. Diese sollten 30 bis 60 cm aus dem Boden ragen und können in Abständen von 50, 100 oder 150 cm stehen.

Spielvariationen Die Kinder benutzen die Poller zum Bockspringen. Am Ende der Pollerreihe stellen sich die Kinder selbst als „Poller" auf und werden übersprungen. Poller in unterschiedlicher Gestalt und Größe können auch einen Weg säumen, den die Kinder dann hüpfend von Poller zu Poller zurücklegen. Beim Umrunden der Hindernisse mit Fahrrädern und Rollern stellen sie ihre Geschicklichkeit unter Beweis. Eine weitere Möglichkeit, Poller einzusetzen, ist die räumliche Trennung zweier Spielbereiche. Vier zu einem Viereck aufgebaute Poller ergeben mit Decken, Hölzern und Kartons schnell eine Hütte, viele eng zusammengefügte Poller unterschiedlicher Höhe werden von den Kindern als Kletterburg genutzt.

Bauanleitung für Steinblöcke

In ähnlicher Weise wie Poller können Sie auch Steinblöcke aufbauen. Scharfe Kanten sollten Sie rund schleifen oder stumpf meißeln. In sandigem Boden sind die Steine sicherer verankert, wenn Sie den Schotter oder Steinbruch um den Block herum mit Zement binden. Vermischen Sie hierzu eine Schaufel Zement mit acht bis zehn Schaufeln Steine und etwas Wasser.

Legen Sie über zwei Blöcke einen dritten, und fixieren Sie ihn absturzsicher mit Zementmörtel und einbetonierten Eisenankern. Dieses Bauwerk können die Kinder als Tunnel, Brücke und als Ausguck nutzen. Mit einigen zusätzlichen Steinen erweitern Sie die Steinbrücke zur Burgruine zum Klettern, Ritter spielen und zum Verstecken.

Woher Poller und Blöcke beziehen?

Bei der Beschaffung von Stämmen für Poller sind in erster Linie Forstämter und Naturschutzbehörden die richtigen Anlaufstellen. Auch aus gerodeten Obstbäumen aus Gärten sind geeignete Poller herzustellen. Nehmen Sie hierzu Kontakt mit Gartenbesitzern und Schrebergartenvereinen auf.

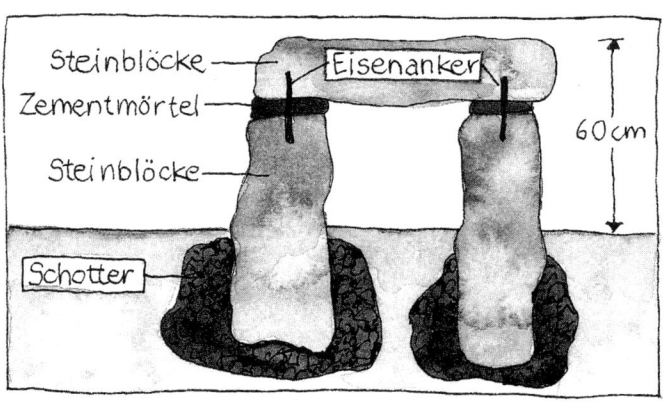

*Abb. 38
Steinblöcke*

Steinblöcke können Sie direkt ab Steinbruch als 2. und 3. Wahl günstig beziehen. Eine noch kostengünstigere Möglichkeit ist der Bezug von Recyclingware aus Abbruchhäusern, von Bauhöfen der Gemeinden und von Friedhöfen.

Aus Abbruchhäusern, die noch nicht aus Beton gebaut wurden, ergeben Treppenstufen, Fenstersimse und -stürze gut geeignete Steine für den Kindergarten. Vom Bauhof oder einem Bauschutt-Recyclinghof können Sie mit etwas Glück ähnliche Steine erwerben. Auch Rinnsteine oder dicke Kantensteine sind senkrecht aufgestellt schöne Spielböcke.

Die abgeräumten Grabsteine auf den Friedhöfen werden entweder vom Steinmetz neu bearbeitet oder zum Mauer- und Wegebau benutzt. Wenn aus den Grabsteinen die Inschriften geschliffen sind und sie neu behauen werden, ist ihnen ihre ehemalige Verwendung nicht mehr anzusehen. Auf diese Weise können Sie schöne Natursteine erhalten, die Sie bei der Umgestaltung im Kindergarten vielseitig verwenden können.

Alte Kletterruine – neu gebaut!

Eine Ruine regt Kinder zu fantasievollen Spielen und zu spannenden Abenteuern an: Ritter verschanzen sich hinter dicken Mauern, im Verlies schmoren die Gefangenen, und Gespenster huschen durch die düsteren Hallen! Fährt ein Zug ein, wird die Ruine zum Bahnhof. Mit vielerlei Naturmaterialen aus dem Wald verwandelt sich die Ruine in ein Warenhaus. Oder die Kinder bauen aus der Ruine ein richtiges Haus: Sie setzen Dächer auf, fügen Eingänge hinzu und richten Wohnräume ein.

Material beschaffen

Verwenden Sie alte Ziegelsteine, die Sie aus Abbruchhäusern, von einer Bodenleitstelle oder vom Gemeindebauhof beziehen können. Für das Fundament benötigen Sie Zement, Kies und Schalbretter.

Bauausführung

Legen Sie zunächst den Platz für die Kletterruine fest. Nachdem Sie eine Entwurfsskizze angefertigt haben, können die Ausschachtungsarbeiten für das Fundament beginnen.

Das Fundament sollte frostsicher 80 cm tief in den Boden eingelassen werden. Wenn Sie die Kletterruine niedriger als einen Meter bauen, genügt für den Fallschutz der unbefestigte Boden (Rasen, Rindenmulch). Bei Fallhöhen über einem Meter sollte der Boden stoßdämpfende Eigenschaften besitzen. Diese Voraussetzungen erfüllen eine mindestens 20 cm dicke Schicht nichtbindigen Sandes oder Feinkieses einer Körnung von maximal 6 mm (vgl. Abb. 39). In einem Sicherheitsbereich von 2 m um die Ruine herum dürfen keine Bauteile anderer Spielgeräte hineinragen oder sich hineinbewegen.

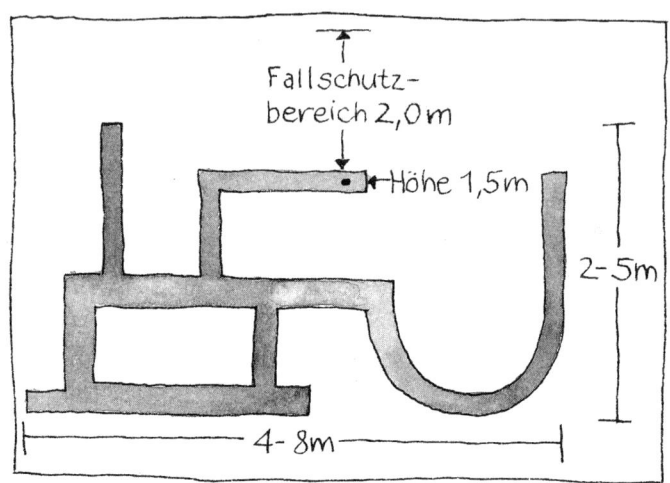

Abb. 39
Grundriß einer
großen Kletterruine

Errichten Sie Mauern in abwechslungsreicher Gestalt: mit Nischen, Treppchen, Fensterdurchbrüchen und Kriechdurchlässen.

Abb. 40
Kletterruine

Baugenehmigung

Als Spielgerät und untergeordnetes Bauwerk von geringer Ausdehnung brauchen Sie für die Kletterruine in der Regel keinen Bauantrag zu stellen. Trotzdem muß sie stand- und unfallsicher sein, auch wenn das Objekt „Ruine" heißt.

Das versteinerte Krokodil

Haben Sie die alten Klinkersteine von der Entsiegelungsmaßnahme aufgehoben, oder können Sie sich Ziegelsteine von Abbruchhäusern beschaffen? Wenn ja, dann machen wir Ihnen einen Vorschlag, wie Sie mit diesen Steinen für die Kinder ein Krokodil im Spielgelände „lebensecht" nachbauen können. Das Krokodil eignet sich hierfür besonders gut, weil mit den Ecken und Kanten der Steine die grobe, schuppige Haut des Tieres nachgebildet werden kann.

Ein Ritt auf dem Krokodil ist für die Kinder die Bändigung eines gefährlichen Drachens. Ist das Krokodil gezähmt, dient es zum Klettern und Verstecken. Sie können es auch bemalen oder mit bunten Tüchern anziehen.

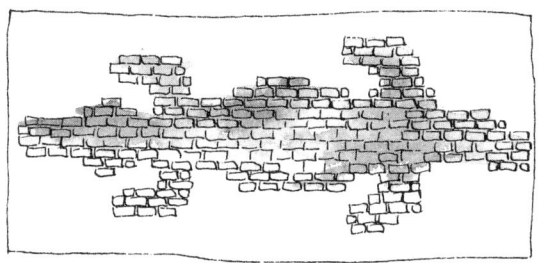

Abb. 41
Krokodil in der
Draufsicht

Errichten Sie für das Krokodil ein kleines Fundament. Setzen Sie die Klinkersteine nun aber nicht in der gewohnten Weise waagerecht aufeinander, sondern stellen Sie vielmehr den Stein schräg auf die Kante. Für Augen, Zähne und Krallen eignen sich helle Kieselsteine, die Sie mit Zementmörtel fest mit den Klinkern verbinden.

Fundament

Abb. 42
Maueraufbau für
das Krokodil

Der Lindwurm in der Wiese

In den Augen von Gärtnern, Förstern und Grundstücksbesitzern ist ein krumm gewachsener Baum vielleicht nur Brennholz wert – für den Kindergarten kann er ein Schatz sein! Je bizarrer ein Baumstamm und seine dicken Äste gewachsen sind, desto besser eignen sie sich für einen Lindwurm in der Wiese.

*Abb. 43
Lindwurm*

*Abb. 44
Eingegrabene
Baumstämme*

Graben Sie in der oben dargestellten Weise Abschnitte des Baumes im Rasen ein, damit nachher der Eindruck entsteht, ein zusammenhängender Körper ringele sich durch den Boden. Füllen Sie Steinbruch unterschiedlicher Größe um die versenkten Stämme, und verdichten Sie das Material gründlich. Dies verbessert die Standfestigkeit. Das vordere Ende eines dicken Baumstückes bemalen und schnitzen Sie zum Kopf des Lindwurms.

6.2.2 Erlebnis-Spiel

Es wachsen Hügel hoch und höher..

Im Kapitel „Flachland in Täler und Hügel verwandeln" haben wir beschrieben, wie ein flaches Außengelände durch Bodenverfrachtung umgestaltet wird. Jetzt wollen wir im Detail schildern, wie Sie Spielhügel mit Röhren, Wasserpumpe, Rutsche, Palisaden, Turm und Brücke kombinieren können.

Spielhügel sind ein wichtiges Element jeder Umgestaltung, weil sie den Kindern unzählige Spielmöglichkeiten eröffnen. Betrachten Sie Kinder, die einen Spielhügel in Besitz genommen haben: Sie sausen mit Rad oder Spielautos die Böschungen hinab, graben Höhlen, legen Straßen an und geben so dem Hügel jeden Tag ein neues Gesicht! Die ästhetischen Ansprüche der Erwachsenen sind ihnen eine fremde Welt.

Ein Spielhügel ist kein Platz für wertvolle Bepflanzungen. Wegen des intensiven Spielens der Kinder sind trittfeste Gräser und robuste Wildstauden angebracht.

Haufen-Spielhügel

Auch wenn Erwachsene einen Haufen-Spielhügel nicht als Schmuckstück ansehen – für die Kinder ist er ein Paradies! Hier können sie nach Herzenslust schalten und walten: Löcher, Höhlen und Rinnen graben, Sandburgen bauen oder den ganzen Hügel nach ihren eigenen Vorstellungen völlig umkrempeln.

Einen Haufen-Spielhügel anlegen

Mit fünf bis zehn Kubikmetern Sand oder bindigem Bodenmaterial aufgeschüttet, kann er den Kindern sofort zur freien Nutzung übergeben werden. Der Sand sollte einen gewissen Anteil Lehm enthalten, dann ist er besser formbar, und der Hügel behält längere Zeit seine Gestalt. Purer Sand wird von den Kindern schnell plattgemacht und müßte dann bald wieder neu zu einem Hügel aufgebaut werden.

Falls ein Lastwagen das Material an der vorgesehenen Stelle abkippen kann, ist der Hügel damit schon fertig! Alternativ hierzu kann ein Radlader mit seiner Schaufel an jedem zugänglichen Ort noch höhere Hügel aufschütten. Aber auch in Handarbeit, mit Schaufeln und Schubkarren, ist die Arbeit mit fünf bis zehn Personen in einer Stunde bewältigt.

Es kann für die Kinder aber auch sehr reizvoll sein, wenn sie ihren Spielhügel selber aufbauen können. Zwar kann ein einzelnes Kind mit einem Eimerchen oder einem Wägelchen nur eine vergleichsweise geringe Menge Bodenmaterial transportieren, aber hier kann die große Zahl der Kinder bald ein erstaunliches Ergebnis zustande bringen.

Erlebnis-Spielhügel

Beim Erlebnis-Spielhügel steht nicht wie beim Haufen-Spielhügel die Umgestaltung des Hügels durch die Kinder im Vordergrund, sondern vielseitige Erlebnis- und Spielmöglichkeiten: Auf Rasenböschungen können sich die Kinder hinunterrollen lassen oder mit fahrbaren Untersätzen hinabsausen. Ein langer dunkler Tunnel stellt beim Durchkrabbeln den eigenen Mut auf die Probe und läßt die Stimme beim Rufen seltsam verfremdet klingen. Beim Springen in die Sprunggrube erleben die Kinder den Rausch des freien Falls. Das in Gang setzen des Wasserflusses mit der Wasserpumpe ist ausschließlich durch Zusammenarbeit und durch soziales Verhalten möglich: Nur wenn die Kinder sich beim Pumpen abwechseln, können alle im Wassergarten und im „Hafenbecken" mit Wasser spielen.

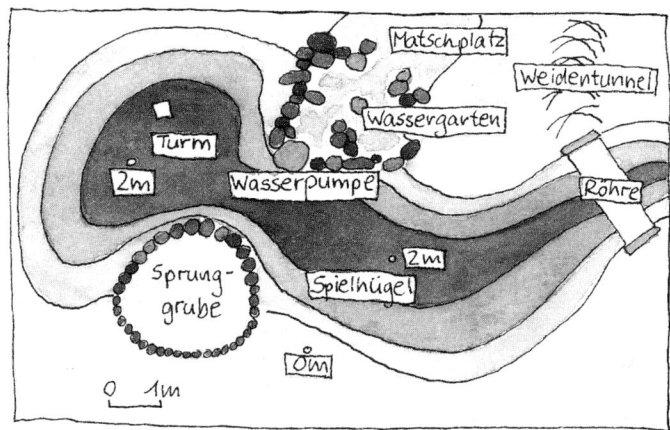

Abb. 45
Der Erlebnis-
Spielhügel

Einen Erlebnis-
Spielhügel
anlegen

Die Formgebung des Hügels und seine Plazierung im Außengelände sollten bereits während der Planungsphase festgelegt und im Entwurfsplan eingezeichnet werden. An dieser Stelle wollen wir nun die Bauausführung beschreiben.

Tragen Sie die Humuserde auf der vorgesehenen Fläche ab, und lagern Sie das Material in der Nähe. Schütten Sie den Spielhügel mit bindigem Bodenmaterial auf. Das kann Sand mit etwas Lehm- oder Tonanteil sein. Die Böschungen sollten nicht steiler als 45° ausgeformt sein. Soll ein Tunnel durch den Hügel führen, müssen zuerst die Röhren verlegt werden (siehe unten: „Der Tunnel").

Oft wird der Fehler begangen, in Spielhügeln Steine einzubauen. Wir raten davon ab, weil Steine irgendwann durch die Dynamik des Bespielens an die Oberfläche kommen und dann eine Verletzungsgefahr darstellen.

An einer Stelle, die am Fuße des Hügels einen Auslauf ohne Hindernisse erlaubt, legen Sie eine mindestens drei Meter breite, glatte Böschung zum Hinunterrollen und -fahren an.

Verteilen Sie nach dem Aufschütten und der Feinmodellierung mit dem Rechen die Humuserde. Säen Sie den Hügel anschließend mit einer Spielrasen-Mischung ein.

Zur weiteren Information lesen Sie:
Rasen einsäen im Kapitel „Ein Rasen zum Spielen und Toben" auf Seite 122.

Der Tunnel Mit Betonröhren, wie sie beim Wasserbau Verwendung finden, kann auf einfache Weise im Spielhügel ein Tunnel angelegt werden. Die Röhre sollte einen Mindestinnendurchmesser von 60 cm haben, damit die Kinder nicht steckenbleiben und Erwachsene zur Not Hilfe leisten können. Eine Tunnellänge von drei bis vier Metern sollte genügen, sonst ist das Objekt nur ein Spielgerät für die allermutigsten Kinder. Aus Gründen der statischen Sicherheit überschütten Sie die Röhre maximal mit 50 cm Boden. Oft weisen die Röhren scharfe Kanten an den Öffnungen auf. Runden Sie diese mit einer Schleifmaschine ab.

Der geringste konstruktive Aufwand beim Einbau der Röhre in den Spielhügel ist gegeben, wenn der Röhrenein- und -ausgang ein Stück aus dem Hügel herausragen (vgl. Abbildungen 46–48). Sicherheitsvorrichtungen sind in diesem Fall entbehrlich.

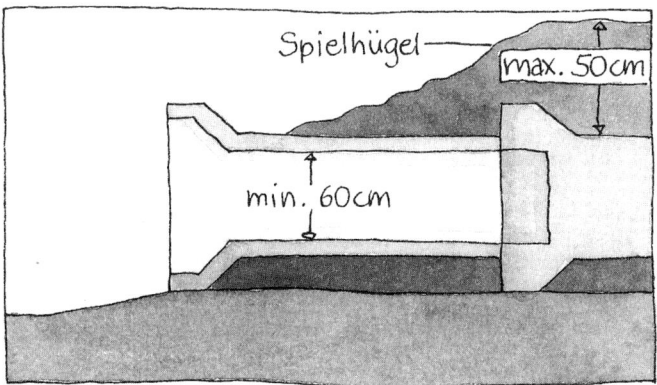

Abb. 46
Seitenansicht der
Röhre

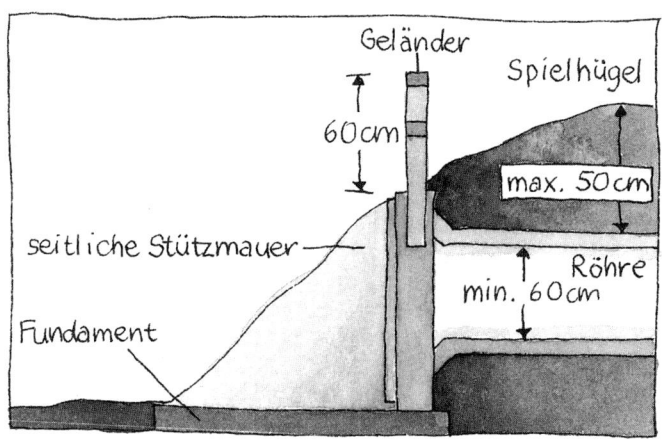

Abb. 47
Seitenansicht der
Röhre mit
Schutzmauer und
Geländer

Wollen Sie die Röhre vollständig in den Hügel eingraben, sind Vorkehrungen gegen ein Verschütten des Eingangs und gegen einen Absturz der Kinder von der oberen Röhrenkante zu treffen.

Umbauen Sie hierzu den Röhreneingang mit einer Mauer, wofür

Sie Recycling-Klinkersteine oder Pflastersteine verwenden. Die seitlichen Stützmauern schütten Sie von hinten bis zum oberen Rand mit Bodenmaterial an. Schrauben Sie das Holzgeländer stabil an die Mauer. Rat in Sicherheitsfragen können Sie beim TÜV einholen.

Abb. 48
Vorderansicht der
Schutzmauer mit
Geländer

Der
Aussichtsturm

Am höchsten Punkt des Hügels kann ein kleiner Aussichtsturm plaziert werden. Es ist zweckmäßig, zuerst den Turm aufzustellen und dann den Hügel aufzuschütten. Das tragende Gerüst des Turmes können Sie mit vier Rundholzpfosten konstruieren, die an Flacheisen in Fundamentsockeln festgeschraubt werden.

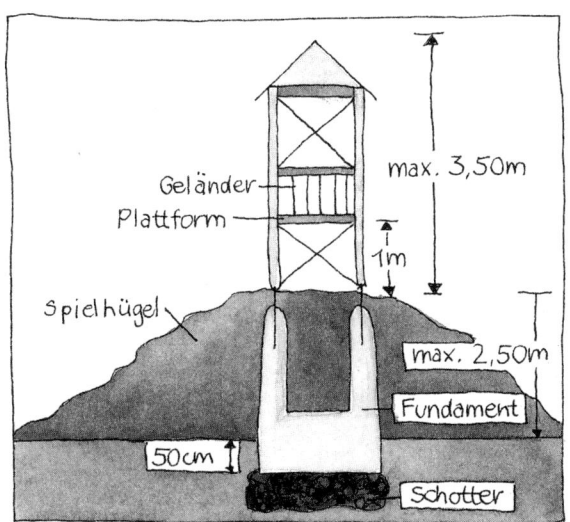

Abb. 49
Turm

Eine einfachere Aufstellung für kleine Türme besteht im Eingraben der vier äußeren Holzständer in den Hügel. Zum Turmbau sind die Richtlinien der DIN 7926 über Fallschutz und die DIN 1052 über Holzbauten zu beachten.

Zur weiteren Information lesen Sie:
Holzteile in Punktfundamenten verankern im Kapitel „Für kleine Akrobaten: Kletter- und Balancierbäume" auf Seite 124.

Die Sprunggrube

Kinder sind immer wieder vom Sprung in die Tiefe fasziniert. Je nach Altersgruppe ist eine Höhendistanz von einem halben oder einem Meter ausreichend. Mit einer Palisadenwand können Sie am Spielhügel eine geeignete Sprungstelle herrichten.

Verwenden Sie als Palisaden entrindete Robinienstämme und runden Sie die oberen Kanten ab. Graben Sie ca. zwei Meter lange Stämme zur Hälfte an der vorgesehenen Sprungstelle in den Boden ein (vgl. Abb. 45, der Erlebnis-Spielhügel). Die dem Spielhügel gegenüberliegende Seite der Sprunggrube können Sie mit kürzeren Stämmen einfrieden. Da Kinder im Sand erstaunlich tiefe Höhlen graben, sollte ein befestigter Untergrund tiefes Schaufeln verhindern. Das Graben könnte ansonsten zum Umfallen der Palisaden führen. Zur Befestigung eignen sich hervorragend Betonplatten, die Sie z. B. von einer Entsiegelungsmaßnahme aufgehoben haben.

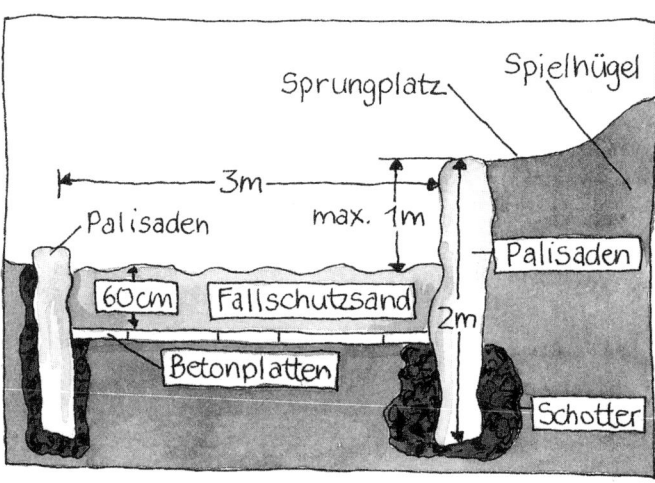

Abb. 50
Sprunggrube

Füllen Sie die Sprunggrube mit Fallschutzsand der Körnung 1–3 mm auf.

Der Wasser-Spielhügel

Das Spielen mit Wasser sollte in keinem Kindergarten fehlen. Am interessantesten finden die Kinder fließendes Wasser, das sie aufstauen und umleiten können oder mit dem sie Schiffchen die Wasserfälle hinunter schicken. Ein Wasser-Spielhügel bietet ein ideales Gefälle für einen kleinen Wasserlauf. Als Zapfstelle können Sie oben auf der Kuppe des Hügels eine Schwengelpumpe installieren, wie sie in Schrebergärten häufig anzutreffen ist. Diese einfachen Pumpen gibt es bereits ab DM 100,–. Pumpen in Edelstahlversion, wie sie auf öffentlichen Spielplätzen aufgestellt werden, kosten dagegen um die DM 1.500,–!

Der ökologische Kindergarten fördert durch Entsiegelung und Regenwassernutzung die Grundwasseranreicherung. Eine bescheidene Nutzung von Grundwasser, das weitgehend wieder im Boden versickert, sollte zu tolerieren sein.

Vorarbeiten: Zunächst sind drei Vorarbeiten zu erledigen.

1. Holen Sie die Zustimmung des Gesundheitsamtes ein, damit Sie Grundwasser im Kindergarten für das Spielen der Kinder verwenden dürfen. Leider gibt es immer noch Fälle, wo Behörden die Zustimmung verweigern und stattdessen die Verwendung von Trinkwasser verlangen. Diesen verschwenderischen Umgang mit Trinkwasser halten wir aus ökologischen Gründen nicht für vertretbar.

2. Grundwasserentnahmen sind in den Gemeinden meist genehmigungspflichtig. Stellen Sie, soweit es der Brunnenbauer nicht übernimmt, bei der Wasser- und Baubehörde Genehmigungs- und Bauanträge.

3. Erkundigen Sie sich, wie tief der Grundwasserspiegel auf dem Grundstück liegt. Auskünfte können Ihnen Nachbarn geben, die bereits nach Grundwasser gebohrt haben, oder die örtliche Wasserbehörde und private Brunnenbauunternehmen. Der Brunnenbauer kann Ihnen dann mitteilen, ob die Saugwirkung der Pumpe ausreicht, Wasser zu fördern.

Eventuell sind auch das Wasserwirtschaftsamt oder die Feuerwehr mit Brunnenbohrgerät ausgerüstet und können Ihnen helfen.

Installieren der Pumpe Denken Sie daran, das Loch für die Pumpe bohren zu lassen, bevor Sie den Hügel aufschütten. Der Brunnenbauer setzt in das Bohrloch ein Rohr ein, das oben bis zum Niveau der späteren Hügelkuppe reicht. Auf das Endstück des Rohres wird dann die Pumpe aufgeschraubt. Jetzt können Sie den Hügel aufschütten.

**Eine Wasser-
landschaft
gestalten**

Beim Anschütten sollte der Boden im Umkreis von einem Meter um das Brunnenrohr und am Ort der geplanten Wasserlandschaft gründlich und in einzelnen Schichten verdichtet werden. Damit verhindern Sie Setzungsrisse im später verlegten Pflaster. An der Pumpe, wo die stärkste Trittbelastung vorhanden ist, pflastern Sie mit Mosaik- oder Natursteinen, die in Zementmörtel verlegt sein sollten. Würden die Steine nur in Sand liegen, wäre ein Unterspülen und Auswaschen der Steine die Folge. Die Fugen müssen anschließend ebenfalls mit Mörtel verschlossen werden. Gestalten Sie am Wassereinguß ein kleines Becken mit einem Überlauf. Vom Überlauf bis zur Talsohle können Sie nun mit Pflaster- und großen Kieselsteinen (Größenkategorie 16/32 cm) einen Wasserlauf mit kleinen Becken, Schwellen und Felsen gestalten. Selbstverständlich müssen auch hier alle Steine in Zementmörtel verlegt werden.

In der Nähe sollten für die Kinder lose Steine, Sand und Kies bereitliegen, mit denen sie am Wasserlauf weiterbauen können.

Der Wasserlauf kann in einem Matschplatz versickern, oder Sie leiten ihn in einen kleinen Graben, der zu einem Bächlein wird, wenn die Kinder fleißig die Pumpe betätigen. Dichten Sie die Bachsohle mit einer handbreit starken Lage Lehm ab, damit das Wasser im Bach nicht zu schnell versickert.

**Alternativen zur
Grundwasser-
pumpe**

Vielerorts werden in Kindergärten bereits Wasserspiele, Matschtische und Spielteiche mit Regenwasser betrieben. Das von den Dächern abfließende Wasser wird in eine Zisterne geleitet, von wo aus es mit einer solarstromgespeisten Pumpe zur Zapfstelle befördert wird.

Wasser erst nach einer Wartezeit nutzen!

Der erste Regen spült Schmutz und Schadstoffe vom Dach. Nutzen Sie also nur ausgiebige Niederschläge, und warten Sie eine halbe Stunde, bis Sie das Wasser auffangen.

Den Wasserzufluß zur Zisterne können Sie mechanisch regulieren oder über eine elektronische Steuerung vornehmen. Über den neuesten Stand der Brauchwassertechnik informieren Sie sich auf Umweltmessen. Auch von spezialisierten Firmen und von Umweltinstituten, die Sie in alternativen Branchenbüchern finden, erhalten Sie Auskunft und Beratung.

Wenn Ihnen die Gesundheitsbehörde die Inbetriebnahme einer

Regenwasseranlage verweigert, muß damit noch nicht das letzte Wort gesprochen sein. Es kommt öfter vor, daß z.B. die Umweltbehörde für Brauchwasseranlagen wirbt, während andere Behörden noch Vorbehalte haben. Wenden Sie sich in diesem Fall an die Umweltbehörde, lassen Sie sich dort beraten, und bitten Sie um Unterstützung. Auch in Umweltverbänden sind Erfahrung und Fachwissen vorhanden, die Sie nutzen sollten.

Der Felsen-Spielhügel

Ein Felsen-Spielhügel ist eine ganz besondere Attraktion im Spielgelände. Auf ihm können die Kinder balancieren, klettern und von Stein zu Stein springen. Leider fehlt Spielplatzplanern und Verantwortlichen wegen befürchteter Unfallgefahr oft der Mut zur Errichtung eines Felsen-Spielhügels. So bleiben den Kindern oft nur im Urlaub die Klippen an der Küste und die Felsen im Gebirge zur Erprobung ihrer Kletterkünste. Wer Kinder beim Turnen in Stein und Klippen beobachtet, stellt fest, daß sie sich zunächst sehr vorsichtig bewegen und mit zunehmender Übung viel Geschick entwickeln. Warum sollen sie aber ein ganzes Jahr auf dieses Erlebnis warten? Bauen Sie im Kindergarten einen Felsen-Spielhügel, und die Kinder werden begeistert auf dieses Angebot eingehen.

Wie ein Felsen-Spielhügel errichtet wird

Für den Felsen-Spielhügel benötigen Sie große Steine mit einem Mindestdurchmesser von 50 cm. Wir empfehlen, die Steine einzeln zu einem Hügel aufzubauen und ihren wackelfreien Sitz zu kontrollieren. Bauen Sie die scharfkantigen Steine innen ein, und decken Sie den Hügel mit runden Steinen ab. Beim Abschütten vom LKW oder dem Aufschütten mit einem Radlader kann es vorkommen, daß Steine beim Betreten nachrutschen.

Zur weiteren Information lesen Sie:
Beschaffung geeigneter Steine im Kapitel „Poller und Steinblöcke ..." auf Seite 127.

Lebende Spielgeräte aus Weiden

In den Schloßgärten der Renaissance und des Barock sind noch heute Pavillons und Tunnel, die aus lebenden Pflanzen gebaut und geschnitten wurden, zu bewundern. Diese Idee greifen wir auf und bauen auch im Kindergarten lebende Spielgeräte.

Die Weidenhütte

In unserem Vorschlag Nr. 2: „Das grüne Indianerdorf" haben wir bereits ausführlich beschrieben, wie ein Indianertipi mit Weidenstecklingen gebaut werden kann. Nun wollen wir Ihnen eine Weidenhütte in Iglu-Form vorstellen.

Sie benötigen 30–40 fingerdicke und ca. 150 cm lange Stecklinge der Purpur- oder Korbweide. Gehen Sie genauso vor wie beim Tipi-Bau: Binden Sie aber oben jeweils zwei gegenüberliegende Stecklinge zu einem Halbbogen zusammen.

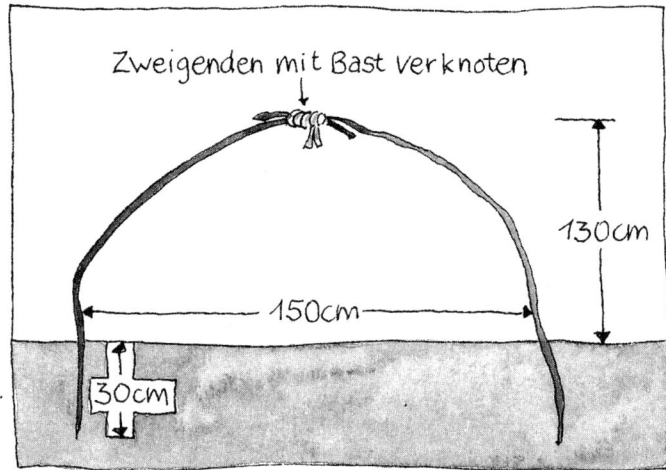

Abb. 51
Querschnitt eines
Weideniglus

Schon nach dem ersten Sommer ist dem Weideniglu eine „Irokesenfrisur" gewachsen: Die neuen Triebe sprießen alle dem Licht entgegen. Verflechten Sie die Zweige miteinander, damit das Iglu dicht wird. Nach einigen Jahren ist die Hütte „ausgewachsen", und Sie können die überzähligen Triebe abschneiden und als Stecklinge weiterverwenden.

Mit einem Ballen Stroh oder einer Fuhre Heu können sich die Kinder das Weideniglu gemütlich auspolstern.

Ein Iglu hat natürlich einen Eingang und kann zusätzlich einen Geheimausgang haben. Wie dieser Geheimausgang angelegt wird, schildern wir Ihnen im nächsten Beispiel.

Weidentipi: Eltern bauen das Gerüst – die Natur läßt die grüne Haut wachsen.

Der Graben ist zum Einbau der Stecklinge ausgehoben.

Die Stecklinge sind gesetzt und miteinander verflochten.

Der Weidentunnel

Die Grundelemente eines Weidentunnels sind wiederum zwei Stecklinge, die Sie zu einem Halbkreisbogen verknüpfen. Bauen Sie im Abstand von 20 cm weitere Bogen auf.

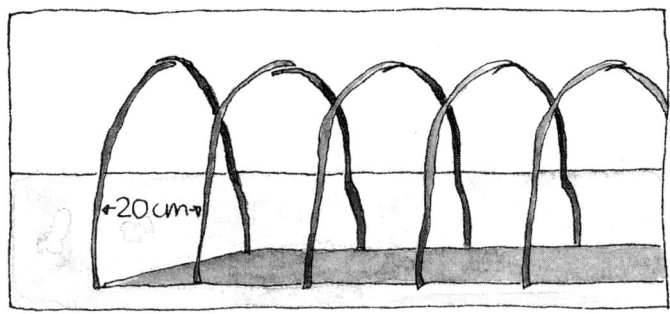

Abb. 52
Aufbau eines
Weidentunnels

Stabiler wird der Tunnel, wenn Sie jeweils zwei Bögen diagonal miteinander verbinden.

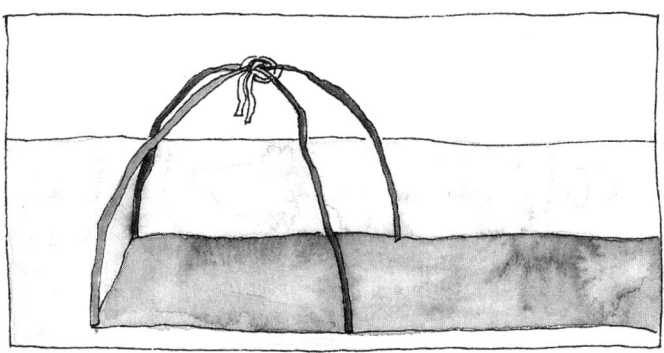

Abb. 53
Diagonal
miteinander
verbundene Bögen

Als Kriechgang hat der Tunnel eine Innenhöhe von 60 cm, für einen Schleichgang erhöhen Sie den Tunnel auf 120 cm.

Binden Sie den ersten Bogen des Geheimganges mit Schnüren an den Weidenästen des Iglu-Geheimausganges an.

Es gibt unzählige Varianten, wie Tunnel angelegt werden können: Verzweigungen, die Verbindung zweier Hütten miteinander oder die Lenkung eines Ausganges zu einem Versteck im Gebüsch.

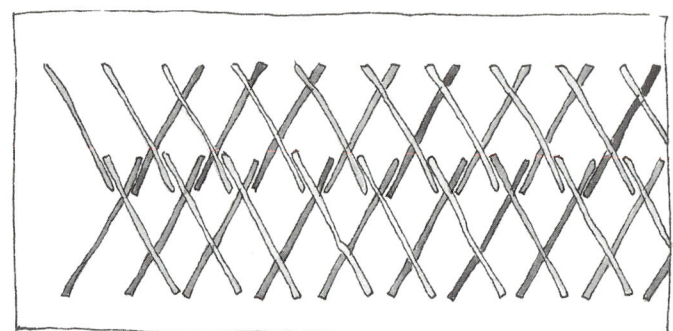

Abb. 54
Der Tunnel in der
Draufsicht

Schon im nächsten Jahr trägt der neue Weidentunnel ein dichtes, grünes Kleid.

Der Weidenzaun

Zur Gliederung des Geländes, um Weidenhütten herum oder um den Kompostplatz abzugrenzen sind Weidenzäune hervorragend geeignet. Durch die schnelle Begrünung sind sie bald ein dichtes Hindernis, das die Kinder gerne zum Verstecken nutzen.

Zum Bau eines Weidenzaunes benötigen Sie a) 3–6 cm dicke und 90 cm lange Weidenpfähle; b) 1–2 cm dicke und 120–140 cm lange Weidenstöcke.

Spitzen Sie die Pfähle am unteren Ende an, und schlagen Sie diese im Abstand von einem halben Meter ca. 25 cm tief in den Boden. Schützen Sie den Pfahlkopf beim Einschlagen durch ein Brettchen. Anschließend treiben Sie eine Eisenstange im Winkel von 45° ca. 30 cm tief in den Boden, um die Löcher für die Weidenstöcke vorzubereiten. Flechten Sie diese nun, beginnend von oben, diagonal um die Pfähle herum, und ziehen Sie die Stöcke nach unten durch, bis sie tief in die Löcher eingeschoben sind.

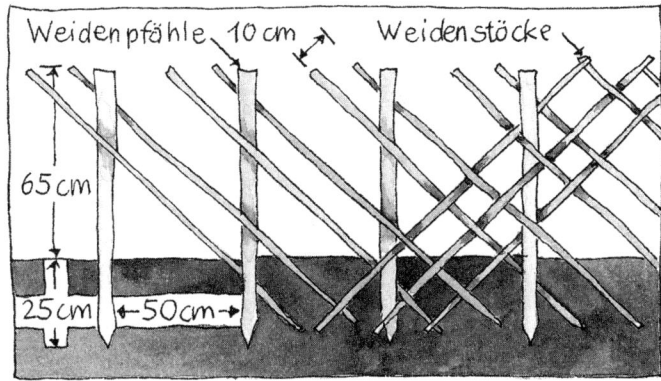

Abb. 55
Der geflochtene
Weidenzaun

Abschließend flechten Sie dann eine zweite Reihe Weidenstöcke in der entgegengesetzten Diagonalen in den Zaun. Hierdurch wird er besonders dicht und erhält eine große Stabilität. Der Vorteil dieser Bauweise liegt darin, daß alle Weidenhölzer mit dem Ende im Boden stecken und austriebsfähig sind.

Zur weiteren Information lesen Sie:
Weidenstecklinge und **Bauanleitung Weidenhütten** im Kapitel 3, Vorschlag Nr. 2: „Das grüne Indianerdorf" auf Seite 31.

Zum Erforschen: Graben und Höhle

Kinder lieben Abenteuer und gehen gerne auf Schatzsuche. Ihr Drang nach Entdeckungen und ihre Fantasie werden besonders angespornt, wenn sie geheimnisvolle Gegenstände beim Graben im Boden ans Tageslicht befördern. Ein für die Kinder unbemerkt präparierter Graben wird zur „Fundgrube".

**Graben und
Höhle anlegen**

Ideal ist es, die Lage des Grabens mit der Höhle im Entwurfsplan einzuzeichnen. Dann können Sie, wenn der Bauabschnitt „Geländemodellierung" an der Reihe ist, dort zahlreiche Gegenstände verstecken: Klinkersteine, altes Geschirr, Gürtelschnallen, abgelegtes Spielzeug und ausrangierte Haushaltsartikel.

Die Ausmaße des Grabens richten sich nach der Größe des Spielgeländes. Eine Tiefe von 80 cm und eine Länge von vier Metern ist ein gutes Orientierungsmaß. An einem Ende können Sie den Graben in eine Höhle verwandeln, wo sich die Kinder verstecken und zurückziehen können. Errichten Sie hierzu über einem Grabenende einen Weidentunnel, wie wir ihn im vorherigen Kapitel beschrieben haben.

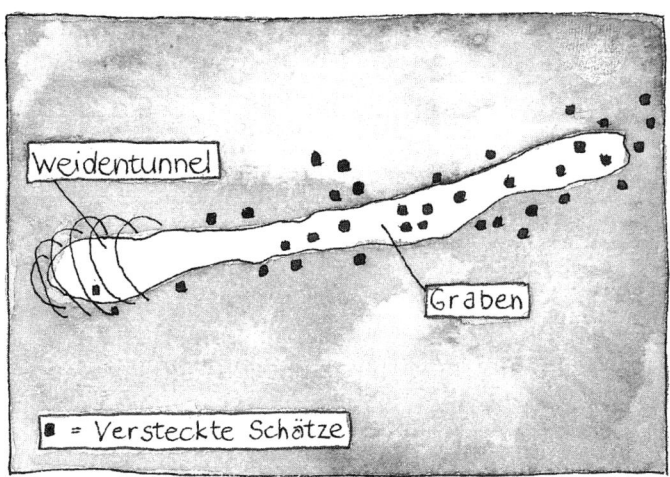

*Abb. 56
Graben mit Höhle*

Ein Teich zum Spielen

Falls Sie die Anlage eines Teiches planen, sollten Sie sich zunächst grundsätzlich überlegen, ob Sie für die Kinder einen Teich zum Spielen oder ein Biotop zum Beobachten anlegen wollen. Ideal ist es, wenn Sie beides realisieren können: Am Spielteich haben die Kinder die Möglichkeit, nach ihren Vorstellungen zu gärtnern und zu bauen. Sie können dort Schiffchen schwimmen lassen und den Teich durchwaten. Der Naturteich hingegen hat eine andere Zweckbestimmung. Hier liegt der Schwerpunkt in der Beobachtung von Pflanzen und Tieren im und am Wasser.

Falls Sie nur Platz für einen Teich haben, dann sollten Sie sich für den Spielteich entscheiden. Andernfalls besteht die Gefahr, daß die Kinder einen Naturteich im Handumdrehen zum Spielteich umfunktionieren.

Einen Spielteich anlegen

Nach den Richtlinien der Eigenunfallversicherer darf ein nicht eingezäunter Teich höchstens 40 cm tief sein. Zusätzlich müssen auch ein Meter breite, flache Uferzonen vorhanden sein.

Wählen Sie für den Spielteich einen beschatteten Platz aus – dort wird das Algenwachstum unterdrückt, und die Kinder sind vor direkter Sonneneinstrahlung geschützt. Die Teichsohle können Sie entweder mit Lehm oder mit Folie abdichten.

Bauweise mit Lehm:
Soll der Teich eine Wassertiefe von 30 cm haben, dann heben Sie eine Mulde von 80 cm Tiefe aus. Von diesen 80 cm sind 20 cm für die Böschung, 10 cm Sandschicht für den Teichgrund und 20 cm für die Lehmschicht bestimmt.

Tragen Sie den feuchten und geschmeidigen Lehm oder Ton in einer 20 cm dicken Schicht auf den Boden der Mulde auf. Verdichten Sie den Lehm gründlich mit Handstampfern, damit alle Öffnungen und Poren geschlossen werden und die Teichsohle vollkommen dicht

wird. Wählen Sie als Bodensubstrat gewaschenen Sand ohne Nährstoffe. Dies beugt der Veralgung des Teiches vor.

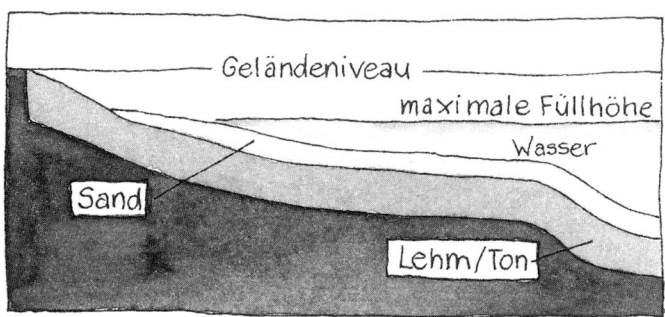

Abb. 57
Spielteich mit
Lehm: linke Seite

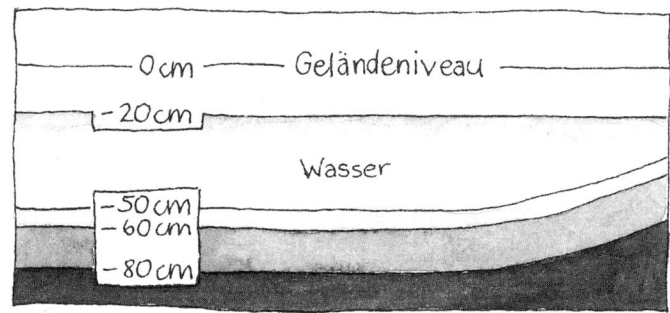

Abb. 58
Spielteich mit
Lehm: rechte Seite

Bauweise mit Folie:
Noch immer werden im Handel Teichfolien aus PVC angeboten, deren Verwendung wir aus Gründen des Umweltschutzes ablehnen.
Eine Alternative stellen umweltfreundlichere Folien aus Polyethylen
und Kautschuk dar.

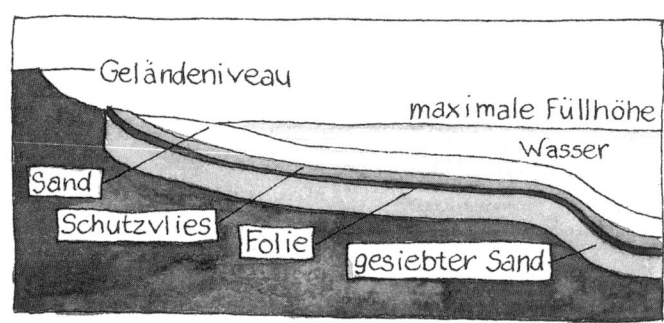

Abb. 59
Spielteich mit Folie

Für den Spielteich sollte eine Folie in einer Stärke von mindestens einem Millimeter verwendet werden, damit sie beim Betreten des Teiches nicht einreißt. Legen Sie die Folie auf eine 10 cm dicke Schicht gesiebten Sandes. Dieser soll das Eindrücken von spitzen Gegenständen verhindern. Legen Sie auf die Folie ein Schutzvlies auf, das vor Beschädigungen von oben schützt. Tragen Sie anschließend darüber eine 10 cm starke Schicht gewaschenen Sandes auf.

> **Tip**
>
> Damit der Sand beim Füllen des Teiches nicht weggeschwemmt wird, legen Sie das Schlauchende in eine Kinderbadewanne, die Sie auf den Grund stellen. Das Beschweren mit einem Ziegelstein verhindert das Bewegen von Schlauch und Wanne.

Zur weiteren Information lesen Sie:
Naturteich und **Blumenwiese** im Kapitel „Naturteich und Wiese: Treffpunkt der Tiere und Kinder" auf Seite 210.

Ein Natur-Aquarium zum Anfassen

Ein Natur-Aquarium ist ein Wasserbecken im Freien, an dem die Kinder ganz aus der Nähe Tiere und Pflanzen beobachten und auch einmal einen Stein im Wasser umdrehen können, um zu schauen, was sich darunter versteckt.

Den Ort aussuchen

Das Natur-Aquarium steht am geeignetsten im Schatten oder Halbschatten, weil dort das Algenwachstum und die Verkrautung weniger schnell voranschreiten. Halten Sie Abstand zu Bäumen, um deren Wurzeln zu schonen und deren Belüftung nicht zu unterbinden. Ordnen Sie das Natur-Aquarium anderen Objekten zu, bei denen ebenfalls die Naturbeobachtung und die Schulung der Sinne im Vordergrund stehen.

Materialien und Aufbau

Wir schlagen eine Bauweise mit Teichfolie und Rundhölzern vor. Verwenden Sie keine PVC-Folie, sondern wählen Sie die umweltfreundlicheren Polyethylen- oder Kautschukfolien. Daneben benötigen Sie außerdem noch Sand, Kies, ca. 15 cm lange Nägel, Dachpappennägel und einige Wasserpflanzen.

Das hier vorgestellte Natur-Aquarium hat die Größe von 300 x 120 x 50 cm. Stechen Sie den Humusboden auf der vorgesehenen Fläche ab, und füllen Sie als Unterlage für die Hölzer an der Außenkante einen Streifen Kies auf. Die restliche Fläche füllen Sie mit Sand.

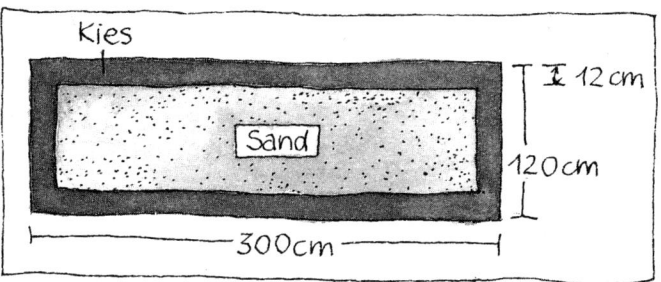

Abb. 60
Vorbereiteter
Untergrund des
Natur-Aquariums

Sägen Sie die Hölzer auf die benötigten Längen zurecht, und entfernen Sie die Rinde. Bei 12,5 cm starken Rundhölzern lauten die Maße: 287,5 cm und 107,5 cm. Hobeln Sie die Ober- und Unterseiten, die später aufeinanderliegen, flach. Fügen Sie den Rahmen des Aquariums mit Schrauben oder Nägeln zusammen. Bohren Sie die Löcher vor, damit sich das Holz nicht spaltet. Die Enden der Rundhölzer liegen immer wechselweise aufeinander (vgl. Abb. 61). Durch das Verschrauben oder Vernageln der Enden werden die Seitenwände fest miteinander verbunden.

Bevor die letzte Lage Hölzer aufgesetzt wird, muß die Teichfolie eingebaut werden. Achten Sie darauf, überall genügend Folie zu verlegen und eine straffe Spannung zu vermeiden. An Stellen, die nicht eng auf dem Boden aufliegen, kann die Folie unter der Belastung von Sand und Wasser leicht einreißen! Befestigen Sie den Rand mit Dachpappennägeln auf der vorletzten Rundholzlage. Schneiden Sie erst jetzt den Folienrand knapp entlang der Außenkante ab.

Füllen Sie in das Natur-Aquarium anschließend gewaschenen Sand, und legen Sie auf einer Seite eine Flachwasserzone an. Einige Steine bereichern den Lebensraum im Aquarium.

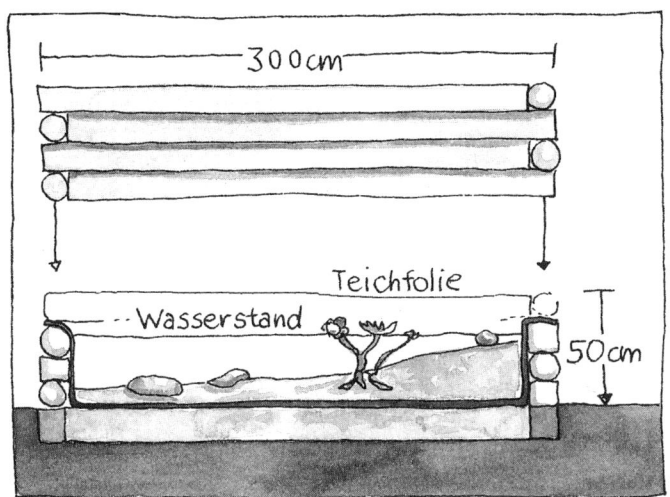

Abb. 61
Querschnitt des
Natur-Aquariums

Tip: Gewaschener Sand – selbst hergestellt

Nehmen Sie einen großen, alten Kübel und bohren Sie unten einige Löcher hinein. Legen Sie den Boden mit Fliegengitter oder Gaze aus. Füllen Sie Sand ein, und gießen Sie Wasser darüber. Wiederholen Sie den Vorgang so lange, bis ungetrübtes Wasser abfließt. Leiten Sie sauberes Regenwasser vom Dach in den Kübel, und verwenden Sie das abfließende Spülwasser zum Gießen von Sträuchern und Rasen.

Das Natur-
Aquarium
beleben

Es dauert nicht lange, bis sich das jetzt noch öde Natur-Aquarium belebt. Wind und Tiere sorgen für die Verbreitung von Samen, Eiern und Larven. Schon nach einigen Tagen keimt zartes Grün – erste Käfer und Wasserläufer „begutachten" den neuen Lebensraum. Vögel nutzen das Natur-Aquarium zu einem Bad und bringen unbeabsichtigt Samen und kleine Lebewesen in ihrem Gefieder mit.

Wollen Sie den Besiedelungsprozeß beschleunigen, dann entnehmen Sie aus dem Gartenteich von Bekannten einige Pflanzen und setzen diese in das Natur-Aquarium ein. Schütteln Sie die Erde von den Wurzelballen ab, damit nicht zuviele Nährstoffe in das Wasser gelangen.

Fische sollten Sie auf keinen Fall einsetzen, denn a) ist das Becken hierzu nicht tief genug und außerdem zu klein, b) werden Laich und Insektenlarven durch die Freßlust der Fische bald verschwunden sein.

Wenn der Wasserstand absinkt ... Wechselnde Wasserstände sind natürliche Abläufe, denen das Leben angepaßt ist. Aus diesem Grunde ist es unnötig, den Wasserstand konstant auf gleicher Höhe zu halten. Füllen Sie nur dann Wasser nach, wenn der Wasserstand bis auf zehn Zentimeter abgesunken ist. Verwenden Sie sauberes Regenwasser, und vermeiden Sie die häufigere Zugabe kalkhaltigen Leitungswassers. Der Kalk würde sich im Aquarium anreichern und allmählich zu einer „Verseifung" der Anlage führen.

Der tanzende Wasserschlauch

Ein auf dem Rasen vergessener Gartenschlauch zieht immer das Interesse der Kinder auf sich.

An warmen Sommertagen schließen Sie einen dünnen, leichten Schlauch, möglichst aus Polyethylen und nicht aus PVC, an einem Außenwasserhahn an, und lassen Sie ihn „ganz zufällig" liegen. Am Schlauchende darf kein Spritzkopf und keine Metallkupplung montiert sein. Es wird nicht lange dauern, bis die Kinder den Wasserschlauch als Spielzeug entdecken.

Dreht nun ein Kind den Wasserhahn auf, läßt der Druck des Wassers den Schlauch wie eine Schlange über den Rasen kringeln. Das Ende tanzt in wilden Bewegungen hin und her. Dabei spritzt das Wasser in alle Richtungen.

Abb. 62
Tanzender
Wasserschlauch

Es ist ein schönes und harmloses Spiel. Im Sommer macht es keine Probleme, wenn die Kleider der Kinder durchnäßt sind. Soll der tan-

zende Wasserschlauch eine Ruhepause einnehmen, gibt es im Keller einen Absperrhahn …

Zur weiteren Information lesen Sie:
PVC im Kapitel „Baubiologische Sanierung von A-Z" auf Seite 261.

Feuerzauber

Kinder sind vom Feuer fasziniert. So wie sie den Umgang mit Werkzeug erlernen, ist auch der Umgang mit dem Feuer eine wichtige Erfahrung. Eine Feuerstelle sollte deshalb in jedem ökologischen Kindergarten einen Platz haben.

Der richtige Platz

Richten Sie die Feuerstelle nicht unter Bäumen und nicht auf einer Baumscheibe ein. Wählen Sie einen freien, aber dennoch windgeschützten Platz aus. Achten Sie auf genügenden Abstand zu Nachbargrundstücken, und meiden Sie die Nähe von Garagen, Öltanks und leicht entzündbaren Materialien.

Das kleine Feuer

Heben Sie eine kreisrunde Fläche von einem Meter Durchmesser spatentief aus. Füllen Sie die Vertiefung anschließend mit Sand auf. Legen Sie einen Kreis mit ca. 20 bis 30 cm großen Kieselsteinen oder Findlingen aus, um einen etwa eimergroßen Innenraum für die Feuerstelle zu erhalten.

Das gebändigte Feuer

Das Feuer wird in einem halboffenen Ofen „gebändigt", den wir aus Lehm und Maschendraht errichten.

Legen Sie eine Fläche von 80 x 120 cm mit Recycling-Klinkersteinen aus. Stellen Sie aus ca. 2 mm starkem Maschendraht eine 100 cm lange Halbröhre mit einem Innendurchmesser von ca. 50 cm her. Verwenden Sie den Maschendraht in doppelter Lage, um ein engmaschigeres und stabileres Geflecht zu erhalten. Selbstverständlich darf der Draht nicht kunststoffummantelt sein.

Am hinteren Ende der Röhre wird das Ofenrohr angebracht. Bohren Sie sechs 3 mm starke Löcher in das untere Ende des Ofenrohres, damit Sie es mit Bindedraht am Maschendraht befestigen können.

Stellen Sie nun das Maschendraht-Geflecht mit dem Ofenrohr auf die Mitte der Steinfläche, und tragen Sie außen auf das Geflecht eine etwa 15 cm dicke Lehmschicht auf.

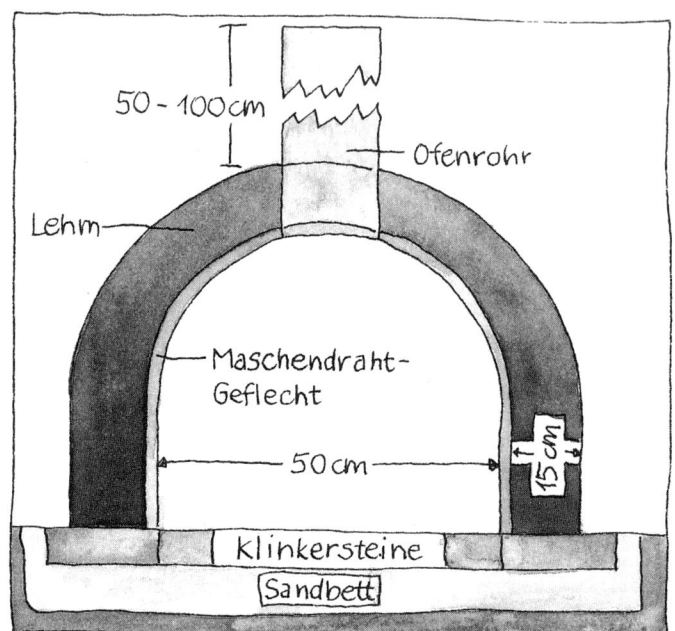

Abb. 63
Die „gebändigte"
Feuerstelle

Tip

Für die Herstellung von Lehmblöcken bauen Sie eine Form aus Brettern mit den Innenmaßen von 25 x 15 x 15 cm. Drücken Sie den Lehm fest in die angefeuchtete Form und stürzen Sie den Lehmblock auf eine ebene Unterlage. Mit den Lehmblöcken geht das Aufbauen des Ofens wesentlich einfacher vonstatten. Falls die Ziegel bröckeln, müssen Sie dem Lehm mehr Wasser beimengen. Bei zu großer Wasserzugabe wird der Lehm jedoch breiig und kann nicht mehr verbaut werden.

Schließen Sie die hintere, noch offene Seite des Lehmofens ebenfalls mit Lehmblöcken. Dichten Sie alle Ritzen und Fugen mit weichem Lehm ab. Die Vorderseite des Lehmofens kann offen bleiben, so können die Kinder das Feuer besser beobachten. Soll der Ofen als Backofen oder Einbrennofen dienen, sollte die Vorderseite geschlossen und eine Ofenklappe eingebaut werden.

An warmen Sommertagen trocknet der frische Lehmofen am

schnellsten durch. Gegen Niederschläge muß er aber ausreichend geschützt werden. Ein provisorisches Dach aus Folie erfüllt diesen Zweck am besten. Streichen Sie nach dem Trocknen des Ofens den Lehm mit einer für außen geeigneten Bio-Wandfarbe.

Zur weiteren Information lesen Sie:
Herstellung von Kreidefarbe im Kapitel „Baubiologische Sanierung von A-Z" auf Seite 263f.;
Lehmofen im Kapitel „Spielen und bauen mit Lehm" auf Seite 183.

Das große Feuer
Eine große Feuerstelle ist ein Platz, an dem die Kinder nicht nur das heiße Element entfachen, sondern sich auch zum Geschichten erzählen, Tanzen und Singen treffen.

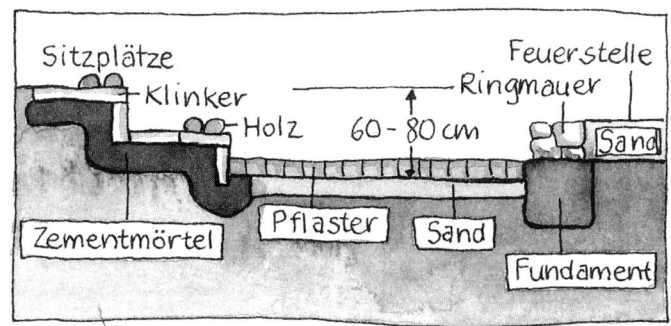

Abb. 64
Große Feuerstelle

Als Baumaterial benötigen Sie große Kiesel- und Pflastersteine, Natursteine und Recycling-Klinker, Sand, Zement und Holzleisten. Heben Sie eine Grube von 60 bis 80 cm Tiefe mit einem Durchmesser von fünf Metern aus. Bauen Sie im Zentrum der Fläche einen kreisförmigen Mauerring mit einem Außendurchmesser von 150 cm und einer Höhe und Breite von 30 cm.

Die Mauer sollten Sie auf einem kleinen Fundament errichten. Füllen Sie den Raum im Ring mit Sand auf. Dies ist der Platz, an dem später das Feuer lodern wird. Befestigen Sie den Boden um die Feuerstelle mit Pflastersteinen oder Recycling-Klinkern. Gestalten Sie den Rand der Grube in mehreren Stufen, auf denen die Kinder sitzen können. Das Sitzen auf kalten Steinen kann ungesund und unbequem sein, weshalb Sie Sitzbretter auf den Steinstufen anbringen sollten.

Die große Feuerstelle ist auch als kleine Bühne nutzbar, wenn der

Platz, wo das Feuer lodert, gepflastert ist. Aschereste sind dann leicht mit dem Besen zu beseitigen.

Umwelttips zum Brennmaterial

Betreiben Sie die Feuerstellen nur mit trockenem, abgelagerten Holz. Verwenden Sie kein Nadelholz, da dieses viel Harz enthält und Funkenflug verursacht. Birken- und Buchenholz sind für offene Feuer sehr gut geeignet. Abfallholz aus der Werkstatt und von Möbeln muß ungestrichen und unbehandelt sein. Verbrennen Sie keine Span- und Sperrholzplatten. Sie enthalten meist Formaldehyd und Kunstharze, die mit dem Rauch in die Luft gelangen würden. Zum Anfeuern sind kleine Kienspäne besser geeignet als Zeitungspapier. Verbrennen Sie keinesfalls bedrucktes Papier und selbstverständlich auch keine Abfälle – eine Feuerstelle ist keine Müllverbrennungsanlage!

Zur weiteren Information lesen Sie:
Freilichtbühne im Kapitel „Vorhang auf …" auf Seite 179.

„Bitte einsteigen und die Türen schließen!"

Eine Alternative zu den fahrbaren Kinderautos, Go-Cars und Treckern ist eine Eisenbahn auf Schienen, mit denen die Kinder im Kindergarten ihre Runden drehen können. Die Eisenbahn muß keine kostenintensive Einrichtung sein. Schienen aus Recyclingmaterial vom Schrottplatz und selbstgezimmerte Holzkisten mit einem Fahrgestell werden in der Fantasie der Kinder zum Orient-Express und ICE.

Schienen zum Auf- und Abbauen haben den Vorteil der Flexibilität, sind aber eine Stolpergefahr im Gelände. Der im Boden versenkte Schienenkörper kann mit Schotterrasen ausgefüllt werden. Angetrieben wird die Eisenbahn entweder durch Anschieben oder einen Pedalantrieb, ähnlich wie bei einem Kinderauto. Bauen Sie als Attraktion eine sanfte Gefällstrecke ein, welche die Kinder mit den Wagen hinabsausen können.

Erweiterungs-möglichkeiten

Eine Lokomotive könnte mit einem Elektromotor angetrieben werden. Solarzellen liefern den notwendigen Strom für die Batterien. Selbstverständlich muß der Motor gedrosselt sein, damit die Eisenbahn nicht schneller als Schrittgeschwindigkeit fährt.

Führerschein für die Eisenbahn?

Auf Privatgrundstücken betriebene Fahrzeuge unterliegen nicht den Zulassungsbestimmungen des öffentlichen Verkehrs. Nummernschilder und Führerscheine sind deshalb entbehrlich. Aber die Sicherheit der Anlage muß vom TÜV überprüft werden. Selbstverständlich muß der Träger und Eigentümer des Grundstückes seine Einwilligung erteilen. Lassen Sie sich auch von der Unfallversicherung bescheinigen, daß gegen den Betrieb der Eisenbahn keine Einwände vorgetragen werden.

Spiel- und Nutzideen

Mit einer Eisenbahn können die Kinder die Umgestaltung wirkungsvoll unterstützen. Am geplanten Teich schaufeln Eltern den Aushub in Güterwagen, und die Kinder fahren ihn zum Bauplatz des Spielhügels. Auch Steine, Sand und viele andere Materialien können sie mit der Eisenbahn zu den gewünschten Abladeplätzen transportieren.

Auch wenn die Umgestaltung abgeschlossen ist, gibt es noch viele interessante Aufgaben für die kleinen Eisenbahner und Eisenbahnerinnen: Die Küchenabfälle müssen zum Kompost gefahren werden, Wasser wird zum Gießen von Pflanzen an vielen Stellen im Außengelände benötigt, und Holz, welches das Forstamt am Tor abgeladen hat, soll zum Natur-Bauplatz gebracht werden.

Zur weiteren Information lesen Sie:
Schotterrasen im Kapitel „Feuerwehrzufahrt …" auf Seite 99.

Der Traum vom eigenen Baumhaus

Kinder bauen gerne eine Hütte. Mit einem Baumhaus werden aber ihre schönsten Träume wahr! Es gibt zwei verschiedene Möglichkeiten, ein Baumhaus zu errichten:

1. Das echte Baumhaus

Das echte Baumhaus wird auf den dicken Ästen eines großen, weitverzweigten Baumes befestigt. Verwenden Sie ausschließlich geflochtene Kokosstricke, um das Haus am Baum zu verankern. Nägel und Draht verletzen die Rinde, und die Leitungsbahnen und schaden somit dem Baum. Unterlegen Sie alle Scheuerstellen mit Filz. Erneuern Sie im Frühjahr aus Sicherheitsgründen alle Kokosstricke.

Die Größe des Baumhauses und die Belastungen sollten in einem vertretbaren Verhältnis zur Größe des Baumes und seiner Robustheit stehen.

Fertigen Sie Wände, Boden und Dach mit den Kindern in der Werkstatt vor. Verwenden Sie für Dach und Wände leichte Materialien wie Sperrholz, um Gewicht zu sparen. Alte Schrankrückwände eignen sich gut als Hüttenbaumaterial. Führen Sie den Zusammenbau dann im Baum aus. Das „Fundament" des Baumhauses besteht aus einer ebenen Plattform, die Sie durch das Verbinden von Stamm und Ästen mit stabilen Rundhölzern errichten. Auch hierfür sind ausschließlich Kokosstricke erlaubt. Auf die Rundhölzer können Sie dann die Bretter für die Plattform schrauben.

Ist das Baumhaus nicht über Äste zu erklettern, dient eine einholbare Strickleiter als Aufstieghilfe. Mit einem Seil, das über eine Rolle am Giebel des Baumhauses führt, können die Kinder Material und Spielsachen nach oben ziehen.

2. Das Baumhaus auf Stelzen

Sind im Kindergarten keine geeigneten Bäume vorhanden, oder sollen die Bäume aus Baumschutzgründen geschont werden, ist das Baumhaus auf Stelzen eine vortreffliche Alternative.

Konstruiert wird dieses Baumhaus wie ein freistehender Hochsitz. Graben Sie vier Baumpfähle von 3–4 m Meter Länge ca. 1 m tief in den Boden ein. Verbinden Sie zur Stabilisierung und Versteifung des Gerüstes die Pfähle mit Diagonalstangen an drei Seiten. An der vierten Seite schrauben Sie Querhölzer von Pfahl zu Pfahl, die als Aufstiegsleiter dienen.

Bauen Sie in zwei Meter Höhe den Boden des Baumhauses ein, und setzen Sie auf die Pfahlenden ein Dach auf. Verkleiden Sie die Seiten des Baumhauses mit Rundholzstämmen (Fensteröffnungen freilassen), und bringen Sie eine Tür auf der Leiterseite an. Aus Sicherheitsgründen darf die Tür nur nach innen zu öffnen sein.

Wollen Sie verhindern, daß die Pfähle an der Bodenkante nach einigen Jahren verrotten, müssen Sie die Konstruktion auf verzinkte Flacheisen schrauben, wie wir dies beim Bau der Pergola empfohlen haben.

Baugenehmigung

Ein Baumhaus ist als Spielgerät bei der Bauaufsichtsbehörde in der Regel nicht genehmigungspflichtig. Ungeachtet dessen muß es aber standsicher sein und die Sicherheitsrichtlinien der DIN-Normen über Fallschutz und für Holzspielgeräte erfüllen (DIN 7926 und 1052).

Zur weiteren Information lesen Sie:
Pfähle auf Flacheisen im Kapitel: „Pergolen mit Berankung ..." auf Seite 105;
Aussichtsturm im Kapitel: „Es wachsen Hügel hoch und höher ..." auf Seite 133.

Blockhütten aus dem Wilden Westen

Als Gegenstück zum Indianerdorf aus Weidentipis stehen die Blockhütten aus dem Wilden Westen.

Die nachfolgend beschriebenen Hütten haben eine maximale Größe von 1,50 x 2,00 m. Damit das Holz von unten gegen Nässe geschützt ist, ist der Bau eines kleinen Fundamentes ratsam. Heben Sie hierzu einen Graben von einer Spatentiefe und einer Spatenbreite aus, und füllen Sie ihn mit grobem Kies auf.

Sägen Sie die Stämme auf eine Länge von 1,70 m und 2,20 m zu. Kehlen Sie die Balken 10 cm vor ihrem Ende aus, wie es in der folgenden Abbildung zu sehen ist. Die Tiefe der Auskehlung beträgt jeweils ein Viertel des Stammdurchmessers, so daß die Hälfte stehen bleibt. Werden dann die Stämme übereinander eingepaßt, liegen diese ohne Zwischenraum auf. Der zu oberst liegende Stamm wird nur unten eingekehlt – der zu unterst liegende nur oben.

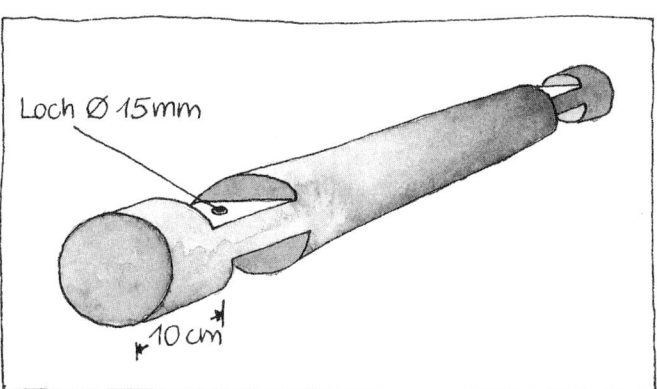

Abb. 65
Auskehlung der
Balken

Zusätzliche Stabilität erreichen Sie mit einer Eisenstange (12 mm Durchmesser), die Sie an den Kreuzungspunkten der Balken durch ein Loch stecken. Bohren Sie dazu genau in der Mitte der Auskehlung ein 15 mm breites Loch.

Schlagen Sie das untere Ende der Eisenstange um, damit sie sich nicht mehr nach oben aus den Balken herausziehen läßt. Führen Sie nun von oben alle Balken in die Eisenstange ein. Das Ende der Stange wird oben bündig abgesägt und am Ende ein Gewinde eingeschnitten. Die Mutter wird im Holz versenkt.

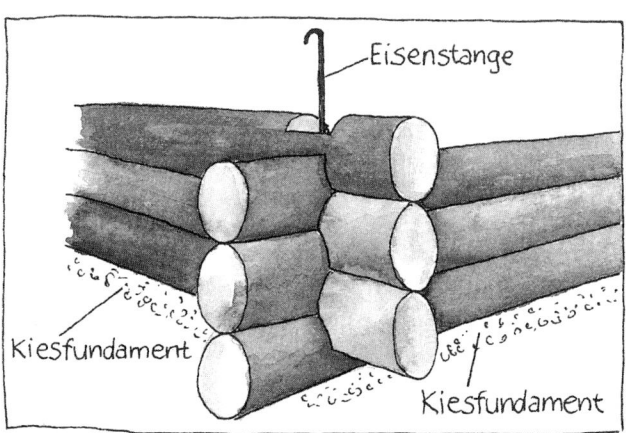

Abb. 66
Aufbau der Wände

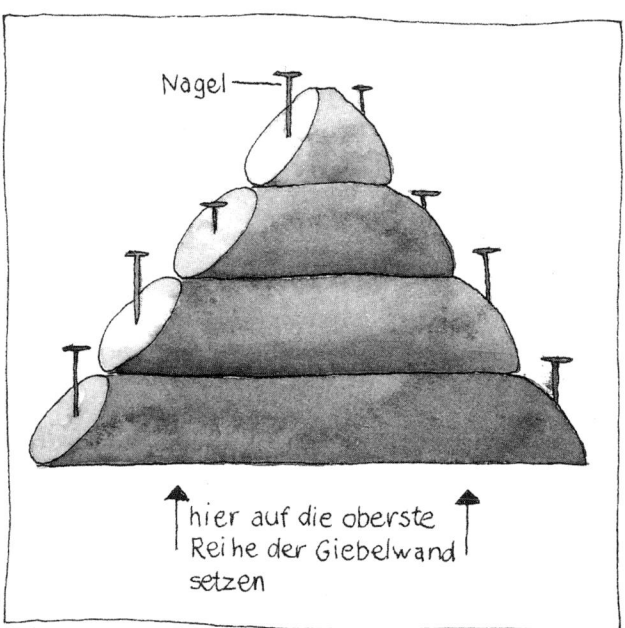

Abb. 67
Zusammenbau der
Giebeldreiecke

Das Dreieck an der Giebelspitze für die Dachschräge bauen Sie als ein Teil zusammen und schrauben oder nageln es auf die Giebelwand auf.

Einen Eingang und ein kleines Fenster sollten Sie natürlich nicht vergessen. Das Dach decken Sie mit Schwartenbrettern, die sich zur Hälfte überlappen. Fangen Sie an der Traufe an, und decken Sie das Dach in Richtung auf den First.

Abb. 68
Fertige Blockhütte

Zu guter Letzt möblieren Sie die Blockhütte mit Sitzen und Tischen. Hierzu sägen Sie einfach von einem Rundstamm einige Scheiben ab. Bauen Sie in der Werkstunde mit den Kindern weitere Einrichtungsgegenstände zusammen.

Erlebnispfad: Überraschungen für die Sinne

Weil die Natur immer mehr aus dem Alltagsleben der Kinder verschwindet, gibt es viele Versuche, mit Tastgärten und Sinnerfahrungspfaden diesem Defizit zu begegnen. Hierbei sollen natürliche Materialien, Formen oder Düfte die Sinne der Kinder ansprechen.

Damit die Kinder in Tastgärten nicht nur ihre Sinne entwickeln, sondern dort auch Spaß, Spiel und Überraschungen erleben können, haben wir die Idee der Sinnerfahrungspfade aufgegriffen und zum Erlebnispfad weiterentwickelt.

Vom Weg zum Tastpfad

Es ist am einfachsten, einen Weg, der bereits existiert und der von den Kindern häufig begangen wird, zum Erlebnispfad umzugestalten. Wählen Sie beispielsweise die Verbindung vom Teich zum Spielhügel.

Entfernen Sie zunächst die alte Wegedecke, und heben Sie den Streckenabschnitt ca. 20 cm tief aus. Unterteilen Sie den Weg mit alten Klinker- oder Kantensteinen in einzelne Segmente. Diese Segmente können Sie nun mit unterschiedlichen Materialien füllen: Rindenmulch, Mosaikpflaster, Sand, Holzpflaster, Kies, Splitt-Lehmmischung, Erde, ... Barfuß begangen, übertragen die verschiedenen Materialien unterschiedliche Reize auf die Fußsohlen.

Erlebnis im Tunnel

Spannend wird ein Weg für die Kinder, wenn Sie einen Tunnel durchlaufen. Dieser kann in sogenannter Lebendbauweise als Weidentunnel errichtet werden oder mit einem Gestell, über dem Teppiche ausgebreitet sind. Beim Durchgehen des Tunnels müssen die Kinder sich ganz auf ihren Tastsinn verlassen.

Duftkugeln: Nase vorn!

Abb. 69
Duftkugel

Duftkugeln können die Kinder selbst töpfern: Aus Ton modellieren sie ein Gefäß in Kugelform. Mit einem spitzen Gegenstand schneiden sie Löcher in die Kugel, aus denen später die Düfte austreten. Ein zusätzliches großes Loch am oberen Pol der Kugel dient der Befüllung. Zum Schluß erhält die Duftkugel einen Henkel zum Aufhängen. Die kleinen Kunstwerke sind nun soweit fertig und können im Lehmofen gebrannt werden.

Zur weiteren Information lesen Sie:
Lehm im Kapitel: „Feuerzauber" auf Seite 155 und „Wer schmeißt denn da mit Lehm? Spielen und bauen mit Lehm" auf Seite 182.

Hängen Sie entlang des Erlebnispfades einige Duftkugeln auf. Diese können mit einem getränkten Wattebausch oder mit verschiedenen Kräutern gefüllt werden. Auch ein Räucherkegel oder Weihrauch kann gelegentlich in einer Duftkugel angezündet werden. Duftstoffe gibt es in Hülle und Fülle: ranzige Butter, Kaffeesatz, Baumharz, frisch geschnittenes Gras, aromatische Öle oder Speckschwarten.

Achtung – Überraschungsbäume!

Überraschungsbäume sind für die Kinder immer wieder ein Erlebnis. Sie müssen nur regelmäßig mit unterschiedlichen „Überraschungen" befüllt werden: Eicheln, Kastanien, Kieselsteinen, mit einem Stück Fell, Erdnüssen, Bucheckern, Murmeln, Stoffresten, Heu oder einem Apfel.

Die Herstellung Höhlen Sie eine Vertiefung im Stamm aus, und setzen Sie einen Deckel mit Zapfen darauf, die in vorgebohrte Löcher passen. Diese Bauart erleichtert es, den Überraschungsbaum neu zu befüllen oder zu säubern. Graben Sie nun einige präparierte Baumstämme entlang des Erlebnispfades in den Boden ein.

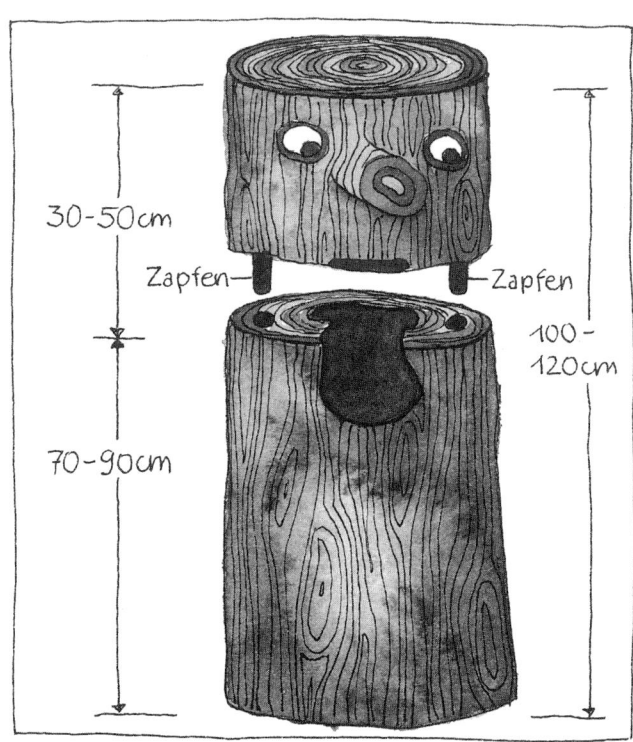

*Abb. 70
Überraschungs-
baum*

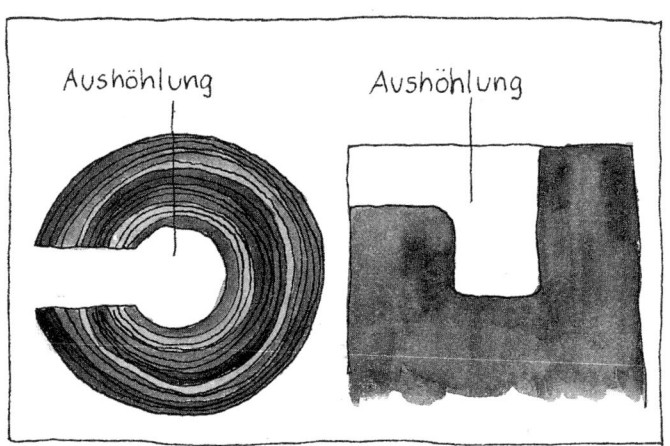

*Abb. 71
Aushöhlung des
Stammes*

Bereicherungen für den Erlebnispfad

Am Erlebnispfad sollte regelmäßig etwas verändert werden, um ihn jederzeit für einen Besuch interessant zu machen. Richten Sie in einer Ecke des Kellers eine kleine „Asservatenkammer" ein. Sind Dinge bei den Kindern in Vergessenheit geraten, holen Sie sie wieder für den Erlebnispfad hervor.

Krabbelschlauch   Mit nur einer Naht können Sie aus einem Stück Zeltplane einen Krabbelschlauch nähen. Diesen können Sie auf oder neben dem Erlebnispfad anpflocken.

Klangkörper   Am Erlebnispfad können Sie einige, der im Kapitel „Töne aus dem Klanggarten", S. 175, beschriebenen Instrumente aufstellen.

Zerrspiegel   Eine spiegelnde Metallfolie kann von den Kindern gebogen werden, in der sie ihr verzerrtes Spiegelbild bestaunen.

Tiere   Tiere können Sie leider nicht so einfach wie Gegenstände am Erlebnispfad in Aktion bringen. Ameisen gibt es jedoch fast überall draußen im Außengelände. Schreiben Sie ein Wort mit dem Öl einer Fischkonserve in den Sand. Nach einiger Zeit wird das Wort lebendig, zum großen Erstaunen der Kinder.

Die Fee im Märchenwald

In einem ruhigeren Teil des Außengeländes entsteht der Märchenwald. Pflanzen Sie hier niedrigwachsende Bäume und Sträucher, und halten Sie einige Stellen als Lichtungen frei. Mit Baumfiguren, einem „Hexenhaus", einem Dornröschenbrunnen, einem Schloß mit Geheimgang und anderen Fantasiefiguren verzaubern Sie diesen Teil des Geländes in einen Märchenwald.

Der Märchenbaum

Graben Sie einen oder mehrere alte, knorrige Baumstämme standsicher in den Boden ein. Begabte Hände können ein Wichtel- oder Feengesicht in das Holz schnitzen. Aber auch aus Palisaden und Baumpfählen können Sie durch das Anbringen von Ohren, Nasen, Augen und durch eine Bemalung Märchenfiguren entstehen lassen.

Das Hexenhaus

Mit alten Dielenbrettern oder Baubohlen ist schnell ein kleines Häuschen gezimmert. Aber erst die Lebkuchen verwandeln das Haus in ein richtiges Hexenhaus! Sie können zwar eßbare Lebkuchen an die Wände hängen, Attrappen aus Holz sind aber bestimmt länger haltbar. Schrauben Sie in lebkuchenecht bemalte Holzbrettchen eine Öse. Nun können Sie die Brettchen auf Haken an die Hauswände hängen.

Wenn Sie die Mandeln auf den Lebkuchenbrettchen wie die Punkte auf einem Würfel anordnen, können sich die Kinder im Spiel mit Zahlen vertraut machen.

Der Dornröschenbrunnen

Aus Natur- oder Pflastersteinen mauern Sie auf einem kleinen Fundament eine Ringmauer (50 bis 70 cm hoch und 80 bis 100 cm im Kreisdurchmesser). Auf die Mauer setzen Sie in Mörtel einen kleinen Froschkönig. Formen Sie mit den Kindern hierzu aus Ton Figuren, die Sie anschließend im Lehmofen brennen (siehe Kapitel: Das gebändigte Feuer, Seite 155).

Einen tiefen und/oder einen wassergefüllten Brunnen kann es im Kindergarten aus Sicherheitsgründen nicht geben. Dies ist auch gar nicht nötig, denn in der Fantasie der Kinder verwandelt sich die Mauer in einen geheimnisvollen Märchenbrunnen mit einem verzauberten Froschkönig.

Ein Schloß mit Geheimgang

Im Wäldchen hinter Sträuchern versteckt, ist der richtige Platz für ein Dornröschenschloß. Errichten Sie mit Recycling-Ziegelsteinen ein Viereck, und schließen Sie die Mauer oben mit Burgzinnen ab. Schießscharten und Fenster sollten Sie nicht vergessen – der Clou aber besteht in einem Geheimgang: Versenken Sie im Boden eine Betonröhre mit einem Innendurchmesser von 60 cm. Überdecken Sie die Röhre mit 10 cm Erde. Das eine Ende der Röhre führt durch das Fundament der Mauer ins Schloß, das andere endet versteckt hinter einem Busch. Die Ausgänge müssen Sie mit Mauern vor dem Verschütten absichern.

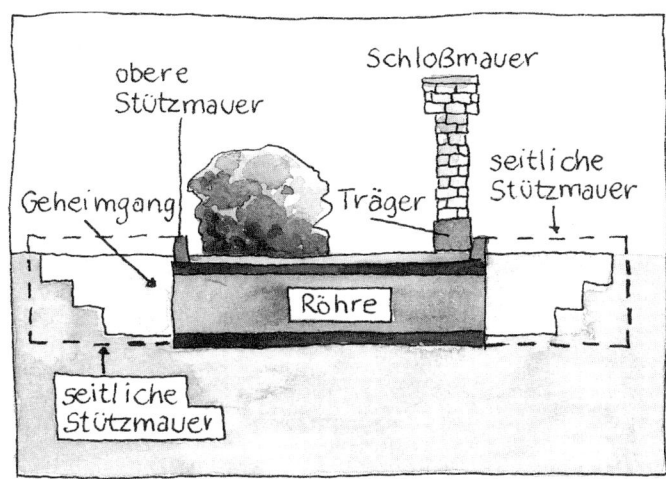

*Abb. 72
Schloß mit
Geheimgang*

Die Schloßmauer darf nicht direkt auf der Röhre ruhen, sondern muß auf einem eigenen, tragenden Teil den Durchbruch überspannen.

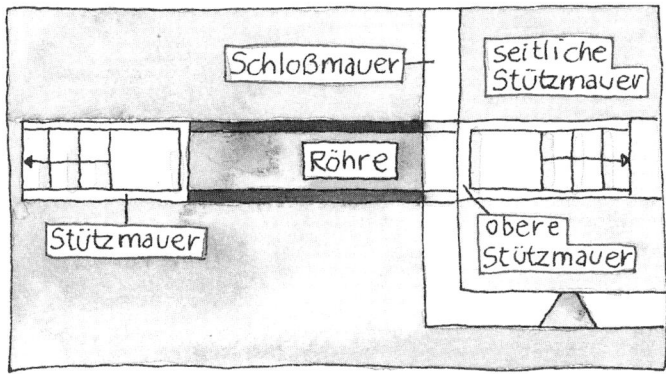

*Abb. 73
Schloß mit
Geheimgang –
Aufsicht*

Im Heuhaufen zirpt die Grille

Heuhaufen sind zu einer echten Rarität geworden, seit Rinder immer mehr in Massentierhaltungen mit vorwiegend importiertem Kraftfutter aufgezogen werden. Gerade deshalb sollten Sie den Kindern das Erlebnis verschaffen, den Geruch des Heus kennenzulernen, sich im Heu zu verstecken und darin zu toben.

Heu und Gestell beschaffen

Alles, was Sie für den Bau eines Heuhaufens benötigen, sind Heu und ein Dreibeingestell. In der Stadt gibt es zwar auch Rasenflächen, die gemäht werden, aber das mit dem Rasenmäher geschnittene Gras ist zu kurz, um es zu Heuhaufen aufzuschichten. Falls Sie im Kindergarten eine Wiese angelegt haben und mit der Sense umgehen können, ist das Heumachen kein Problem. Scheidet diese Möglichkeit aus, besorgen Sie sich frisches Heu von einem Bauernhof.

Ein Gestell aus Besenstielen oder Bambusstangen herzustellen ist zwar naheliegend, aber trotzdem ungeeignet, da die Stiele zu glatt sind. Früher haben die Bauern Fichten- oder Tannenstöcke zusammengestellt, an denen noch ca. fünfzehn Zentimeter lange Seitenäste belassen waren. Auf solch einem Dreibein konnte das Heu besonders gut aufgeschichtet werden.

Abb. 74
Dreibein für einen
Heuhaufen

Entweder Sie beschaffen sich vom Forstamt aus Durchforstungsbeständen geeignete Stämmchen, oder Sie warten auf Neujahr: Allerorts werden dann Weihnachtsbäume zur Entsorgung an den Straßenrand gelegt. Aus größeren Bäumen lassen sich hervorragende Heustangen herstellen.

Einen Heu-
haufen errichten

Binden Sie drei Heustangen mit einem Strick oben zusammen. Werfen Sie locker das Heu mit einer Mistgabel von unten beginnend über das Gestell. Fertig ist das kleine Spielparadies! Jetzt heißt es nur noch abzuwarten, ob sich eine Grille einfindet, die den Kindern ein Lied vorzirpt …

> **Wußten Sie schon …**
>
> daß der typische Heugeruch nur vom Ruchgras hervorgerufen wird? Wenn Sie diesen Geruch nicht wahrnehmen, stammt das Heu wahrscheinlich von einer gedüngten Wiese. Dort wird das Ruchgras von Konkurrenzpflanzen verdrängt, weil es nährstoffarmen Boden bevorzugt.

6.2.3 Schöpferisches Spiel

Der Natur-Bauplatz

Dem Natur-Bauplatz fällt im umgestalteten Kindergarten eine zentrale Rolle zu: Hier lernen die Kinder Materialien aus der Natur kennen, die sie mit ihren Sinnen erfassen und ihre Verwendung erproben können. Sie erfahren, wie sich Äste, Stroh, Sägemehl, Laub, Rindenmulch, Steine und Sand im Spiel und beim Bauen einsetzen lassen.

Ein großer Vorteil bei der Verwendung von Naturmaterialien besteht darin: Es entsteht kein Müll! Wenn Sachen uninteressant werden oder verrotten, können Sie kompostiert und in den Kreislauf der Natur zurückgegeben werden.

Einen
Natur-Bauplatz
einrichten

Für einen Natur-Bauplatz eignet sich ein Gelände mit gewachsenem Boden oder eine flache Grube, in die Spielsand eingefüllt wird. Eine Einfriedung aus Palisaden oder aus einem niedrigen Holzzaun schützt das Areal vor übermäßiger Ausdehnung.

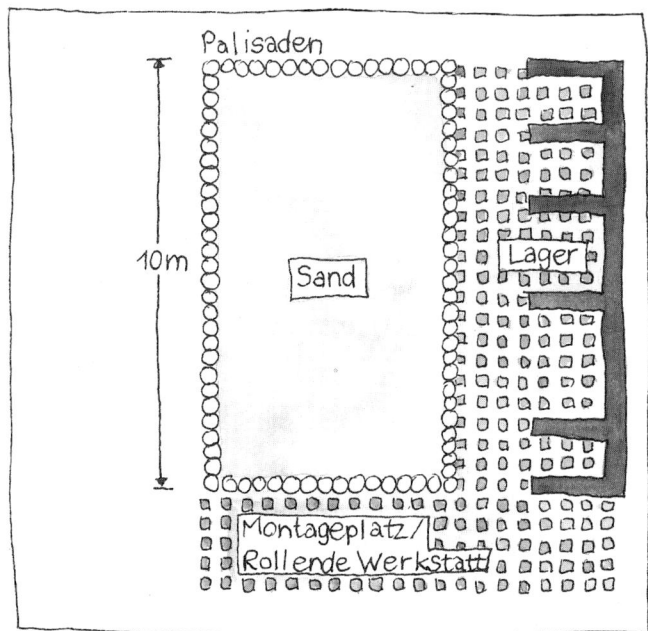

Abb. 75
Natur-Bauplatz

Abb. 76
Mauer zum
Anschütten von
Natur-Materialien
mit Dach

Für einen Kindergarten mit hundert Kindern sollte der Natur-Bauplatz eine Größe von mindestens fünf auf zehn Meter aufweisen. Ein

Lager zum Sammeln verschiedener Materialien sollte praktischerweise gleich nebenan liegen. Dieses Lager kann aus einer Mauer mit mehreren Segmenten bestehen. Sollen die Materialien vor Niederschlägen geschützt werden, kann auf die Mauer ein kleines Dach gesetzt werden.

Befestigen Sie unmittelbar neben dem Natur-Bauplatz eine Fläche mit Pflaster oder Klinkern, um für die „Werkstatt auf Rädern" einen Standplatz zu schaffen (zum Thema „Werkstatt auf Rädern" siehe unten).

Werkstatt auf Rädern

Im Handumdrehen ist die Werkstatt auf Rädern am Einsatzort. Ob die Kinder am Natur-Bauplatz Hütten bauen oder am Wasserfall ein Wasserrad montieren – mit der rollenden Werkstatt ist alles kein Problem.

So bekommt die Werkstatt Räder

Ein Leiterwagen mit einer Deichsel und entfernten Seitenteilen ist ein ideales Fahrgestell für die Werkstatt auf Rädern. Wenn Sie nun auf das Grundbrett einen Schrank aufsetzen, brauchen Sie nur noch das Werkzeug einräumen – und die Werkstatt auf Rädern ist einsatzfertig!

Abb. 77
Die Werkstatt
auf Rädern

Damit die Kinder frühzeitig den sachgemäßen Umgang mit Werkzeug erlernen, sollten Sie nur Qualitätsware anschaffen und auf sogenanntes „Kinderwerkzeug" verzichten. Als Grundausstattung empfehlen wir:

Werkzeug:
- Arbeitshandschuhe
- Bleistifte
- Bügelsäge 70 cm
- Entrindungsmesser
- Feile
- Flachzange
- Fuchsschwanz
- Gartenschere
- Hammer 100 g
- Hammer 300 g
- Handbohrmaschine und Bohrer
- Hobel
- Holzkeile
- Kneifzange

- Maßband 10 m
- Meterstock 2 m
- Ölkreide
- Pinsel
- Raspel
- rechter Winkel
- Richtschnur
- Rohrzange
- Schere
- Schleifpapier
- Schnitzmesser
- Schraubendreher
- Schraubzwingen
- Wasserwaage

Material:
- Abfallholz
- Bio-Imprägniergrund

- Kokosstricke
- Lederband

– Bio-Lasurfarbe
– Draht
– Holzleim (ungiftig)

– Nägel
– Schrauben
– Terpentin

Sonstiges:
– Erste-Hilfe-Kasten

Werkzeug markieren

Pinseln Sie um jedes Werkzeugstück einen Ring jeweils im selben Farbton. Auf diese Weise können Sie immer eigene von fremden Stücken unterscheiden. Eine Inventarliste sollte innen an der Schranktür befestigt sein.

Denken Sie daran, die Werkstatt auf Rädern nach dem Einsatz in einem sicheren Raum abzustellen. Langfinger machen leider auch nicht vor Kindergärten halt.

Zur weiteren Information lesen Sie:
Bauklötze aus Abfallholz im Kapitel „Baubiologische Sanierung von A-Z," Stichwort „Spielzeug" auf Seite 261 f.

Töne aus dem Klanggarten

Fast alle Körper können zum Schwingen gebracht werden und erzeugen dabei einen Ton. Unser Hörempfinden unterteilt die Töne in angenehme Klänge und weniger angenehme Geräusche.

Kinder wollen ausprobieren, welche Töne einem Gegenstand hervorzulocken sind. Im Klanggarten machen sie die Entdeckung, daß Steine, Eimerdeckel oder ein Stück Holz nicht nur Geräusche, sondern auch überraschende Klänge von sich geben.

Der richtige Platz für den Klanggarten

So schön ein Klanggarten für die Kinder ist und soviel Spaß es macht, das Musizieren nach draußen zu verlegen, die Ohren der Nachbarn empfinden dies vielleicht anders. Nehmen Sie aus diesen Gründen bei der Wahl des Platzes Rücksicht auf die Anwohner, und laden Sie diese zu einem Gespräch ein. So können Sie Mißverständnisse vermeiden und ein gutes, nachbarschaftliches Verhältnis pflegen.

Innenhöfe und Plätze, die durch das Kindergartengebäude oder durch Mauern abgeschirmt sind, eignen sich am besten für einen Klanggarten. Gilt es, eine Lücke zu schließen, informieren Sie sich im

Kapitel „Schallschlucker.." auf Seite 117, welche Lärmschutzvorkehrungen in Frage kommen.

**Einen Klang-
garten einrichten**

Wenn Sie die Instrumente im Klanggarten wie in einem Orchester anordnen, dann können die Kinder nicht nur Töne erzeugen, sondern auch das Zusammenspiel ausprobieren. Stellen Sie die Instrumente im Halbkreis auf: Links sind Xylophone und Percussion-Accessoirs, in der Mitte sind Geräte mit Resonanzkörpern, und rechts sind allerlei Blasinstrumente versammelt. Nach hinten kommen Rhythmusinstrumente und Bässe, nach vorne die für einen Solovortrag geeigneten Tonerzeuger.

**Instrumente
für den
Klanggarten:**

Xylophon:
Legen Sie zwei entrindete Baumstämme parallel nebeneinander auf Klinkersteine. Sägen Sie einen Besenstiel in mehrere Teile, und stecken Sie diese als Zapfen in vorgebohrte Löcher in den Stämmen. Spalten und glätten Sie unterschiedlich starke Äste, und bohren Sie an deren Enden jeweils ein Loch, damit die Klanghölzer auf die Zapfen gesteckt werden können.

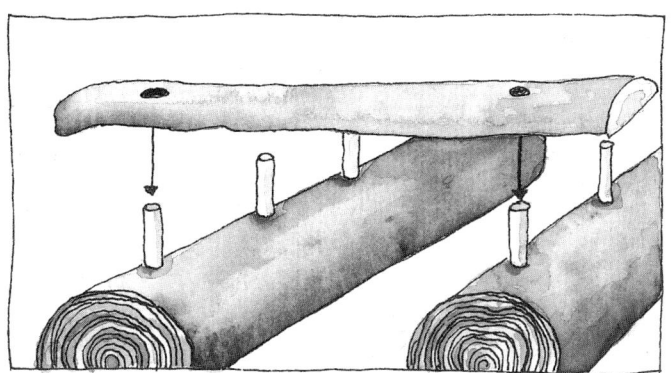

Abb. 78
Xylophon

Durch Abhobeln oder Absägen können Sie die einzelnen Hölzer grob stimmen. Mit Ästen, Hämmern und anderen Schlagzeugen können die Kinder testen, wie dem Xylophon die besten Töne zu entlocken sind.

Klingende Steine:
Bohren Sie ein Loch durch einen Kieselstein, und hängen Sie ihn mit Draht an ein Gestell. Befestigen Sie weitere Steine in der Größe von 10–20 cm Durchmesser nebeneinander.

Abb. 79
Klingende Steine

Gong:

In Bleche, Eimer- und Dosendeckel bohren Sie ein Loch und hängen daran das Ensemble mit Drähten an einem Ast auf. Scharfe Kanten sollten Sie vorher mit der Feile abrunden. Roßkastanien auf Stöckchen gesteckt, ergeben schöne Gongschlegel.

Rohrspiel:

Metallrohre, an Drähten aufgehängt, geben beim Anschlagen klingende Töne von sich. Testen Sie mit den Kindern unterschiedliche Materialien aus: Wasserleitungsrohre, Kleiderstangen oder Kupferröhrchen von der Warmwasser-Leitung. Je länger das Rohr, desto tiefer ist der Ton.

Flaschenflöte:

Lassen Sie die Kinder Flaschen mit Wasser füllen und ausprobieren, wie sich die Töne durch unterschiedliche Füllhöhen verändern. An einer großen Zwei-Liter-Flasche testen die Kinder, ob ihre Lungen schon kräftig genug sind, einen besonders tiefen Ton zu erzeugen.

Percussion:

Machen Sie mit den Kindern einen Ausflug zum Metzger und holen Sie dort Schweinsblasen. Auf dem Rückweg können die Kinder alles sammeln, was sich zur Füllung eignet: kleine Steinchen, die Beeren des Feuerdorns oder die Samen von Wildkräutern. Im Kindergarten kann dann ausprobiert werden, wie das Instrument mit den verschiedenen Materialien klingt.

Auch ausgehöhlte, getrocknete Kürbisse und Schilfrohrhalme eignen sich hervorragend zum Bau von Rasseln.

Aus Blumentöpfen, Papphröhren oder Blechdosen sind im Handumdrehen einfache Trommeln gebastelt. Feuchten Sie ein Stück Pergamentpapier leicht an, und spannen Sie es über den Hohlkörper. Binden Sie das Papier am Trommelrand mit einer Schnur oder einem Gummiband fest.

Saiteninstrumente:

Hohlkörper verstärken akustische Schwingungen und werden deshalb beim Bau von Musikinstrumenten vielseitig verwendet. Eine Zigarren- oder Holzkiste und eine Schublade können in ein Saiteninstrument verwandelt werden: Verschließen Sie die Kiste mit einem Deckel, in den Sie zwei schmale Schlitze zur Verbesserung der Akustik gesägt haben.

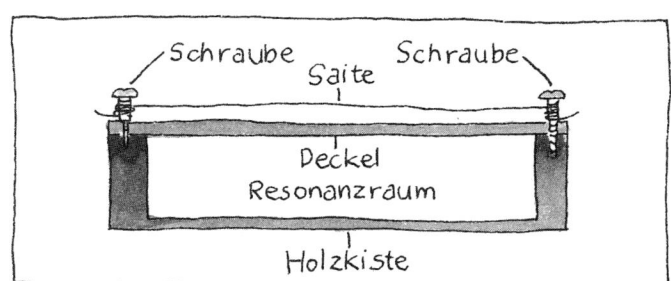

Abb. 80
Schnitt durch eine
„Schubladen-
guitarre"

Drehen Sie jeweils eine Schraube in zwei gegenüberliegende Seiten-wände der Kiste, und spannen Sie dazwischen einen Nylonfaden oder einen Draht. Mit mehreren Saiten ausgestattet, können Sie durch das Drehen an den Schrauben jeder Saite eine andere Tonhöhe verleihen und die „Guitarre" stimmen.

Aktions-Tip

Fahren Sie die „Werkstatt auf Räder" zum Klanggarten, und bauen Sie gleich an Ort und Stelle mit den Kindern neue Instru-mente zusammen.

Zur weiteren Information lesen Sie:
Werkstatt im Kapitel „Die Werkstatt auf Rädern" auf Seite 173.

Vorhang auf: Freilichtbühne für Kinder

Machen bei einem Straßenfest die Musiker einmal Pause, dauert es nicht lange, bis Kinder die Bühne erobert haben. Nichts macht ihnen mehr Spaß, als in die Rolle der Darsteller zu schlüpfen. Auf einer kleinen Freilichtbühne im Kindergarten können die Kinder spontan ihre Schauspielkünste vorführen oder eingeübte Stücke einem gela-denen Publikum zeigen.

Der Bau einer
Freilichtbühne

Die Freilichtbühne können Sie ähnlich wie die große Feuerstelle bauen. Mit dem Unterschied, daß hier die Zuschauerreihen im Halb-rund angeordnet sind. Heben Sie eine Grube von 100 cm Tiefe und mit einem Durchmesser von ca. sieben Meter aus, und füllen Sie mit dem Aushub die hinteren Ränge auf.

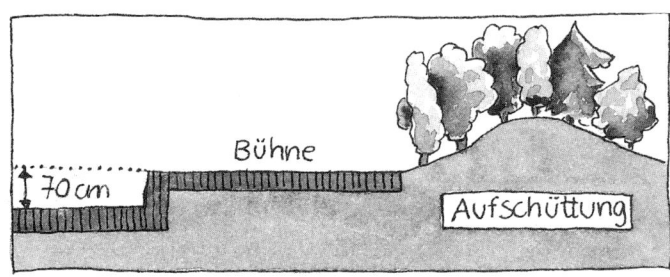

*Abb. 81
Freilichtbühne mit
Sitzreihen*

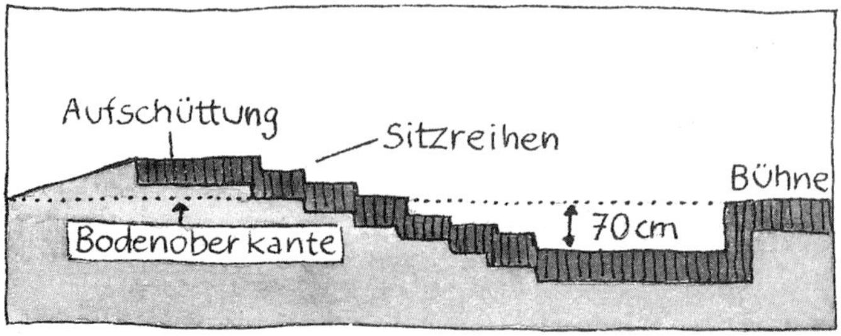

*Abb. 82
Freilichtbühne mit
Strauchkulisse*

Verwenden Sie für den Bau der Sitzreihen und der Bühne Recycling-Klinker oder -pflaster, die in einer Zementmörtelmischung verlegt werden. Als Sitzfläche sind Holzbretter geeignet, die mit Abstandshaltern auf die Steine gesetzt werden. Das Holz sollte mit einer Natur-Lasurfarbe imprägniert werden. Zur längeren Haltbarkeit können Sie die Bretter über den Winter abmontieren.

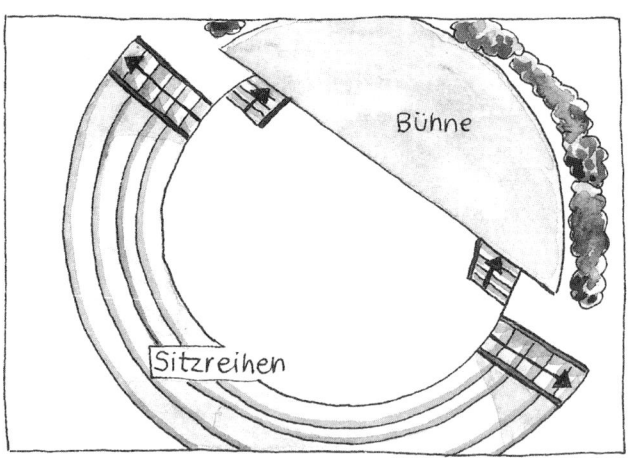

*Abb. 83
Freilichtbühne,
Draufsicht*

Ein Stromanschluß für die Bühnentechnik sollte vorhanden sein. Dieser ist am besten in einem abschließbaren Kasten neben der Bühne untergebracht. Alle Teile der Stromanlage müssen für den Außenraum geeignet sein.

Den Hintergrund der Bühne sollte eine natürliche Strauchkulisse bilden. Achten Sie darauf, alle Lücken zu schließen, sonst wird das Publikum durch das Geschehen im Hintergrund abgelenkt.

Zur weiteren Information lesen Sie:
Freilichtbühne bauen im Kapitel „Feuerzauber: Das große Feuer" auf Seite 155.

Feuerspucker: Drache aus Holz und Gips

Lassen Sie den Drachen aus dem Märchen lebendig werden, und bauen Sie ihn mit den Kindern auf dem Rasen auf.

Drachenmaterial:
- Gips   – Weidenäste
- alte Tücher   – Farbe
- Schnur

Drachenbau Binden Sie aus biegsamen Weidenästen ein Innengerüst. Verbinden Sie die Ringe mit Diagonalverstrebungen, die besondere Stabilität erzeugen.

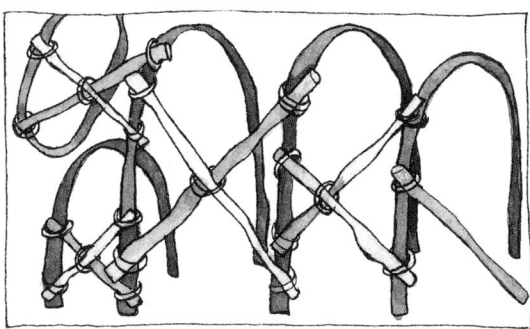

Abb. 84
So beginnen Sie mit
dem Drachengerüst

Ist das Gerüst fertig, rühren Sie in einem großen Bottich Gips an. Der Gips sollte so dünn wie flüssiger Brei sein. Tauchen Sie nun Tücher in den Gips, und verkleiden Sie damit das Gerüst des Drachens. Ist die Haut des Drachens trocken, kann sie bemalt und lackiert werden.

Abb. 85
Der fertige Drache

Der Drache erhält am „Bauch" einen Eingang, durch den die Kinder ins Innere krabbeln können. Richten sie sich darinnen auf, können sie durch das Maul hinausschauen und Drachenlaute von sich geben. Wenn die Kinder dem Drachen brennende Wunderkerzen in seine Nasenlöcher stecken, sieht es fast so aus, als würde er Feuer spucken!

„Wer schmeißt denn da mit Lehm?"
Spielen und Bauen mit Lehm

Lehm ist ein natürlicher Baustoff, mit dem die Kinder Figuren formen und Hütten bauen können. Zum Modellieren verwenden Sie Lehm mit einem hohen Tonanteil. Zuviel Sand im Lehm macht ihn brüchig und beim Trocknen entstehen Risse. Haben die Lehmschöpfungen später ausgedient, können sie beim Spielhügel- und Wegebau weiterverwendet werden.

Lehm ansetzen Füllen Sie den Lehm in einen großen Bottich, und geben Sie Wasser dazu. Viele kleine Kinderfüße können nun den Lehm weichtreten. Ist der Lehm zu einem geschmeidigen, aber hochfesten Brei geknetet, kann er weiterverarbeitet werden.

**Figuren kneten
und einbrennen**

Mit den Händen und anderen Hilfsmitteln wie Stöckchen, Spachtel und Messer, modellieren die Kinder Figuren und Gegenstände. Möchten die Kinder ihre Sachen aufheben oder mit nach Hause nehmen, können die Lehmfiguren in einem Lehmofen gebrannt werden.

Im Kapitel „Feuerzauber", Seite 155, haben wir den Bau eines Lehmofens beschrieben. Wenn Sie diesen Ofen zusätzlich mit einem Rost ausstatten, können darauf Figuren zum Einbrennen über die Glut geschoben werden. Verschließen Sie den Ofen mit einer Steinplatte, oder bauen Sie eine eiserne Ofenklappe ein.

Zur weiteren Information lesen Sie:
Bau eines Lehmofens im Kapitel „Feuerzauber" auf Seite 155.

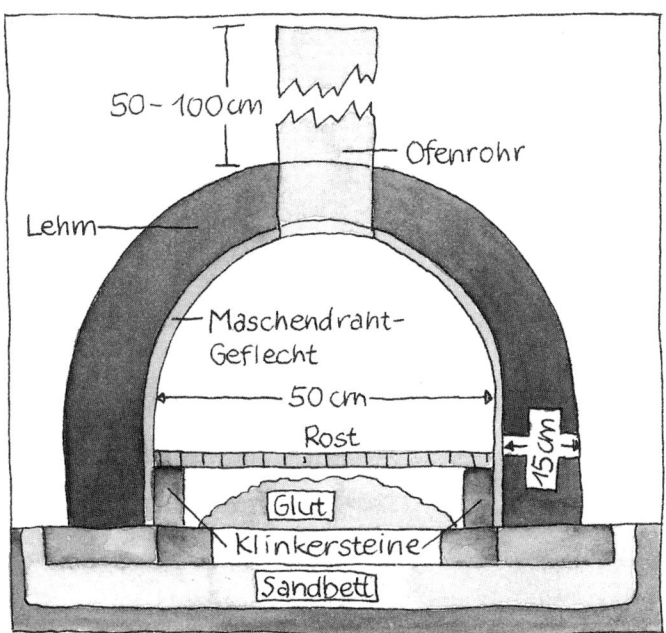

*Abb. 86
Lehmofen mit Rost*

Ein Lehmiglu bauen

Errichten Sie mit den Kindern zunächst ein Gerüst aus Weidenstöcken. Beginnen Sie mit dem Aufstellen von Bögen, die Sie später mit biegsamen Weidenstöckchen quer miteinander verflechten. Außen und innen wird das Iglu-Gerüst dann mit frischem Lehm dick

verputzt. Zum Schutz gegen Niederschläge schützen Sie den Lehm-
iglu durch ein provisorisches Dach aus Folie. Soll der Iglu dem Regen
standhalten, muß der Lehm nach dem Trocknen mit einer wasserfe-
sten Farbe gestrichen werden.

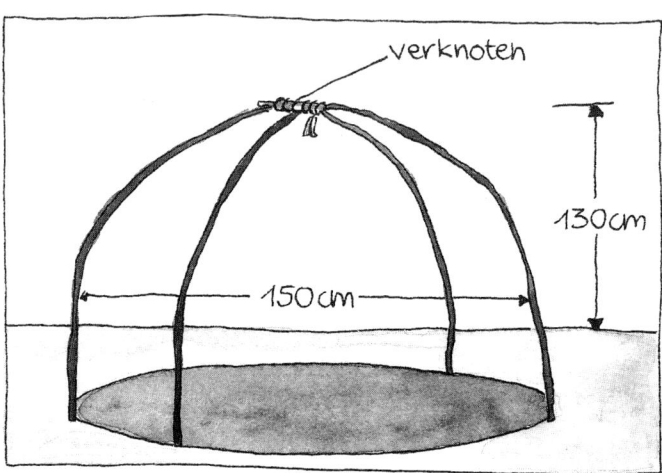

Abb. 87
Die ersten Bogen
des Weidengerüstes

Hüttenbau mit Lehm

Für den Hüttenbau eignet sich am besten das Naßbauverfahren. Fertigen Sie hierzu eine Holzverschalung von 3 bis 5 m Länge, 40 cm
Breite und 20 cm Höhe an. Stellen Sie die bodenlose Schalung auf eine
feste Unterlage (Asphalt, Plattenweg), füllen Sie Lehm ein und

Abb. 88
Lehmgiebel

stampfen ihn fest. Ziehen Sie die Schalung nach oben weg. Stechen Sie nun mit einem großen Spachtel immer gleich große Ziegel von dem Lehmblock ab. Mit den frischen Lehmziegeln errichten Sie ohne Mörtel nun das Mauerwerk der Hütte. Dicke Bretter dienen als Fenster- und Türstütze.

Lehmmauern müssen dicker als Ziegelmauern sein, um eine vergleichbare Tragfähigkeit zu erhalten. Für kleine Hütten reicht eine Mauerstärke von 40 cm, für größere Hütten sollten die Mauern 60 cm stark sein. Schließen die Giebel nach oben hin stufenförmig ab, können Dachbalken auf die Absätze aufgesetzt werden. Decken Sie aus Gründen der Sicherheit das Dach nur mit leichten Materialien, wie Ried oder Dachpappe.

Das Lehmhaus wird durch die Sonne getrocknet. Zum Schutz gegen Niederschläge errichten Sie ein provisorisches Dach aus Folie. Ein kräftiger Regen reicht, um ein Lehmhaus zum Einsturz zu bringen. Ist die Lehmmauer durchgetrocknet, streichen Sie die Außenwände mit einer wetterfesten Farbe (Bio-Wandfarbe für den Außenbereich).

Spielhaus aus Lehm mit wetterfestem Anstrich

Winterspaß: eine Schneeburg für die Eiskönigin

Hat es über Nacht kräftig geschneit, dann ist es die rechte Zeit zum Bau einer Schneeburg für die Eiskönigin.

Eine Schnee-burg bauen
Viele Kinder beginnen den Bau von Schneeburgen mit dem Rollen von Riesenschneebällen. Leider werden die großen Bälle bald so schwer, daß sie niemand mehr hochheben kann. Einfacher geht es mit der Verwendung von Schneeziegeln. Hierfür werden Formen aus Holz benötigt. Fügen Sie aus Brettern eine Holzform mit dem Innenmaß von 40 x 20 x 20 cm zusammen. Die Oberseite bleibt offen. Nachdem die Formen mit Schnee gefüllt sind, wird der Schneeziegel an Ort und Stelle auf der Mauer durch Umstülpen herausgelöst und verbaut.

Abb. 89
Die Schneeburg

Wie es sich für eine echte Burg gehört, schließen die Mauern oben mit Zinnen ab. Ist die Schneeburg fertig, wird es Zeit für die Wahl der Eiskönigin ...

6.3 Umgestaltungs-Abschnitt: „Garten"

Ein Garten für Kinder dient einem anderen Zweck als ein Nutz- oder ein Freizeitgarten. In ihm lernen die Kinder die alltäglich verwendeten Nutzpflanzen kennen und üben sich im Gärtnern. Das Entdecken und Experimentieren stehen im Vordergrund, der Ertragsgedanke ist nebensächlich. Hier dürfen der Kopfsalat in die Höhe schießen, der Spinat auswachsen und die Zwiebeln ihre kugelrunden Blüten entfalten.

Wo und wie Sie den Garten anlegen, ist abhängig vom Platzangebot und den örtlichen Bedingungen im Kindergarten. Es sollte ein sonniger Platz abseits des Spielgeländes sein. In den meisten Fällen ist eine Bodenverbesserung notwendig. Mischen Sie hierzu die Erde mit reichlichen Kompostgaben. Auch frischer Pferdemist, in den Untergrund eingebracht, kann kleine Wunder vollbringen. Als vorteilhaft hat sich auch eine Vorkultur mit Leguminosen erwiesen. Mit der Hilfe von Knöllchenbakterien binden diese an ihren Wurzeln den Luftstickstoff und machen ihn dadurch für andere Pflanzen verfügbar.

Groß muß der Garten nicht sein: Zwei Hochbeete und ein Hügelbeet in Tischgröße sind durchaus ausreichend, wenn Platzmangel zum Raumsparen zwingt.

Zur weiteren Information lesen Sie:
Hochbeete, Garten im Kapitel „Vorschlag Nr. 3: Nanu – was wächst denn da? Ein Gärtchen für Kinder" auf Seite 31.

Familie Kürbis vom Hügelbeet

Hügelbeete haben gleich mehrere Vorteile: Gartenabfälle werden zu Kompost verarbeitet, und die Verrottungswärme fördert das Wachstum der Pflanzen, wodurch sich der Zeitpunkt von Aussaat und Ernte einige Wochen vorziehen läßt. Mischkulturen sind auf einem Hügelbeet besonders gut anzulegen: Auf der Böschung wechseln sich Reihen von Radieschen, Kopfsalat, Kohlrabi, Lauch, Erbsen und Sellerie ab. Obenauf gehören die größten Pflanzen wie Tomaten, damit die unteren Reihen möglichst wenig beschattet werden.

Hügelbeete durchlaufen einen Drei-Jahreszyklus: Im ersten Jahr werden sie mit besonders stickstoffliebenden Pflanzen wie Gurken, Zucchini und Kürbissen bestückt – bis im dritten Jahr die letzten

Gemüsepflanzen die Nährstoffreserven aufgebraucht haben und das Hügelbeet abgetragen wird. Verwenden Sie den oberen Humusboden bei Pflanzarbeiten im Außengelände. Das kompostierte, organische Material können Sie wie gedüngten Humusboden verwenden. Noch nicht verrottete Teile bringen Sie auf den Kompost.

Der Aufbau eines Hügelbeetes

Stechen Sie zunächst den Humusboden auf der Grundfläche des zu errichtenden Hügelbeetes ab, und lagern Sie ihn beiseite. Sie können die Form des Hügelbeetes frei wählen und Spitzkegel, Pyramiden oder Trapezoeder gestalten. Bei länglichen Körpern weist die Längsachse zur besseren Lichtausbeute in Nord-Südrichtung.

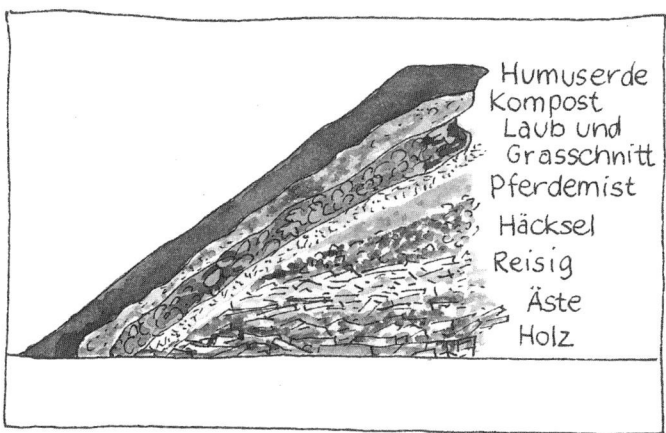

Abb. 90
Aufbau eines
Hügelbeetes

Schichten Sie zuerst das grobe Material in der Vertiefung auf: Äste, Abfallholz (unbehandelt und ohne Farbe), Reisig. Wässern Sie gründlich nach jedem Schichtauftrag. Fahren Sie fort mit einer Lage Häckselmaterial, Grasschnitt und Laub. Falls Sie frischen Pferdemist gesammelt haben, können Sie diesen ebenfalls in das Hügelbeet einbringen. Die Siebereste eines verarbeiteten Komposthaufens oder eines alten Hügelbeetes eignen sich besonders zum Auftrag einer weiteren Schicht. Abdecken sollten Sie das Hügelbeet mit einer dicken Auflage aus frischer Komposterde und dem zwischengelagerten Humusboden.

Familie Kürbis zieht ein

Die Kinder legen jeweils drei Kürbiskerne in eine 3 cm tiefe Erdmulde und decken diese zu. Mit unterschiedlichen Sorten zieht Vielfalt in das Hügelbeet ein. Kürbisse gibt es in vielen Variationen:

große, goldene, eß- und aushöhlbare, kleine Zierkürbisse für Gestecke und zur Dekoration.

Familie Kürbis freut sich auch auf Nachbarn: Kürbisse, Zucchini und Gurken vertragen sich ausgezeichnet miteinander.

Kräuterspirale: Selbstgedrehtes Küchenkraut

Eine Kräuterspirale bietet Platz für alle Küchenkräuter, weil sie jeder Pflanze ihren bevorzugten Standort anbietet: von warm und trocken bis schattig und feucht.

In zwei Stunden gebaut

An Material benötigen Sie Steine für die Trockenmauer, Teichfolie, Gartenerde, Kompost und Kräuter.

Den Bau der Kräuterspirale beginnen Sie mit dem Ausheben einer Grube für einen kleinen Teich. Stechen Sie danach den Humusboden auf der Fläche der geplanten Kräuterspirale ab. Lagern Sie Humuserde und Mineralboden getrennt. Schütten Sie neben der Grube einen kleinen Hügel mit Steinbrocken und Mineralboden an.

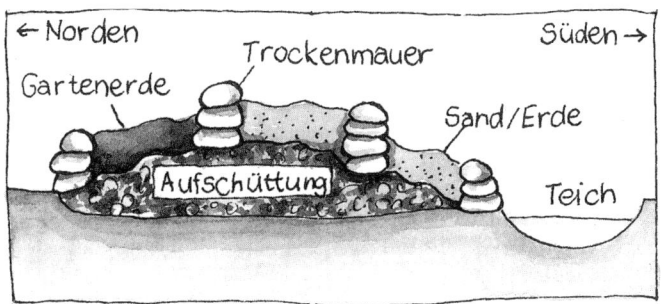

Abb. 91
Schnitt durch die
Kräuterspirale

Alte Ziegelsteine mit Mörtelresten sind zum Bau der spiralförmigen Trockenmauer vortrefflich geeignet, da die meisten Küchenkräuter kalkliebend sind. Setzen Sie nun eine Trockenmauer in Spiralform auf die Aufschüttung. Füllen Sie die Zwischenräume auf der Nordhälfte mit einer Mischung aus Gartenerde und Kompost. Für die Südhälfte mischen Sie Sand oder die Reste des Mineralbodens mit Gartenerde. Denn viele der in der Küche verwendeten Kräuter wie Salbei, Rosmarin und Oregano stammen aus dem Mittelmeerraum und bevorzugen sandigen, nährstoffarmen Boden.

Pausenlos fahren große LKW dicke Felsbrocken für die Kräuterspirale heran.

Bald verwandelt sich die Kräuterspirale in einen duftenden Pflanzengarten.

Legen Sie anschließend ein rundes Stück Teichfolie in die Grube, und füllen Sie fünf bis zehn Zentimeter gewaschenen Sand auf. Den Rand der Folie ziehen Sie ein kurzes Stück senkrecht hoch und schneiden ihn unmittelbar an der Bodenkante ab. Somit verhindern Sie, daß Wurzeln von außerhalb in den Teich hineinwachsen. In einer kleinen

Sumpfzone können Sie Pfefferminze pflanzen, die später regelmäßig geerntet werden muß – sonst ist der Teich von ihr bald überwuchert.

Eine Wasseroberfläche hat außerdem den erwünschten Effekt, zusätzliches Licht auf die Blätter der Kräuter zu reflektieren und die Steine der Trockenmauer zu erwärmen. In kühlen Nächten spendet das Wasser die gespeicherte Wärme an die Umgebung zurück.

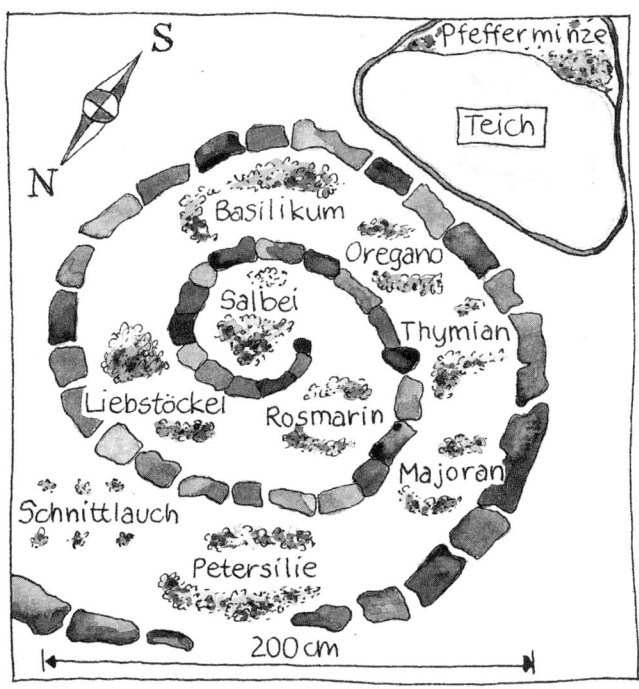

Abb. 92
Pflanzbeispiel für
eine Kräuterspirale

Zur weiteren Information lesen Sie:
Trockenmauer im Kapitel „Ein Staudenbeet mit Trockenmauer auf Seite 83;
Teich anlegen im Kapitel „Ein Naturteich ... auf Seite 210.

Das Bohnenwettrennen

Stangenbohnen sind wahre Kletterkünstler. Sie keimen und wachsen so schnell, daß man dabei fast zusehen kann. Die Kinder können an den Pflanzen jeden Tag kleine Veränderungen feststellen.

Veranstalten Sie mit den Kindern ein „Bohnenwettrennen", bei dem es für die Gewinner kleine Preise und für die Verlierer Trostpreise zu gewinnen gibt.

Die Rennstrecke

Stecken Sie in ein sonnenbeschienenes Beet im Garten in einer Reihe lange Stangen als „Kletterrennstrecke" in die Erde. Hervorragend eignet sich auch eine helle Hausfassade, an der Kokosstricke zum Ranken verspannt sind. Eine helle Farbe reflektiert das Sonnenlicht und spendet den Blättern zusätzliches Licht. Auch speichern die Steine die Tageswärme, die den Pflanzen in kühlen Nächten zugute kommt. Allerdings sollte vor der Fassade gute Gartenerde im Boden sein. Eventuell müssen Sie einen Bodenaustausch vornehmen.

Der Startschuß

Im Mai, nach den letzten möglichen Nachtfrösten, ist es dann soweit: Jedes Kind setzt vor einer Stange oder einem Strick, woran sein Namensetikett angebunden ist, drei Bohnen in die Erde. Nach dem Angießen heißt es dann: Achtung, fertig, los!

Das Ziel

Gewonnen hat das Kind, dessen Bohnen zuerst die Stangenspitze oder das Ende des Strickes erreicht haben: Das Bohnenwettrennen ist entschieden, und es gibt eine kleine Siegesprämie. Aber auch Sonderpreise sind denkbar, z. B. für die größte Anzahl geernteter Bohnen, die längste, die dickste oder die schwerste Bohne.

Schon sind die Bohnen über das Ziel hinausgewachsen.

Die Trophäen Nach dem Wettrennen ist die Ernte ein weiterer Höhepunkt des Bohnenspiels. Haben die Kinder ihre Bohnen zusammengetragen, gewogen und sind die Fotos geschossen, kann das Mittagessen zubereitet werden.

Grüne Bohnen mit Backkartoffeln: (Mengenberechnung für ca. 10 Kinder)
– 2 kg Bohnen
– 10 Tomaten
– 3 Zwiebeln
– 3 Karotten
– 1 Staudensellerie
– 1 Knoblauchzehe
– frische Kräuter: Oregano, Thymian, Basilikum, Kerbel, Pfefferminze
– Gemüsebrühe
– Salz und Pfeffer

Gemüse gut waschen. Die Bohnen brechen. Zwiebeln, Karotten, Staudensellerie und Knoblauch fein hacken. Die Tomaten in heißem Wasser kurz abbrühen, schälen und kleinschneiden. In einem großen Topf Zwiebeln, Karotten, Sellerie und Knoblauch in Öl andünsten, dann die Bohnen und die Tomaten zugeben. Unter Umrühren einige Minuten dünsten. Die fein gehackten Kräuter beifügen und mit Gemüsebrühe ablöschen. Ca. 1 Stunde leicht kochen lassen. Gelegentlich umrühren und eventuell Wasser nachgießen.

Kartoffeln mit Schale garkochen, abpellen und in zwei Hälften schneiden. Dann die Kartoffeln mit zerlassener Butter einpinseln und auf ein gefettetes Backblech setzen, mit Oregano bestreuen und im vorgeheizten Backofen bei Oberhitze leicht anbräunen.

Zur weiteren Information lesen Sie:
Rankgerüste im Kapitel: „Ein grünes Kleid für Haus und Dach" auf Seite 79.

Blütengarten: Nasen auf Duftsuche

Im Unterschied zur Wiese, die sich weitgehend selbst entwickelt, wählen wir für den Blütengarten gezielt Blumen aus: besonders wohlriechende, solche mit attraktiver Gestalt und solche, die viele Insekten zum Besuch anlocken. Auch ein kleines Kornfeld mit rotem Klatschmohn und blauen Kornblumen, das die Kinder in der Stadt und auf dem Land nur noch äußerst selten zu Gesicht bekommen, gehört in den Blütengarten.

Die Anlage eines Blütengartens

Die meisten Blumen und Gräser lieben das Licht. Für diejenigen, die im Schatten und Halbschatten gedeihen, ist der richtige Platz unter einem Obstbaum oder einem Strauch.

Falls Sie den Blütengarten auf einer Fläche mit vorhandener Vegetation anlegen wollen, können unerwünschte Wildkräuter zu einem Problem werden. Umgraben ist hier die falsche Methode, weil die Wurzeln und Samen im Boden verbleiben und hinterher um so besser austreiben. Wir empfehlen folgende Verfahren:

1. Decken Sie mit einer schwarzen Folie die Fläche einige Wochen ab. Infolge des Lichtmangels gehen die Pflanzen und die keimenden Samen unter der Folie ein. (Achten Sie bei einem eventuellen Kauf auf Polyethylen, und vermeiden Sie aus Umweltschutzgründen PVC.)

2. Setzen Sie die Pflanzen in den durchgehackten (durchjäteten) Boden, und decken Sie das Beet mit Mulchmaterial ab. Das Keimen und Wachsen unerwünschter Kräuter wird hiermit unterdrückt. Die Blütenpflanzen ragen aus der Mulchschicht hervor und entwickeln sich besonders gut, da der Boden vor Sonne und Austrocknung geschützt ist.

3. Kompostieren Sie den Boden. Schichten Sie abwechselnd auf eine Lage Boden eine 10 cm dicke Schicht Grasschnitt, Laub oder Häckselmaterial, bis der Haufen eine Höhe von max. 1,50 m erreicht hat. Hierbei werden sowohl die Wurzelwildkräuter als auch die meisten Samen vernichtet. Dies ist zwar die sicherste, aber auch die langwierigste Methode. Es dauert eine Vegetationsperiode, bis der Kompost im Garten verwendbar ist.

4. Legen Sie den Blütengarten in Hochbeeten an, und füllen Sie diese mit frischem Kompost. Dann haben Sie mit Wildkräutern kaum Probleme.

Fassen Sie die Blumenbeete mit Steinen oder kleinen Palisaden ein. Damit die Kinder mit den Nasen auch alle Blüten erreichen können, sollten die Beete nicht breiter als 60 cm sein.

Die Auswahl der Pflanzen:
Achten Sie bei der Auswahl der Pflanzen auch auf deren Blütezeit, damit über das ganze Jahr verteilt Blüten zu bewundern sind. Bevorzugen Sie heimische Arten und deren Wildformen. Diese werden von den heimischen Insektenarten besonders gerne besucht. Nachfolgend führen wir eine Liste mit winterharten Stauden auf, die Insekten Nahrung bieten und/oder durch ihren besonderen Duft hervorstechen:

– Adonis amurensis (Adonisröschen) ◐
– Allium in Formen und Arten (Zwiebelgewächse) ○
– Althaea rosea (Stockrose) ○
– Anchusa italica (Ochsenzunge) ○
– Asperula odorata (Waldmeister) ◐ ●
– Aster alpinus (Frühlingsaster) ○
– Aster amellus (Sommeraster) ○
– Aster dumosus (Herbstaster) ○
– Centaurea dealbata (Flockenblume) ○
– Convallaria majalis (Maiglöckchen) (g) ◐
– Echinops ritro (Kugeldistel) ○
– Eryngium alpinum (Alpenmannstreu) ○
– Lamium galeobdolon (Goldnessel) ◐ ●
– Lamium maculatum (Taubnessel) ◐ ●
– Lavendula angustifolia (Lavendel) ○
– Lilium martagon (Türkenbund) ◐ ●
– Lilium tigrinum (Tigerlilie) ○ ⊙ ◐
– Lythrum salicaria (Weiderich) ○ ⊙ ◐

- Malva moschata (Malve) ○ ⊙ ◑
- Nepeta x faassenii (Katzenminze) ○
- Paeonia (Pfingstrose) ○
- Primula auricula (Alpenaurikel) ○ ⊙ ◑
- Prunella grandiflora (Braunelle) ○ ⊙ ◑
- Rudbeckia sullivantii (Sonnenhut) ○
- Salvia nemorosa (Salbei) ○
- Teucrium chamaedrys (Edelgamander) ○
- Trollius europaeus (Trollblume) ○ ⊙ ◑
- Veronica prostrata (Ehrenpreis) ○
- Viola odorata (Duftveilchen) ○ ⊙ ◑

Erklärung der Zeichen: ○ sonnig ● schattig
⊙ absonnig (g) giftig
◑ halbschattig

Ein Platz für das Gold des Gartens

Kompostbehälter sind beim Neukauf ziemlich teuer und deshalb besser selbst herzustellen. Für die Kompostierung im Freien sollen die Behälter eine gute Belüftung des Kompostes ermöglichen. Nachfolgend stellen wir Ihnen zwei verschiedene Bauweisen vor.

1. Kompostbehälter aus Baumstämmen:

Besorgen Sie sich hierzu vom Forstamt Kiefern- oder Fichtenstämme im Durchmesser von 8 bis 12 cm und in einer Länge von 350 cm. Diese Stämme fallen bei der Durchforstung an und bleiben oft im Wald liegen. Laubhölzer sind nur geeignet, wenn sie gerade gewachsen sind.

Teilen Sie die Stämme in Abschnitte von 220 cm und 130 cm Länge. Bohren Sie mit einem 15 mm-Bohrer Löcher jeweils 10 cm vor den Stammenden durch das Holz. Plazieren Sie am Kompostplatz zwei lange Stämme auf den Boden, und unterlegen Sie die Enden mit Klinkern oder flachen Steinen. Stecken Sie in jedes Loch ein 10 mm dickes Rundholz oder eine Eisenstange. Führen Sie nun zwei kurze und anschließend wieder zwei lange Stangen von oben in die Rundhölzer ein. Fahren Sie in dieser Weise fort, bis die Konstruktion eine Höhe von ca. einem halben Meter erreicht hat. Nun kann der Kompostbehälter bequem von den Kindern gefüllt werden. Führen Sie weitere Stämme in die Fixierstangen ein, wenn der Kompostberg überzuquellen droht. Bei wachsender Höhe sollte ein zweistufiges

Treppchen, das leicht aus Baubohlen gezimmert werden kann, den Kindern das Befüllen erleichtern.

Um Verletzungen an den Enden der hochragenden Fixierstangen zu vermeiden, sollten sie mit alten Sektkorken abgesichert sein. Bohren Sie unten ein 10 mm breites und 20 mm tiefes Loch in die Korken, die Sie dann auf die Stangen stecken.

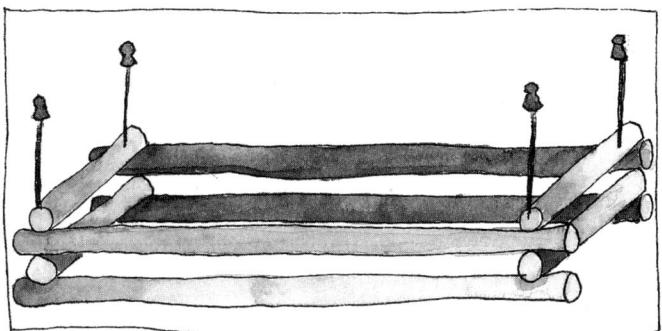

Abb. 93
Kompostbehälter
aus Baumstämmen

2. Kompostbehälter aus Maschendraht:

Sie benötigen sechs Zaunpfähle in der Länge von 150 cm. Bei weichem Boden schlagen Sie die Pfähle angespitzt 50 cm tief ein. Schützen Sie beim Zuhauen den Kopf des Pfahles mit einem Brettchen. Bei hartem Boden graben Sie mit Spaten und Spitzhacke sechs Löcher, in die Sie die Pfähle setzen. Das Aushubmaterial füllen Sie anschließend wieder in die Löcher und stampfen es mit einer Brechstange oder einem ähnlichen Werkzeug fest. Nageln Sie nun einen 100 cm breiten Maschendraht mit Krampen an die Pfähle. Hängen Sie das Ende des Zaunes in Nägel oder Haken ein, damit Sie sich einen leicht zu öffnenden Zugang bewahren. Spannen Sie die Einfassung, indem Sie auf die Pfähle Holzstangen nageln und gleichzeitig die Pfähle nach außen drücken (vgl. Abb. 94).

Die Größe der Kompostbehälter

Ein Komposthaufen sollte nicht höher und breiter als 1,50 m sein, da sonst keine ausreichende Belüftung gewährleistet ist. Bei einer Länge von zwei Metern ist die Größe auch für einen Kindergarten mit 200 Kindern ausreichend. Auf jeden Fall sollten Sie den Bau von zwei Behältern nebeneinander vorsehen. Denn wenn der erste Behälter aufgefüllt ist, kann es noch eine Vegetationsperiode dauern, bis das Material vollständig in Humus umgewandelt ist. In der Zwischenzeit fallen aber weiterhin Abfälle an, die zu kompostieren sind.

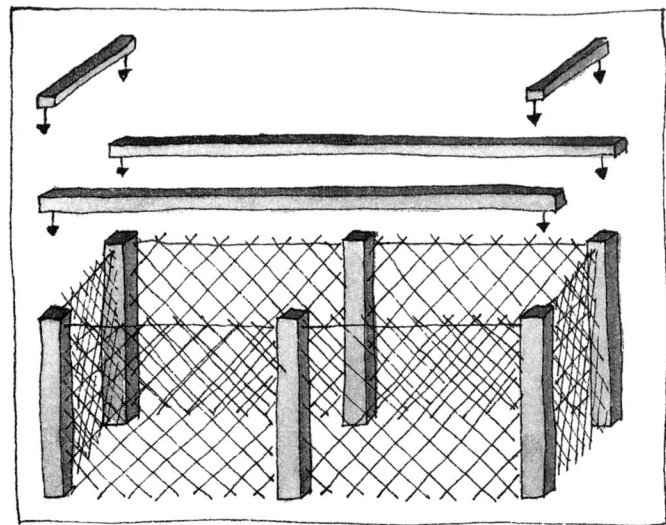

Abb. 94
Kompostbehälter
aus Maschendraht

Noch ein weiterer Grund spricht für die Zwei-Behälter-Lösung: Wird ein Kompost nicht ständig mit organischem Material beschickt, wird früher oder später das Nahrungsangebot für die Regenwürmer knapp. In dieser Situation würden sie auf der Suche nach neuen Nahrungsquellen abwandern. Das können Sie verhindern, wenn Sie in unmittelbarer Nachbarschaft den neuen Kompost anlegen.

Die „Ernte" Wenn auch der zweite Behälter bis zum Rand gefüllt ist, wird es Zeit, das „Gold" aus dem ersten Kompostbehälter zu verwerten. Schaufeln Sie das Material durch ein Sieb, und verwenden Sie die frische Komposterde möglichst bald. Wind und Tiere tragen ansonsten in kürzester Zeit große Mengen von Samen heran, die den Kompost schnell in einen grünen Wildkrauthügel verwandeln. Sortieren Sie aus den Sieberückständen Steine, Metall und Glasscherben aus. Mit dem organischen Rest können Sie die Grundlage für ein Hoch- oder Hügelbeet anlegen. Auch die erneute Kompostierung ist möglich.

**Ein Sieb für
Komposterde**

*Abb. 95
Komposterde-Sieb*

Ein Sieb ist leicht und schnell herzustellen. Hierzu nageln Sie mit Krampen ein möglichst rostfreies Drahtgitter mit der Maschenweite von ca. 10 mm auf einen Holzrahmen. Das Sieb sollte mindestens eine Fläche von einem Quadratmeter haben. Befestigen Sie mit zwei Scharnieren eine Stütze auf der Rahmenrückseite.

Zur weiteren Information lesen Sie:
Kompost im Kapitel „Vorschlag Nr. 4: Kompostieren – kinderleicht" auf Seite 34.

Holdipolti, die Vogelscheuche

Im Kindergarten und auch im Gärtchen sind Vögel immer willkommen. Sind aber gerade die Johannisbeeren oder Kirschen reif, sollte eine Vogelscheuche aufpassen, daß auch die Menschen noch einen Teil der Früchte ernten können. Treiben es die Vögel mit dem Obststibitzen zu bunt, klappert Holdipolti, die Vogelscheuche, mit ihren Blechbüchsen und läßt die Silberstreifen blitzen.

In einer gemeinsamen Aktion wird Holdipolti mit den Kindern draußen im Garten zusammengebaut.

Holdipolti blieb im Winter draußen.

Material sammeln für Holdipolti
Von zuhause bringen die Kinder alte Textilien, einen Jutesack und einen Hut mit. Je bunter und „schräger", desto besser. Zum Ausstopfen wird Stroh oder Heu benötigt, als Gestell dient eine Bohnenstange mit Querlatte.

Zusammenbauen und Aufstellen
Fahren Sie die „Werkstatt auf Rädern" in den Garten, dann können die Kinder gleich an Ort und Stelle mit dem Bau beginnen. Hemd und Hose werden auf das Gestell aufgezogen und miteinander vernäht. Für Kopf und Hände eignet sich ein Jutesack. Die Körperteile werden nun ausgestopft und angenäht. Vergessen Sie nicht, den Hut fest mit dem Kopf zu verbinden, sonst wird er eine leichte Beute des Windes oder kleiner Diebe. Falls vorhanden, kann Holdipolti noch mit Weste, Jacke oder Mantel angezogen werden.

Als Attraktion sollte Holdipolti gut sichtbar vorn im Garten stehen und gleich jeden Besucher begrüßen.

*Abb. 96
Holdipolti, die
Vogelscheuche*

Für Naschkatzen: Früchte aus dem Obstgärtchen

Im Obstgärtchen für Naschkatzen erleben die Kinder das Wachsen von Früchten, die sie sonst vielleicht nur aus dem Ladenregal kennen. Sie können die Entwicklung von der Blüte bis zur reifen Frucht verfolgen und die Unterschiede zwischen grünen, sauren und zuckersüßen, reifen Früchten erfahren. Das Obstgärtchen bietet die Gelegenheit, auch weniger bekannte Sorten anzubauen und die Kinder mit Neuem bekannt zu machen.

Die Anlage eines Obstgärtchens

Suchen Sie einen sonnigen Platz, der im Garten oder am Rande des Spielgeländes liegt. Anhand der nachfolgenden Pflanzenliste erstellen Sie einen Pflanzplan und legen den Bedarf an Pflanzen fest. Wenden Sie sich damit an eine Baumschule, dort erhalten Sie fachliche Beratung und das qualitiv beste Pflanzenangebot.

Zur Bodenverbesserung füllen Sie die Pflanzlöcher halb und halb mit Kompost und Gartenerde. Eine Portion Pferdemist kann zusätzlich zuunterst beigemischt werden. Auch Hornspäne oder Hornmehl sind geeignete natürliche Dünger.

Pflanzzeit ist das Winterhalbjahr, außerhalb der Frostperiode. Gehölze, die mit dem Wurzelballen in Containern stecken, sind auch im Sommerhalbjahr pflanzbar.

Sträucher mit eßbaren Früchten

Amelanchier ovalis (Felsenbirne):
Wuchshöhe: 1–2 m
Ertragszeit: August
Früchte: schwarz, bläulich bereifte, 10 mm große Früchte

Cornus mas (Kornelkirsche)
Wuchshöhe: 2–5 m
Ertragszeit: ab August
Früchte: rote, kirschähnliche und längliche Früchte mit süßsaurem Geschmack

Corylus avellana (Haselnuß)
Wuchshöhe: 2–6 m
Ertragszeit: August bis Oktober
Früchte: runde Nüsse in harter Schale

Empetrum nigrum (Schwarze Krähenbeere)
Wuchshöhe: Zwergstrauch bis 20 cm
Ertragszeit: August
Früchte: kleine, schwarze Steinfrucht

Hippophae rhamnoides (Sanddorn)
Wuchshöhe: 1–6 m
Ertragszeit: September bis Oktober
Früchte: sehr vitaminhaltige Früchte mit säuerlichem Geschmack

Lonicera coerulea (Blaue Heckenkirsche)
Wuchshöhe: 1–2 m
Ertragszeit: September
Früchte: schwarzblau bereifte Doppelfrüchte; saftig und wohlschmeckend

Myrtus communis (Gemeine Myrte)
Wuchshöhe: 3–5 m
Ertragszeit: ab Oktober
Früchte: würzig-süße, mattschwarz bis weiße Beeren, bis 12 mm lang, eiförmig

Ribes nigrum (Schwarze Johannisbeere)

Wuchshöhe: 1–2 m
Ertragszeit: Juli, August
Früchte: vitamin-C-reiche Früchte mit einem eigentümlichen Geschmack

Ribes rubrum (Garten-Johannisbeere)

Wuchshöhe: 1–2 m
Ertragszeit: Juli, August
Früchte: süß-säuerlich und saftig

Ribes uva-crispa (Stachelbeere)

Wuchshöhe: 0,5–1,5 m
Ertragszeit: Juli, August
Früchte: grün oder gelb, mitunter auch rötlich, leicht borstig behaart, säuerlich

Rosa rugosa (Apfelrose)

Wuchshöhe: 1–1,5 m
Ertragszeit: ab Juli bis in den Winter
Früchte: vitamin-C-reiche, orangerote, bis 3 cm dicke Hagebutten

Rubus caesius (Kratzbeere)

Wuchshöhe: bis 1 m
Ertragszeit: August, September
Früchte: glänzend-schwarze Sammelsteinfrüchte, je nach Reifegrad süß bis säuerlich; brombeerähnliche Früchte, aber weniger gut schmeckend

Rubus fruticosus (Brombeere)

Wuchshöhe: 1–3 m
Ertragszeit: August, September
Früchte: glänzend-schwarze Sammelsteinfrüchte, je nach Reifegrad süß bis säuerlich

Rubus idaeus (Himbeere)

Wuchshöhe: 1,5–2 m
Ertragszeit: Juli-September
Früchte: rotkugelige Früchte mit feinem Aroma

Vaccinium myrtillus (Heidelbeere)

Wuchshöhe: 20–30 cm
Ertragszeit: Juli, August
Früchte: süß, blauschwarz bereift mit rotem Saft

Vaccinium oxycoccus (Moosbeere)
Wuchshöhe: 15 cm, bis 80 cm lange Ausläufer
Ertragszeit: August bis Oktober
Früchte: saftige, 10 mm große, rote Beeren

Vaccinium vitis-idaea (Preiselbeere)
Wuchshöhe: 20–30 cm
Ertragszeit: September bis Oktober
Früchte: herbsaure, 9 mm große, rote Beeren (Kompottfrüchte)

Vitis vinifera (Weinrebe)
Wuchshöhe: bis 20 m hoch kletternd
Ertragszeit: September, Oktober
Früchte: säuerlich bis sehr süß, saftig

Zur weiteren Information lesen Sie:
Pflanzarbeiten im Kapitel „Vorschlag Nr. 2: Das grüne Indianerdorf!" auf Seite 27;
Gehölze pflanzen im Kapitel „Die sanften Riesen.." auf Seite 88.

Behausungen für kleine Helfer

Die Einteilung der Tierwelt in „Nützlinge" und „Schädlinge", wie sie im Gartenbau und in der Landwirtschaft auch heute noch üblich ist, wollen wir uns im ökologischen Kindergarten nicht zu eigen machen. Hier sollen die Kinder unvoreingenommen soviele Tiere wie möglich entdecken und bestaunen: Mäuse, die durch das Gras rascheln; Blattläuse, die die Stiele der Kapuzinerkresse schwarz färben; Gallenläuse, welche an Blatt und Stiel bis zu murmelgroße Wucherungen – sogenannte Gallen, verursachen; Schnecken, die an Blättern bizarre Fraßbilder hinterlassen; Raupen, die ein Blatt so vertilgen, daß nur noch die künstlerische Grafik der Blattnerven übrig bleibt.

In einem „Öko-Garten" werden Tiere, die sich über die Nutzpflanzen hermachen, nicht mit der chemischen Giftspritze bekämpft. Es wird versucht, zwischen Beutegreifern und Beutetieren ein Gleichgewicht herzustellen. Durch Mischkulturen und gezielte Fruchtfolgen wird bereits im Ansatz die Massenvermehrung „ungebetener Gäste" verhindert. Die Ansiedelung von Beutegreifern wird durch die Bereitstellung von „Unterkünften" gefördert.

Florfliegenhaus

Die Florfliege und ihre Larve vertilgen in ihrem Leben bis zu tausend Blattläuse. Mit einem Florfliegenhaus fördern Sie die kleinen Helfer im Garten. Zur Herstellung eines Häuschens sägen Sie zunächst zwei dreieckige Giebelwände zurecht. Nageln Sie anschließend auf die Giebelwände zwei Dachbrettchen. Schützen Sie den First mit einem Streifen aus Blech oder Dachpappe. Den Innenraum stopfen Sie mit Stroh oder Heu aus. Damit die Füllung nicht unten herausfällt, nageln Sie ein Stück „Kaninchendraht" (Drahtstärke 1 mm, Maschenweite 2–3 cm) über die Öffnung. Schlagen Sie einen Zaunpfahl in den Boden, und verbinden Sie Florfliegenhaus und Pfahl beidseitig mit einer Montageleiste.

Behandeln Sie das Florfliegenhaus keinesfalls mit Holzschutzmitteln. Die konstruktiven Holzschutzmaßnahmen sind ausreichend.

Zur Überwinterung der Larven bringen Sie das Haus vor dem ersten Frost in einen kühlen, aber frostsicheren Raum. Im Frühjahr holen Sie das Florfliegenhaus mit Inhalt vorsichtig wieder nach draußen.

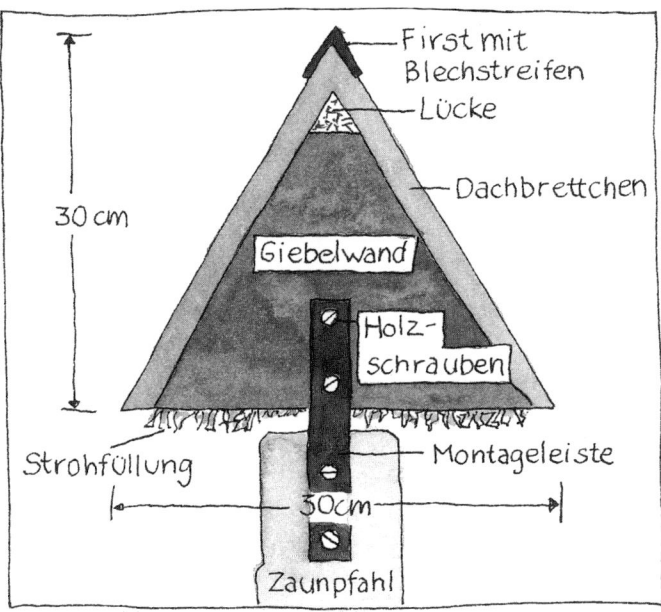

Abb. 97
Das Florfliegenhaus

Ohrwurmtopf

Ein Ohrwurm kann in einer Nacht bis zu hundert Blattläuse verspeisen. Sind im Garten Pflanzen von Blattläusen befallen, sollten Sie mit dem Aufhängen von Ohrwurmtöpfen die Ansiedelung der Ohrwürmer fördern, um die übermäßige Vermehrung von Blattläusen zu bekämpfen.

Ohrwurmtöpfe sind im Handumdrehen hergestellt: Stopfen Sie Ton-Blumentöpfe mit Stroh, Heu oder Holzwolle aus, und biegen Sie eine Drahtaufhängung aus 3 mm-Spanndraht zurecht. Gegen das Herausfallen des Inhaltes schützt eine Kappe aus „Kaninchendraht" (Drahtstärke 1 mm, Maschenweite 2–3 cm).

Hängen sie mehrere Töpfe an Baumäste und an Besenstiele in die Nähe von befallenen Pflanzen.

Tip zur Vorbeugung gegen Blattläuse

Pflanzen, die mit natürlichem Dünger (Kompost, Hornspäne, Pferdemist, Guano) wachsen, entwickeln ein kräftiges, zähes Außengewebe, durch das der Saugrüssel der Blattläuse nur schwer durchdringt. Im Gegensatz dazu sind die Zellgewebe mineralgedüngter Pflanzen wässrig-weich und können leicht „angezapft" werden.

Abb. 98
Der Ohrwurmtopf

Zur weiteren Information lesen Sie:
Quartiere für Tiere anlegen im Kapitel „Winter- und Sommerquartiere" auf Seite 220.

6.4 Umgestaltungs-Abschnitt: „Naturschutz"

Kann Naturschutz im Kindergarten praktiziert werden, wo die Spielflächen für die Kinder meist viel zu klein sind? Wir meinen, daß Biotope und Areale mit geschützter Natur, aus denen die Kinder eventuell noch mit Zäunen und Verboten ausgesperrt sind, nicht den Vorstellungen eines ökologischen Kindergartens entsprechen. Kinder sollen die Natur in engem Kontakt erleben und erforschen können. Biotope hingegen sind mit ihrem Anspruch an Fläche, Ruhe und Vernetzung in der freien Landschaft und mit Einschränkungen in aufgelockerter Ortsrand-Bebauung sinnvoller plaziert. Trotzdem können wir viele Anregungen aus dem Naturschutz aufgreifen und in die Gestaltung des Kindergarten-Außengeländes einfließen lassen.

Naturschutz im Kindergarten

Für den Naturschutz im Kindergarten stellen wir drei Prinzipien vor:
1. mit und nicht gegen die Natur arbeiten;
2. standortgerechte und heimische Pflanzen auswählen;
3. den natürlichen Nährstoffkreislauf fördern.

1. Mit und nicht gegen die Natur arbeiten

Jede Epoche hat ihr eigenes Naturverständnis. Die sich sprunghaft entwickelnden Wissenschaften und Technologien in der Renaissance rückten den Gedanken der Beherrschung der Naturkräfte durch den Menschen ins Blickfeld. Die Natur wurde zur berechenbaren und nutzbaren Größe. Die Vorstellung einer dem Willen des Menschen unterworfenen Natur fand in den geometrischen Renaissancegärten einen bestechenden, bildhaften Ausdruck. Das Prinzip „Mit der Natur arbeiten" ist dort konsequent in das Gegenteil verkehrt: Keine Pflanze durfte sich entsprechend ihrem natürlichen Wuchs entfalten und ihren Standort frei wählen!

Eine größere Einsicht in ökologische Zusammenhänge hat zu einer Veränderung des Naturverständnisses geführt. Naturschutz und Landschaftsplanung arbeiten an der naturnahen Entwicklung von Natur- und Landschaftsräumen. Daß diese Bemühungen in der Praxis vielerorts noch nicht verwirklicht werden, hat vorwiegend politische und ökonomische Gründe. Dort, wo es gelingt, mit und nicht gegen die Natur zu arbeiten, finden die Standortansprüche und die Wuchsformen der Pflanzen ihre Berücksichtigung. Die Natur entfaltet Artenreichtum und erreicht eine hohe Stabilität der Lebensgemeinschaften. Die Pflanzen zeichnen sich durch eine größere Widerstandsfähigkeit gegen Krankheiten und Parasiten aus. Der Aufwand für Pflege reduziert sich auf ein Minimum. Eingriffe in das natürliche Wachstum der Pflanzen sollten und brauchen so wenig wie möglich erfolgen.

Von der künstlichen zur naturnahen Hecke

Wurden für eine Hecke mit einem geringem Platzangebot fälschlicherweise starkwüchsige Arten verwendet, ist ein starker Rückschnitt später unausweichlich. Ein Heckenschnitt ist aber immer ein schwerwiegender Eingriff in das Leben einer Pflanze und in einen Lebensraum. Er darf deshalb nur in der Zeit der Vegetationsruhe und außerhalb der Brutzeit der Vögel durchgeführt werden. Das in Beispiel 1 der untenstehenden Abbildung gezeigte Schnittbild einer Hecke ist zwar häufig zu sehen, widerspricht aber dennoch allen gärtnerischen Erkenntnissen und den Prinzipien einer naturnahen Gestaltung. Der Habitus und die Ausrichtung der Pflanze zum Licht wurden sträflich mißachtet. Durch den engen, rechteckigen Querschnitt verkahlen die unteren Zweige infolge der Beschattung durch die oberen Triebe.

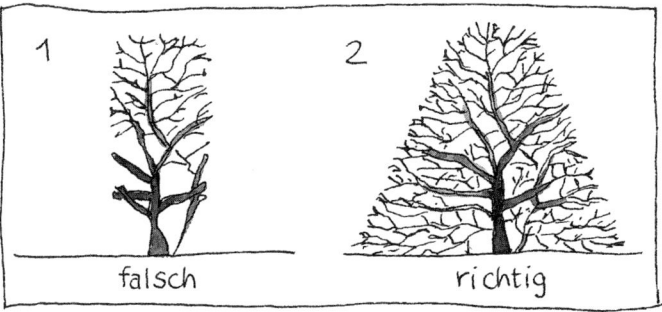

Abb. 99
Heckenschnitt

Richtig wurde der Schnitt in Beispiel 2 ausgeführt: Ein trapezförmiger Querschnitt läßt Licht auf alle Triebe fallen, und die Hecke kann eine geschlossene Belaubung entwickeln. Hier finden größere Tiere einen Unterschlupf und kleinere sogar einen Lebensraum.

Hecken sollten grundsätzlich nur mäßig und selten geschnitten werden. Im Alter, wenn sich viel Totholz gebildet hat und die Hecke innen verkahlt, ist ein tieferer Verjüngungsschnitt sinnvoll. Bei der Neupflanzung einer Hecke ist es aus ökologischen Gründen angezeigt, ihr von vorneherein genügend Raum zur Verfügung zu stellen und die für den Zweck richtigwüchsigen Arten auszuwählen. Eine sich frei entfaltende Hecke schafft harmonisch wirkende Naturräume, und sie kann die strenge, geometrische Aufdringlichkeit künstlich erzeugter Flächen und Körper mildern.

2. Standortgerechte und heimische Pflanzen auswählen

Pflanzen stellen unterschiedliche Ansprüche an Licht- und Bodenverhältnisse. Außerhalb der Bandbreite ihrer bevorzugten Lebensbedingungen verkümmern Pflanzen, werden anfällig gegen Krankheiten und Parasiten und können von konkurrierenden Arten verdrängt werden.

Unsere heimischen Pflanzen haben sich in einem Jahrtausende dauernden Prozeß ihrer Umgebung angepaßt und ihren Platz gefunden. Sie treten mit anderen Pflanzen und Tieren in Wechselbeziehungen oder gehen mit ihnen Lebensgemeinschaften ein. Komplizierte Kreisläufe bauen sich auf, in die Nahrung/Nährstoffe, Fortpflanzung und Verbreitung eingebettet sind.

Der Wunsch, Pflanzen aus anderen Regionen wegen ihrer Schönheit oder anderer nutzbarer Vorteile hier bei uns anzusiedeln, ist durchaus verständlich, hat aber in den meisten Fällen nachteilige Folgen:

● Die Pflanze hat bei uns nicht ihre idealen Standort- und Lebensbedingungen.
   Folgen: Kümmerwuchs, keine natürliche Verjüngung, Anfälligkeit gegen Krankheiten und Parasiten – Abwehrmaßnahmen mit Dünger- und Biozideinsatz sind vorprogrammiert.

● Die heimische Tierwelt kann die Pflanze nicht als Nahrungsangebot nutzen.
   Folgen: Verarmung des Artenspektrums, Rückgang der Population, Unterbrechung von ökologischen Kreisläufen.

● Die Pflanze ist aufgrund spezieller Eigenschaften oder dem Fehlen von Parasiten, die ihre Vermehrung in ihrem natürlichen Verbreitungsgebiet begrenzen, der heimischen Konkurrenz überlegen
   Folgen: Unkontrollierte Verbreitung und Massenvermehrung, Verdrängung heimischer Arten, Unterbrechung von ökologischen Kreisläufen.

Zusammenfassend stellen wir fest, daß die Bevorzugung heimischer und standortgerechter Pflanzen bei der ökologischen Umgestaltung von Kindergärten folgende Vorteile bieten: geringer Pflegeaufwand, üppiges Wachstum, Vielfalt und Artenreichtum der Tier- und der Pflanzenwelt und somit für die Kinder ein unerschöpflicher Schatz für Beobachtungen und Entdeckungen!

3. Den natürlichen Nährstoffkreislauf fördern

Die konventionelle Grünpflege nimmt Laub, Rasen- und Gehölzschnitt aus dem Nährstoffkreislauf heraus, kompostiert diese an anderen Orten oder macht daraus sogar Abfall. Durch den ständigen Nährstoffentzug kann insbesondere auf sandigen, armen Böden schnell Nährstoffknappheit eintreten.

Abgeworfenes Laub und abgestorbene Pflanzenteile sind für die Humusbildung, für die Überwinterung von Tieren, für den Frostschutz der Wurzeln und für den Schutz vor austrocknenden Winterwinden von großer Bedeutung. Das Laub unter Hecken und Sträuchern sollte auf jeden Fall dort verbleiben. Nur das auf Wege und Rasenflächen gefallene Laub kann abgesammelt und unter den Gehölzen verteilt werden. Auch die Wurzeln großer Bäume sind gegen Frost und Trockenheit empfindlich. Bringen Sie aus geschreddertem Gehölzschnitt (mit Rotpustelpilz befallene Teile vorher aussortieren!) und Laub eine dicke Mulchauflage auf die Baumscheiben aus. Bäume, die durch Luftschadstoffe und Bodenversauerung einen Teil ihrer Vitalität eingebüßt haben, können sich in begrenztem Umfang durch diese Pflegemaßnahme wieder regenerieren.

6.4.1 Naturteich und Wiese:

Treffpunkt der Tiere und Kinder

Ein Naturteich und eine Naturwiese können das Außengelände eines Kindergartens außerordentlich beleben: Eine Schar Spatzen stürzt herab und führt ein zeterndes und zwitscherndes Vogelbad auf; Libellen kreuzen in bizarrem Flug über der Wasseroberfläche; Frösche stimmen ein Quakkonzert an; Molche tauchen aus der Tiefe hinauf ans Ufer; auf der Wiese finden sich summende Hummeln ein; Schmetterlinge tanzen von Blüte zu Blüte, und Heuschrecken bringen sich durch einen Hüpfer in Deckung.

Im Gegensatz zu einem Spielteich, an dem die Kinder nach Herzenslust spielen und gestalten können, sind Naturteich und Wiese zum Beobachten und Entdecken da. Wenn sich die Kinder anschleichen und auf die Lauer legen, können sie die Tiere dort unmittelbar aus der Nähe bestaunen.

Der Teich am richtigen Platz

Der Platz für einen Naturteich will gut bedacht sein: Im Untergrund dürfen keine Leitungen verlegt sein, und die Trasse für die Feuerwehr und Materialbelieferung darf nicht blockiert werden. Außerdem sollte die Anlage in größerem Abstand zu den intensiv genutzten Spielflächen liegen. Leicht beschattete Plätze sind von Vorteil, da dort das Algenwachstum und die Verkrautung im Teich langsamer vonstattengehen. Unter großen Bäumen kann im Herbst der Laubfall einige Arbeit verursachen: Die Blätter müssen herausgefischt werden, da sich ansonsten zu viele Nährstoffe im Teich ansammeln. Bequemer ist das Laubeinsammeln mit Hilfe eines zuvor über den Teich gespannten Netzes.

Der Teichbau als Gemeinschaftsaktion

Der Bau eines Teiches im Kindergarten ist eine gut geeignete Aktion, die gemeinsam mit Eltern, ErzieherInnen und Nachbarn durchgeführt werden kann. Ein breiter Zuspruch auf Mithilfe ist Voraussetzung. Denken Sie bei Anfragen um Unterstützung deshalb immer zuerst daran, Begeisterung und Motivation zu wecken, bevor Sie auf die Arbeitsorganisation zu sprechen kommen. Ein gemeinsamer Arbeitseinsatz ist weit mehr als die bloße Verrichtung einer Tätigkeit. Bei der Zusammenarbeit lernen sich die Beteiligten intensiver kennen, als dies bei Elternabenden oder anderen Gesprächen der Fall ist. Die Aktion wird zu einem Erlebnis, sie vermittelt Freude, Spaß und Genugtuung über das Erreichte.

Die Teichgrube ausheben

Erzieherinnen beim Ausheben einer Teichgrube

Der Bau eines Naturteiches mit Folien- oder Lehmabdichtung ist identisch mit der Bauweise des Spielteiches im Abschnitt „Erlebnis-Spiel" auf S. 133.

Übertragen Sie die Lage und die Maße des Naturteiches anhand der Entwurfsskizze ins Gelände. Stecken Sie mit Pflöcken den äußeren Rand der Böschungskante ab.

Falls Sie der Bauhof Ihrer Gemeinde unterstützt und die Teichgrube mit einem Radlader aushebt, ist nur noch die Feinmodellierung der Grube auszuführen. Aber auch mit Schaufel und Spaten und der Unterstützung der Eltern ist eine Teichgrube in wenigen Stunden ausgehoben.

Am Wochenende vertiefen die Väter die Teichgrube.

Zuerst wird der Humusboden abgestochen und separat gelagert. Bringen Sie den darunter liegenden Mineralboden gleich zum Platz seiner späteren Verwendung: Aufschüttungen für Spielhügel, Geländeerhebungen, Lärmschutzwälle. Die Anleitung zum Einbau von Folie oder Lehm, Schutzschicht und Teichsand entnehmen Sie dem bereits erwähnten Kapitel „Ein Teich zum Spielen" auf Seite 148.

**Das Wasser-
volumen eines
Naturteiches**

Ein Naturteich benötigt für die Selbstreinigung und die biologische Stabilität einen ausreichend großen Wasserkörper. Faktoren wie Licht und Nährstoffeintrag beeinflussen die Anforderungen an das

Volumen. Bei Teichen mit weniger als 6 m³ Wasserinhalt wächst die Gefahr der Sauerstoffverknappung und des Umkippens.

Leider stehen den ökologischen Erfordernissen an das Wasservolumen die Vorschriften zur Sicherheit bei Teichen im Kindergarten entgegen. Diese besagen, daß der nichteingezäunte Teich nicht tiefer als 40 cm sein darf und eine 1 m breite, flache Uferzone vorweisen muß. Mit diesen Vorschriften ist ein dauerhaft belebter und sich selbst reinigender Naturteich kaum zu verwirklichen. Die Wassertiefe reicht zur Überwinterung der Tiere nicht aus, und das Wasservolumen ist für die Selbstreinigung zu gering – es sei denn, der Teich hat die Ausmaße eines Tennisfeldes.

Wir bieten Ihnen eine Lösungsmöglichkeit an, mit der Sie die oben beschriebenen Schwierigkeiten elegant umgehen:

Legen Sie den Teich zunächst für eine Wassertiefe von 80–100 cm aus. Nachdem Sie auf die Folie oder den Lehm eine 10 cm dicke Sandschicht aufgetragen haben, füllen Sie die tiefe Teichkuhle in der Mitte mit großen Steinen, Hohlblockziegeln oder Hohlraumzementblökken (Rasengittersteine u. a.) auf. Zwischen den Steinen bilden sich zahlreiche Hohlräume, in die das Wasser eindringt und in denen Tiere Unterschlupf finden. Decken Sie die Steine mit Kieseln der Größe 8–16 cm ab.

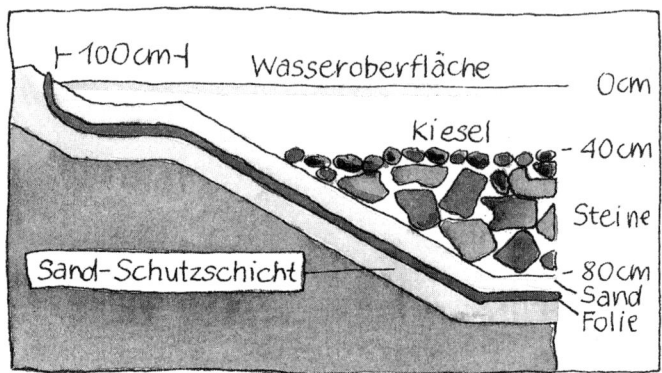

Abb. 100
Ein Naturteich in
Folienbauweise

Der Überlauf   Bei längeren, starken Regenfällen kann der Teich überlaufen. Ein Überlauf leitet das Wasser in eine Sickergrube, die es dem Grundwasser zuführt. Einen Überlauf legen Sie an, indem Sie den Rand des Teiches an einer Stelle 5–10 cm tiefer legen. Der tiefste Punkt des Randes markiert dann die maximale Füllhöhe.

Beziehen Sie vom Lieferanten der Teichfolie den für die Verbindung der Folien notwendigen Klebstoff. Kleben Sie Reststücke der Teichfolie am Teichrand an, und dichten Sie hierdurch die Sohle des Überlaufes ab. Ohne Abdichtung des Überlaufes könnte der Teich unterspült werden.

Die Sickergrube wird zunächst mit großen, dann mit immer kleineren Steinen befüllt. Auf diese Weise entsteht beim Wasserzulauf ein Sog nach unten.

Das Umfeld des Teiches   Der Teich sollte harmonisch in sein Umfeld eingebettet sein. Schütten Sie mit überzähligem Aushubmaterial Bodenerhebungen halbkreisförmig um den Teich an. Stützen Sie Böschungen mit Trockenmauern ab. Amphibien finden dort einen idealen Unterschlupf in Teichnähe. Ökologisch wertvoll ist eine Vernetzung des Teiches durch Grünzüge mit Naturteichen in der Nachbarschaft. Dann können Tiere ohne hinderliche Barrieren zuwandern (vgl. Abb. 101).

Eine Beobachtungsplattform am Ufer

Zum Beobachten sollten die Kinder dicht an das Ufer herankommen können. Errichten Sie zu diesem Zweck eine Plattform mit einer Mindestgröße von 1 x 2 m. Eine Holzbarriere ringsum schützt die

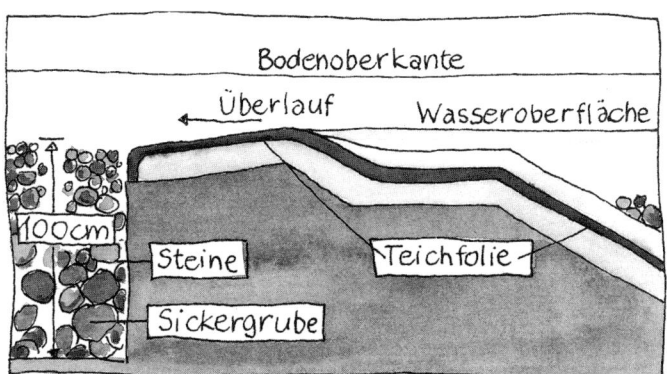

*Abb. 101
Der Überlauf eines
Teiches*

Kinder vor dem Hineinfallen in den Teich und die empfindliche Ufervegetation vor Trittschäden.

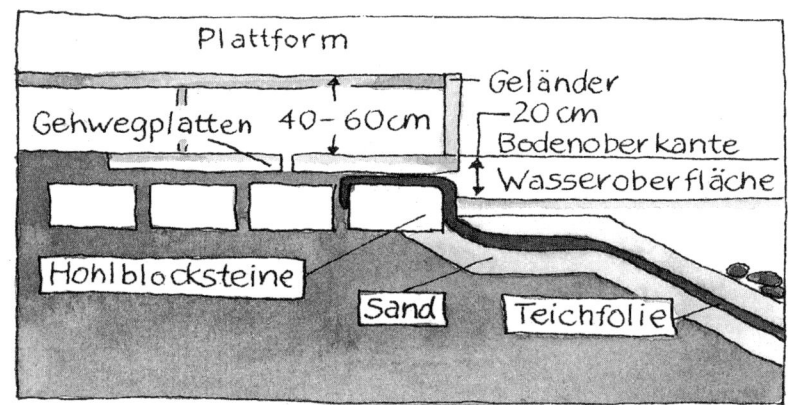

*Abb. 102
Eine Beobachtungs-
plattform am Teich*

**Pflanzen und
Tiere am Teich**

Manche Staudengärtnereien haben sich auf Wasserpflanzen spezialisiert. Dort werden Sie gut beraten und bekommen die qualitativ beste Ware. Sollte es am Geld mangeln, liegt der Gedanke nahe, Pflanzen aus der freien Natur zu entnehmen. Aus Gründen des Naturschutzes ist dies abzulehnen, und es ist außerdem nicht erlaubt. Falls Sie Geduld haben, wird der Teich mit den Jahren von der Natur selbst bepflanzt: Tiere und der Wind bringen Samen und Pflanzenteile zum Teich. Was dem Standort angepaßt ist, wächst an, anderes vergeht.

Vielleicht haben Nachbarn oder Eltern ebenfalls einen Teich am

Haus oder im Garten. Von dort Pflanzen zu entnehmen und geschenkt zu bekommen, verstößt gegen keine Vorschriften. Mit einem Fachbuch in der Hand sollten Sie allerdings versuchen, die Pflanzen zu bestimmen. Ansonsten kann es passieren, daß ein zunächst unscheinbar aussehendes Kraut bald den gesamten Teich durchwuchert. In der „Pflanzliste Teich" (siehe unten) sind geeignete Arten aufgeführt.

Tiere lassen sich von Menschenhand nur schwer im Teich ansiedeln. Das Einsetzen von Fröschen oder Kaulquappen ist abzulehnen, da ein einzelner Teich im Wohnbereich keinen ausreichenden Lebensraum für Frösche darstellt. In einem begrünten Umfeld mit weiteren naturnahen Teichen und Feuchtbiotopen, die durch grüne Gürtel miteinander vernetzt sind, sind der Zuwanderung von Tieren günstige Voraussetzungen geschaffen. In isolierten Lebensräumen dagegen können sich keine stabilen Populationen am Leben erhalten. Nehmen Sie vorlieb mit dem, was sich von selbst am Teich einfindet, und versuchen Sie, langfristig das Umfeld zu verbessern.

Vorsicht ist geboten beim Kauf von Tieren aus dem Handel! Immer wieder kommt es vor, daß ein Teichfrosch sich später als riesiger Ochsenfrosch entpuppt und mit seinem extrem lauten Quaken die Ruhe der Nachbarn stört. Schildkröten und Goldfische sind im Naturteich ebenfalls fehl am Platze. Weil bei uns in Deutschland andere Lebensbedingungen als in der Heimat der Schildkröten herrschen, gehen diese hier langsam zugrunde. Goldfische überfrachten den Teich durch ihre Ausscheidungen schnell mit Nährstoffen und fressen den Laich und die Larven anderer Tiere. Den Kindern bliebe dann außer den Goldfischen wenig zur Beobachtung übrig.

Pflanzliste Teich: Unterwasserpflanzen:
- Callitriche palustris (Frühlingswasserstern)
- Hottonia palustris (Wasserfeder)
- Myriophyllum verticillatum (Tausendblatt)
- Nitella flexilis (Armleuchtergewächs)
- Utricularia vulgaris (Wasserschlauch)

Schwimmblattpflanzen:
- Lemna triscula (Wasserlinse)
- Lemna minor (Wasserlinse)
- Nuphar lutea (Gelbe Teichrose – im Frühjahr pflanzen!)

Flachwasserbereich:
- Alisma plantagoaquatica (Froschlöffel)
- Butomus umbellatus (Blumenbinse)
- Hippuris vulgaris (Tannenwedel)
- Iris pseudacorus (Wasserschwertlilie)
- Typha angustifolia (schmalblättriger Rohrkolben)
- Typha latifolia (breitblättriger Rohrkolben)
- Typha minima (kleiner Rohrkolben)

Sumpfbereich:
- Acorus calamus (Kalmus)
- Caltha palustris (Sumpfdotterblume)
- Eleocharis palustris (Sumpfsimse)
- Mentha aquatica (Bachminze)
- Menyanthes trifoliata (Fieberklee)
- Myosotis palustris (Sumpfvergißmeinnicht)
- Ranunculus aconitifolia (Hahnenfuß)
- Veronica beccabunga (Bachehrenpreis)

Eine Wiese ergänzt den Teich

Eine sich dem Uferbewuchs anschließende Blütenwiese ist eine passende Ergänzung zum Teich. Das Anlegen erfordert Geduld, die später aber reich belohnt wird. Saatmischungen aus dem Handel täuschen vor, eine Wiese ließe sich aus der Packung zaubern. Leider verschwindet die künstliche Blütenpracht mit dem vergehenden Jahr und kehrt im Frühjahr nicht mehr zurück! Das Aussäen einer Wiesenmischung ist nur dann erwägenswert, wenn für eine kurze Übergangszeit Wiesenblumen die Kinder erfreuen sollen.

So gehen Sie beim Anlegen einer Wiese vor

Das Blütenmeer einer Wiese entsteht nicht auf gutgedüngten, sondern vielmehr auf nährstoffarmen Böden. Werden auf Almwiesen Mineraldünger ausgebracht, verschwindet die Artenvielfalt und der Blütenreichtum! Übrig bleiben nur wenige, nährstoffliebende Gräser und Kräuter. Mischen Sie deshalb für die Wiese ein nährstoffarmes Substrat: Ein Teil Humuserde, ein Teil Sand und ein Teil Feinkies. Stechen Sie, bei einem fetten, nährstoffreichen Boden, die obere Humusschicht ab, und füllen Sie die Mischung ein. Als Startbegrünung eignet sich eine handelsübliche Landschaftsrasen-Saatmischung. Alles weitere, was Sie dann noch tun können, ist, mähen und zuschauen. Mit den Kindern können Sie beobachten, wie sich ganz allmählich neue Blumen einfinden: Schafgarbe, Margueriten, Lichtnelken und

Wilde Möhren. Den Blumen folgen die Tiere, und die Wiese entwickelt sich zu einer lebendigen Bienen- und Insektenweide.

Führen Sie den ersten Schnitt Anfang Juli durch, dann einen weiteren im Spätsommer und den letzten im Herbst. Eine Wiese, auch eine angehende, wird am besten mit der Sense gemäht, kleine Flecken können auch mit der Sichel geschnitten werden. Für einen Rasenmäher ist der Bewuchs zu hoch. Die Schnittgutentnahme ist ein wichtiger Beitrag zum Nährstoffentzug des Standortes. Ist die Wiese groß genug, dann ergibt das Heu einen Haufen, in dem die Kinder sich verstecken können. Im Kapitel „Im Heuhaufen zirpt die Grille" auf Seite 169 haben wir das fachgerechte Aufschichten beschrieben.

Zur weiteren Information lesen Sie:

Lehmteich und Folienteich anlegen im Kapitel „Ein Teich zum Spielen" auf Seite 148;

Krötengrotte im Kapitel „Wo Kröten und Molche sich »zusammengrotten« auf S. 221;

Trockenmauern im Kapitel „Ein Staudenbeet mit Trockenmauer" auf Seite 83 und „Alte Steine neu zusammengesetzt" auf Seite 101;

Aufschüttungen im Kapitel „Flachland in Täler und Hügel verwandeln" auf Seite 86.

6.4.2 Totholz, zum Leben erweckt

Ein Aststück, das beim letzten Sturm vom Baum gefallen ist, ein vergessenes Brettchen in der Wiese oder ein alter Baumstumpf beleben sich wieder aufs neue. Wenn wir genau hinschauen und das „Totholz" über Tage und Wochen beobachten, entdecken wir, wie sich das Leben entwickelt: Raupen haben sich in den Ritzen verpuppt; Borkenkäfer haben Löcher gebohrt, in denen sich Wildbienen eingenistet haben; Asseln, Spinnen und Regenwürmer tummeln sich auf der feuchten Unterseite. Nach einiger Zeit siedeln sich Pilze an wie der Rotpustelpilz, die eine dekorative, bunte Grafik auf die Oberfläche zeichnen.

Totholz ist in der Natur sehr wertvoll, da es vielen Tier- und Pflanzenarten Lebensräume bietet. Ein alter, absterbender Apfelbaum oder ein vermodernder Zaunpfahl müssen nicht sofort entfernt werden. Wenn ein lautes „tak-tak-tak" ertönt, dann trommelt dort ein Buntspecht sein Stakkato.

Mit Totholz, das Sie im Kindergartengelände auslegen oder vorhandenes einfach dort belassen, gewinnen Sie auch für die Kinder ein zusätzliches Stück Natur zur Beobachtung. Im Frühling und Frühsommer können diese dort mit etwas Glück an Holzstücken Wespen entdecken, wie sie mit ihren Kiefern kleine Späne abfräsen. Sie tragen das Material zu ihren Schlupfwinkeln, wo sie es kunstvoll zu großen Papierkugelnestern formen.

Mut zur Verwilderung

Das Außengelände eines ökologischen Kindergartens ist nicht „besenrein". Das heißt natürlich nicht, den Müll der Zivilisation im Gelände zu dulden. Geduldet ist dort nur der „Müll", der aus der Natur selbst kommt und den sie wiederverwerten kann! Auf- und ausgeräumte Natur ist lebensfeindlich! Ein vergessenes Brettstück, ein Steinhaufen, ein Busch Brennesseln, ein Reisighaufen oder ungestutzte Hecken bieten Tieren und Pflanzen lebensnotwendige Nischen. Bereichern Sie das Gelände, und fördern Sie eine Entwicklung zur „Verwilderung". Haben Sie Vertrauen in die Gestaltungskraft der Natur! Die Ergebnisse, die diese hervorbringt, wirken harmonisch und geordnet.

6.4.3 Reisig und Baumschnitt in lebende Hecken verwandeln

Reisig fällt beim Schnitt von Hecken und Bäumen an, aber auch bei Windbruch und Rodungen. Zum Verbrennen ist es viel zu schade! Aus „totem" Reisigholz entstehen ohne Ihr weiteres Zutun lebendige Hecken, wenn Sie es wallförmig aufschichten und abwarten: Vögel und Insekten lassen sich auf dem Geäst nieder und hinterlassen dort Samen aus den Früchten von Gehölzen. Sind einige Jahre vergangen, überdeckt neues Grün das alte, zusammengefallene Reisig, das sich nun zu Humus zersetzt.

Diese nach dem Naturschützer Benjes benannten Hecken sind auch im Kindergarten vielseitig verwendbar: Als Raumteiler gliedern sie Spiel-, Garten- und Ruheräume. Auch ein häßlicher Maschendrahtzaun verschwindet elegant hinter einer Benjeshecke. Schlagen Sie hierzu Holzpfähle in einem Abstand von 50 cm vor jedem Zaunpfosten in den Boden. Zur Stabilisierung der Pfähle spannen Sie einen 3 mm starken Draht zwischen dem oberen Holzpfahlende und dem Zaunpfosten. Die Voraussetzung ist die stabile Verankerung der Zaunpfosten in einem Betonfundament (vgl. Abb. 103).

Schichten Sie nun mit den Kindern Reisigmaterial zwischen dem Zaun und den Holzpfählen auf. Nach unten kommen die dicken Äste, die dünnen Zweige liegen obenauf. Sperriges Geäst bringen Sie mit Gartenschere, Astknacke oder Baumsäge in die gewünschte „schlanke Form". Nach jeder Lage steigt ein „Schwergewicht" mit

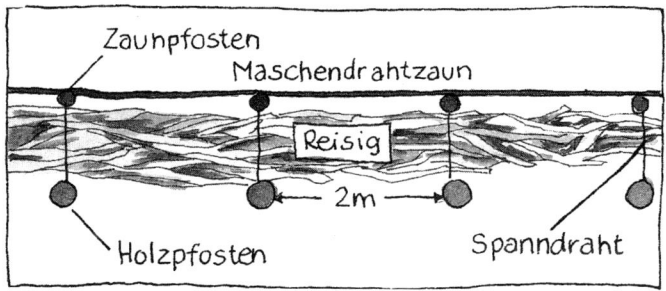

*Abb. 103
Benjeshecke vor
einem Zaun*

stabilen Stiefeln auf das Reisig und tritt es gleichmäßig fest, wodurch die Benjeshecke überaus dicht und kompakt wird.

Auch unter schattigen Laubbäumen, wo eine Hecke wegen Lichtmangel nur kümmerlich wachsen würde, bietet eine Hecke aus Reisig am Zaun Sicht- sowie Windschutz und ist eine Alternative zu künstlichen Mauer- und Bretterwänden.

Wohin mit überzähligem Reisig?

Schichten Sie das Reisig zu dichten Haufen auf. Vielen Tieren bieten Sie damit eine willkommene Unterkunft: Igeln, Mäusen, Vögeln, Insekten und Spinnen.

Mit einer Weiterverwendung sollten Sie bis zum nächsten Sommer warten, falls Tiere dort ihr Winterquartier bezogen haben oder Vögel darin nisten.

Zur weiteren Information lesen Sie:
Reisig im Kapitel „Reisighaufen für stachelige Freunde" auf Seite 231.

6.4.4 Winter- und Sommerquartiere

Stein auf Stein ...

Steinhaufen feiern ein Comeback. In Gärten und naturnah gestalteten Grundstücken sind sie immer häufiger anzutreffen. Früher haben die Bauern in mühseliger Arbeit die Lesesteine aus dem Feld am Rande zu Haufen und, bei besonders steinigen Äckern, zu regelrechten Steinwällen aufgehäuft. So sind ganz nebenbei wertvolle Lebensräume entstanden, die viele Kleintiere und Pflanzen beherbergen:

Zebraspinnen, Feuerwanzen, Zauneidechsen – Zimbelkraut, Mauerpfeffer, Fetthenne und Steinwurz.

Auch im Kindergarten schaffen Steinhaufen neue Lebensräume, die schon bald von Pflanzen und Tieren in Besitz genommen werden. Legen Sie mehrere Steinhaufen an unterschiedlichen Plätzen an: am Teichufer, beim Kompost, im Gärtchen und in der Sonne vor einer Hecke. Beginnen Sie frühzeitig mit dem Sammeln der Steine. Schichten Sie Ziegelbruch, Kiesel und Betonstücke zu bunt gemischten Steinbehausungen auf.

Kein Steinhaufen bleibt so wie er war: Den einen werden die Kinder zum Nachschublager für den Natur-Bauplatz nutzen, der andere gerät in Vergessenheit und ist schon bald von einer dichten Brombeerhecke überwachsen. Jeder „Steinklau" wird unmöglich, und den Tieren ist Ruhe garantiert.

Zur weiteren Information lesen Sie:
Trockenmauer im Kapitel: „Alte Steine neu zusammengesetzt" auf Seite 101.

Wo Kröten und Molche sich „zusammengrotten"

Kröten, Unken, Frösche und Molche werden sich im Kindergartengelände von selbst einfinden, wenn sie aus benachbarten Revieren zuwandern können und ihnen Lebensräume angeboten werden. Dies setzt ein begrüntes, tümpelreiches und verkehrsberuhigtes Umfeld des Kindergartens voraus. Im ökologischen Kindergarten finden Amphibien Lebensräume am Naturteich, in Steinhaufen, Trockenmauern, Gräben, Wiesen und in Hecken.

Amphibien leben ganz oder teilweise im Wasser. Die meisten Arten müssen Gewässer aufsuchen, um zu laichen. Nach einem Jugendstadium verlieren Amphibien ihre Kiemen und atmen über Lungen. Kröten und Unken leben dann überwiegend an Land und suchen Schutz in Steinhaufen, Höhlen und Erdlöchern. Amphibien sollten die Lieblinge der Gärtner sein, da sie viele Insekten und Schnecken vertilgen, die im Garten lästig werden.

**Eine Kröten-
grotte anlegen** Kröten und Unken können wir durch die Anlage einer Grotte zu einer Unterkunft verhelfen. Diese ist am besten in der Nähe des Naturteiches plaziert. Sie benötigen kantige Steine, Platten und Sand. Ebnen Sie eine Fläche, und legen Sie mit gleichhohen Steinen ein Tunnelsystem an.

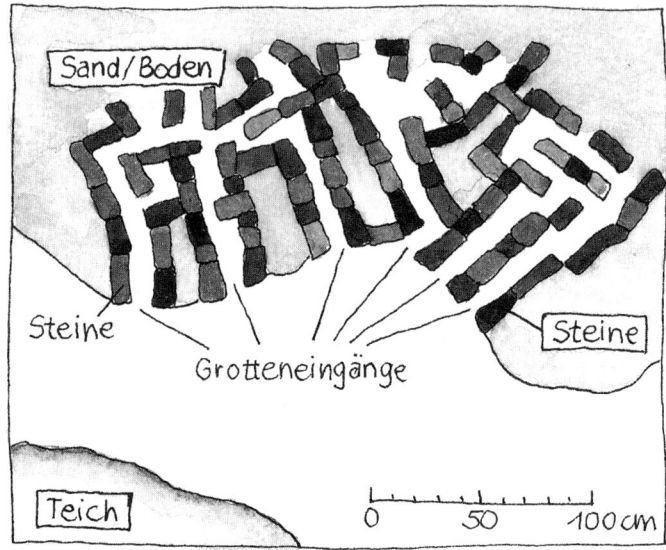

*Abb. 104
Bauplan einer
großen Kröten-
grotte*

Nach innen sollten die Gänge leicht ansteigen, damit kein Wasser ein-
laufen kann. Die Eingänge sollten nicht größer als 7×7 cm sein, um
größere Säugetiere am Zugang zu hindern. Decken Sie mit Steinplat-
ten (Gehwegplatten von der Entsiegelungsmaßnahme) die Grotte ab
und schütten Sie 50–100 cm Sand oder Füllboden auf das Bauwerk.
Legen Sie die Krötengrotte am besten dann an, wenn Sie die Grube
für den Teich ausheben. Der Aushub kann sofort beim Grottenbau
weiterverwendet werden.

Bedecken Sie den kleinen Hügel mit Humuserde, und pflanzen Sie
Stauden oder kleine Gehölze an.

Amphibienfallen beseitigen!

Viele Vorrichtungen am Haus und im Gelände sind Amphibien-
fallen, ohne daß dies beabsichtigt wurde. Eine tödliche Gefahr
droht Amphibien in Schächten und Röhren ohne flachen Ausstieg; in Kellerfenster-, Regenwasser- und Kabelschächten; in
nach oben offenem Feuchtigkeitsschutz aus Folien oder Eternit
an der Hauswand; in Wasserbecken, Eimern und Kübeln, besonders wenn sie ebenerdig eingegraben sind.

*Abb. 105
Eingänge der
Krötengrotte*

Beseitigen Sie alle möglichen Fallen, und dichten Sie Löcher und Spalten gründlich ab. (Bedenken Sie, daß kleine Tiere sich auch durch enge Ritzen zwängen können.) Wo dies nicht möglich ist, bauen Sie Kletterhilfen ein, damit sich die Tiere selbst befreien können. Kontrollieren Sie im Zweifel die betreffenden Objekte ein Mal in der Woche.

Bienenmauer: Wohnung für Individualisten

Bienen sind allen Kindern bekannt, weil von ihnen der Honig kommt. Weniger bekannt sind die Wildbienen, von denen es viele hundert Arten gibt. Die meisten davon leben solitär, d. h. einzeln und nicht in einer Staatengemeinschaft. Für die Bestäubung von Blüten sind sie aber von großer Bedeutung.

Durch den Einsatz von Bioziden und den Mangel an geeigneten Nist- und Lebensräumen ist ihr Bestand stark zurückgegangen. Der Verzicht auf bienengefährdende Gifte und die Bereitstellung von Nisthilfen fördern die Erhaltung der Wildbienenarten. Wildbienen sind friedlich, und die Kinder können sie beim Nestbau und beim Blütenbesuch beobachten. Mit wenig Aufwand sind im Kindergarten Heimstätten für Wildbienen einzurichten.

Aufbau einer Bienenmauer

Wildbienen bauen ihr Nest in kleine Röhren von Steinen oder Hölzern. In einer Lehmmauer können wir ihnen Nisthilfen in vielen Variationen anbieten. Bauen Sie die Mauer frühzeitig im Jahr, bevor die Bienen aktiv werden. Je nach Höhenlage und Witterung beginnen Bienen von März bis Mai mit der Nestsuche.

Material:
– Lehm
– Gasbetonsteine, Hohlziegel
– Baumstämme, Länge 50 cm
– 1 Kantholz 10 x 10 cm
– Bretter
– Nägel

Mischen Sie ca. 1 m³ Lehm mit Wasser zu einem festen Brei. Schichten Sie den Lehm zu einer 50 cm dicken Mauer auf. Fügen Sie Steine und Baumstämme in die Mauer mit ein.

In mitteleuropäischen Breiten benötigt die Lehmmauer ein Dach, da ansonsten die Niederschläge den Lehm aufweichen würden. Versenken Sie in die Oberkante der Lehmmauer ein Kantholz, das zur Seite leicht geneigt ist. Auf diesem Kantholz wird später das Dach befestigt. Bohren Sie zunächst mit 4-, 5- und 6 mm-Bohrern zahlreiche Löcher in den Lehm, die Steine und das Holz. Nageln sie nun das

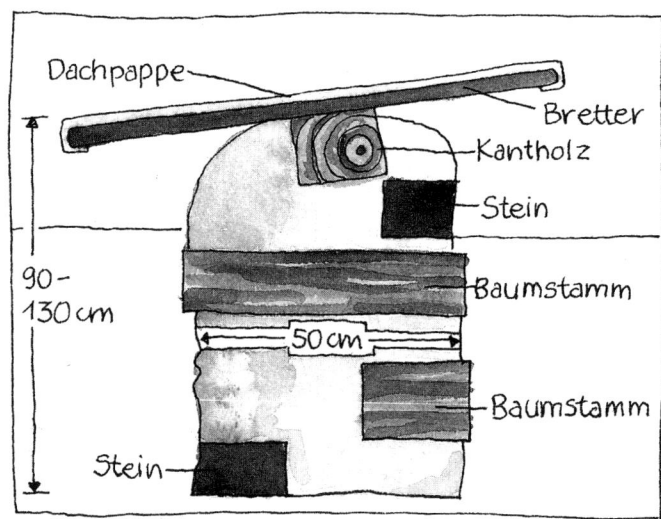

Abb. 106
Lehmmauer
mit Dach im Quer-
schnitt

Dach auf das schräge Kantholz. Durch die leichte Neigung läuft das Niederschlagswasser schneller ab. Decken Sie zum Schluß das Dach mit Dachpappe ab.

In Bäumen und an der Rückseite von Gebäuden können Sie weitere Nisthilfen für Bienen anbringen. Hierzu sind Schilfrohrbündel und Holzbalkenstücke mit vorgebohrten Löchern gut geeignet.

Bienen – Keine Gefahr für Kinder

Bienen, Hornissen, Hummeln und sogar Wespen sind grundsätzlich friedliche Tiere und setzen ihren Stachel nur ein, wenn sie sich bedroht fühlen. Das ist den Kindern leicht zu erklären, und sie können mit diesen Tieren schnell richtig umgehen. Deshalb ist im Kindergarten eine Bienenmauer für die Kinder ein interessantes und gefahrloses Beobachtungsobjekt. Probleme kann es unter ungünstigen Voraussetzungen mit Wespen geben:

1. Eine Königin hat das Nest in der Nähe von Fenstern und Eingängen gebaut. Wenn es möglich ist, sollte dieser Eingang während des Sommers nicht genutzt werden. Andernfalls fragen Sie einen Imker, ob er für Sie das Nest an einen nicht störenden Platz umsetzt. Als letzter Ausweg muß ein Kammerjäger mit der Beseitigung des Wespennestes beauftragt werden. Dies bedeutet aber den Einsatz gefährlicher Giftstoffe im Kindergarten und ist nur für den äußersten Notfall anzuraten.

2. Im Spätsommer stürzen sich die Wespen mit Vorliebe auf süße Früchte und Säfte. In der Zeit davor haben sie ihre Brut mit eiweißhaltiger Kost gefüttert und zuckerhaltiger Nahrung nur wenig Aufmerksamkeit geschenkt. Fallobst sollten Sie regelmäßig aufsammeln, und süße Sachen nur mit Vorsicht draußen anbieten. Stellen Sie keine Wespenfallen auf (Flaschen mit Zuckerwasser), da diese zu Tierquälerei führen.

Auch Wespen sind zu schützen, da sie wichtige Funktionen bei der Blütenbestäubung erfüllen.

Zur weiteren Information lesen Sie:
Bauen mit Lehm im Kapitel: „Wer schmeißt denn da mit Lehm? Spielen und Bauen mit Lehm" auf Seite 182.

Erdhöhle: Wohnung für dicke Brummer

Kinder mögen Hummeln, weil sie ein buntes, pelziges Kleid tragen und unter lautem Summen gemütlich von Blüte zu Blüte schaukeln. Hummeln sind sehr friedlich, solange sie nicht, besonders in der Nähe des Nestes, gereizt werden. Hummeln stellen deshalb im Kindergarten kein Problem dar. Bringen Sie die Nisthilfen am ruhigen Rande des Gartens oder fern des Spielgeländes an.

Die Hummelkönigin legt im Frühjahr Eier und baut einen kleinen Hummelstaat auf. Die meisten Hummelarten haben ihre Nester im Gras und im Laub. Die Erdhummel geht in kleine Erdspalten oder verlassene Mäuselöcher.

Nisthilfen für Erdhummeln bauen

In der Werkstatt ist aus wenigen Teilen im Handumdrehen eine Nisthöhle fertiggestellt. Benötigt werden ein Blumentopf mit dem Durchmesser von 10–14 cm und ein 10–20 cm langes Röhrchen oder Schlauch. Der Innendurchmesser des Röhrchens sollte 15–20 mm betragen. Die Kunst besteht darin, das Röhrchen oder den Schlauch paßgenau in das Bodenloch des Blumentopfes zu klemmen. Wenn die Teile nicht ineinanderpassen, muß entweder das Loch aufgefeilt oder der Schlauch dünner geschmirgelt werden.

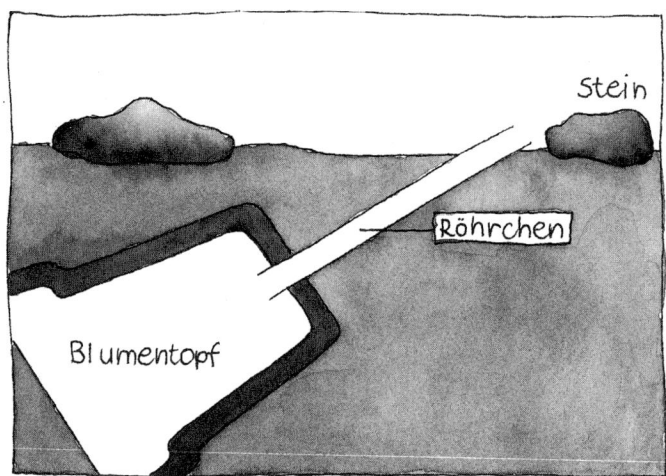

Abb. 107
Erdhummelhöhle

Wie in der Zeichnung dargestellt, wird der Topf schräg in den Boden eingegraben. Das Ende des Röhrchens weist ins Freie und wird mit einem Stein gegen versehentliches Betreten gesichert.

Im Frühjahr können die Kinder dann die Hummelköniginnen beobachten, wie sie suchend nach geeigneten Nisthöhlen die Gegend durchstreifen. Welche Freude, wenn das selbst hergestellte Nest ausgesucht wird!

Appartements mit Aussicht: Nisthilfen für Vögel

Den besten Beitrag zum Vogelschutz leisten Sie mit der Anlage heimischer Hecken und Sträucher, die nur wenig oder überhaupt nicht geschnitten werden. Sie bieten den Vögeln Nahrung, Unterschlupf und bescheren ihnen ein reichhaltiges Insektenangebot. Welche Nisthilfen Sie zusätzlich für Höhlenbrüter anbringen können, erfahren Sie von örtlichen Ornithologen oder bei Naturschutzverbänden.

Der Bau von Nistkästen

Am bekanntesten sind die Meisenkästen mit einem Innenmaß von 15 x 15 cm und einem Einflugloch von 28 mm.

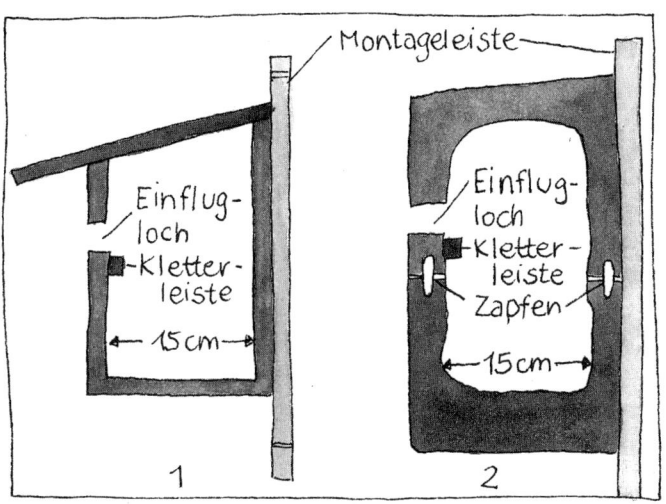

Abb. 108
Nistkästen

Beispiel 1 stellt einen aus Brettern zusammengefügten Kasten dar, in Beispiel 2 wurde ein Baumstamm halbiert, ausgefräst und mit Zapfen wieder zusammengesetzt. Eine kleine Kletterleiste im Kasten unterhalb des Einfluglochs erleichtert den Vögeln den Zugang.

Durchmesser der Einfluglöcher	Vogelarten
28 mm	Kleinmeisen, Feldsperling
30 mm	Haussperling
32 mm	Kohlmeise, Trauerschnäpper, Wendehals
40 mm	Kleiber
50 mm	Star

Befestigen Sie die Nistkästen mindestens 2 m über dem Boden an einem Baum, einem Pfahl oder an einer Wand. Schlagen Sie keine Nägel oder drehen Sie keine Schrauben in einen lebenden Baumstamm, sondern umwickeln Sie Montageleiste und Stamm fest mit Kokosstricken. Auch Draht ist ungeeignet, weil er vergessen werden kann und dann die Leitungsbahnen des Baumes abschnürt. Binden Sie einige sparrige Zweige unterhalb des Kastens an den Baum, um Katzen den Zugang zu verwehren.

Am Haus und unter Vordächern können Sie halboffene Kästen für Garten- und Hausrotschwanz, Bachstelzen und Grauschnäpper anbringen.

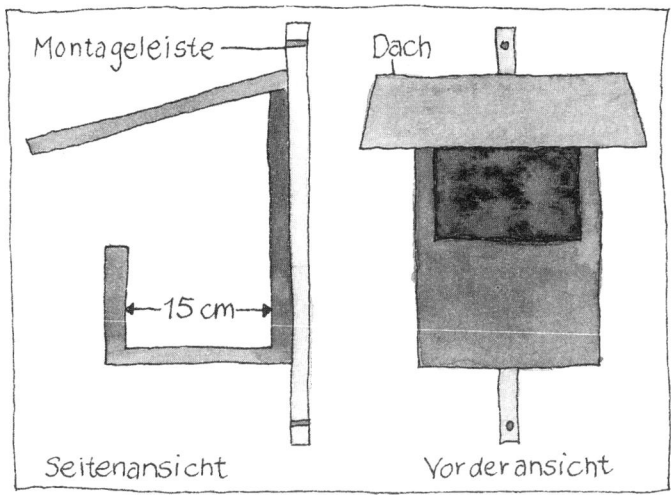

*Abb. 109
Halboffener Nistkasten*

Der Bau von Reisigtaschen

Den in Hecken brütenden Vögeln wie Nachtigall, Rotkehlchen und Zaunkönig können Sie durch die Anbringung von Reisigtaschen Nistplätze anbieten. Binden Sie feine, lange Reisigzweige zu einem dicken Bündel, und knoten Sie es mit Hanfschnur oder Kokosstrick an einen Stamm oder Pfahl.

Montage nach Kompaß

Richten Sie alle Nisthilfen nicht zur Wetterseite oder zur Sonne aus. Verwenden Sie gegebenenfalls einen Kompaß, um die Himmelsrichtungen zu erfassen. Befestigen Sie die Nisthilfen in der Regel auf der Ostseite von Bäumen, Pfählen und Wänden. Entfernen Sie im Herbst das alte Nest, und säubern Sie den Kasten. Verwenden Sie aber keine Reiniger, Farben oder Holzschutzmittel.

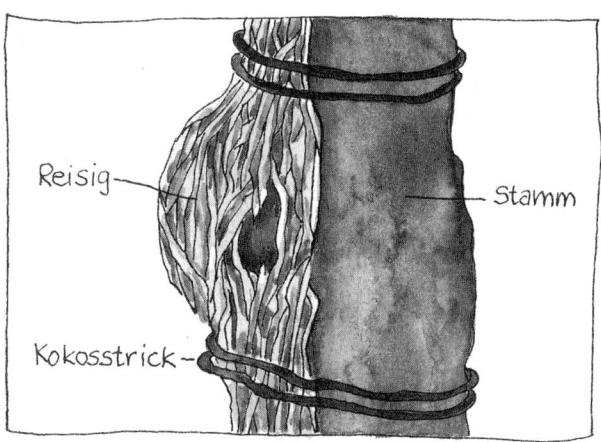

Abb. 110
Reisigtasche für
Heckenbrüter

Futterhäuschen im Kindergarten

Die Fütterung der bei uns überwinternden Vögel ist normalerweise unnötig. Nur bei strengem Frost und langen Schneeperioden kann gezielt und in Maßen Futter ausgelegt werden.

Für die Kinder hat das Zuschauen am Vogelhäuschen einen hohen Erlebniswert, und sie machen sich mit dem Naturschutzgedanken vertraut.

In Fütterungszeiten muß das Häuschen täglich gereinigt werden, da sich ansonsten die Vögel dort leicht mit Krankheitskeimen infizieren. Entfernen Sie Spelzen, alte Futterreste, und schrubben Sie das Vogelhaus mit Wasser und Bürste gründlich sauber.

Piep-Schau: in der Kinderstube der Vögel

Vögel beim Brüten und Füttern der Jungen zu beobachten, ohne sie dabei zu stören – das können die Kinder in einer „Piep-Schau" erleben.

Die „Piep-Schau" kann in einer Hauswand oder in einem eigens errichteten, fensterlosen Häuschen eingerichtet werden. Hierzu werden die Nistkästen in die Wand des Bauwerkes eingelassen. Die Rückseite der Nisthöhle besteht aus einer Glasscheibe. Um die Vögel durch einfallendes Licht nicht zu irritieren, muß die Scheibe mit einem schwarzen Vorhang verhängt sein. Nach dem Betreten und dem Schließen der Tür ist es im Raum dunkel. Dann kann der Vorhang gelüftet und die Vogelbrut beobachtet werden. Die Augen gewöhnen sich bald an die Dunkelheit, und das durch das Einflugloch fallende Licht reicht zur Beleuchtung der Nisthöhle aus.

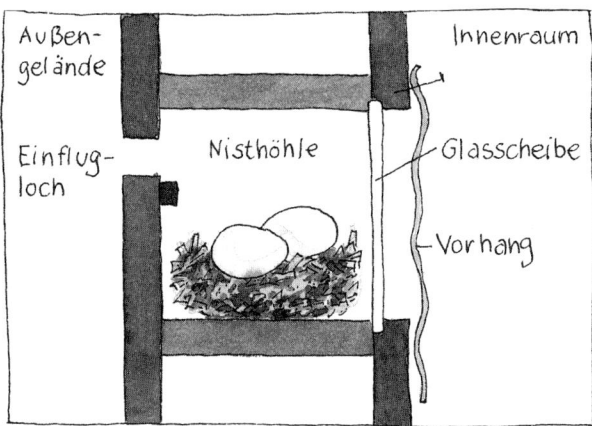

Abb. 111
Nisthöhle zum
Beobachten

Da die Nisthöhlen in einer Mindesthöhe von 1,80 m angebracht sein sollen, ist es notwendig, für die Beobachtung den Boden im Raum um ca. 1 m zu erhöhen oder ein Podest aufzustellen.

Beobachtung von Nachtschwärmern

Auch Fledermäusen kann ein Nistkasten als Sommerquartier dienen. Anstelle eines Einfluglochs muß ein 18–20 mm breiter Schlitz an der Unterseite vorhanden sein.

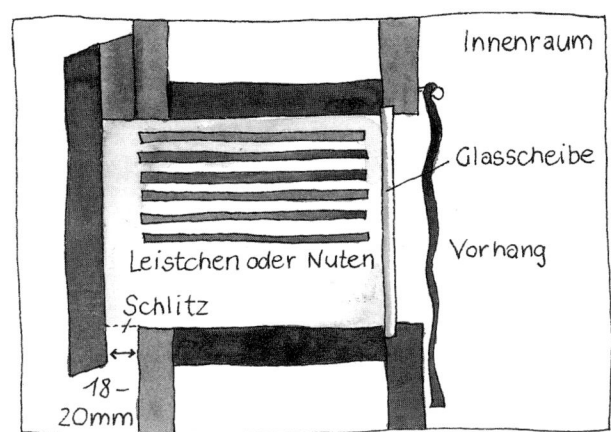

Innenraum

Glasscheibe

Vorhang

Leistchen oder Nuten

Schlitz

18 – 20mm

Abb. 112
Nisthöhle für
Fledermäuse

Fräsen Sie in die Seitenwände Nuten, oder bringen Sie kleine Leistchen an. Daran können sich die Fledermäuse gut festhalten.

Die Kinder können tags die kleinen „Nachtschwärmer" in ihrer Kopfunten-Schlafhaltung bestaunen.

Zur weiteren Information lesen Sie:
Nistkästen im Kapitel: „Appartements mit Aussicht: Nisthilfen für Vögel" auf Seite 227.

Reisighaufen für stachelige Freunde

Einem ökologisch umgestalteten Kindergarten wird ein Igel gerne einen Besuch abstatten oder sich dort sogar niederlassen, sofern er aus einem grünen Umfeld zuwandern kann. Mit einem Reisighaufen bieten Sie Igeln einen naturnahen Kälte- und Winterschutz. Schichten Sie Laub, Äste und Reisig zu einem 1,50–2,00 m hohen Haufen auf. Die eigentliche Igelhöhle legen Sie unten, in der Mitte des Reisighaufens an. Decken Sie das Quartier mit einem Stück Teichfolie zum Schutz gegen Durchnässung ab.

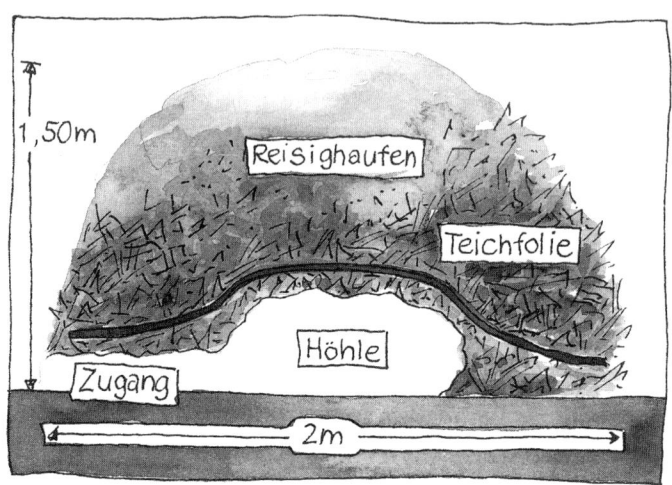

Abb. 113
Igel-Reisighaufen

Igel zur Überwinterung ins Haus nehmen?

Vielleicht finden auch Sie kurz vor Wintereinbruch einen kleinen Igel im Außengelände. Wiegt er weniger als 500 g, sind seine Überlebenschancen gering. Nehmen Sie den Igel nicht mit ins Haus, sondern verständigen Sie die nächste Igelschutzstation oder die örtlichen Naturschutzeinrichtungen. Die Igelfachleute können entscheiden, ob das Tier in einer Überwinterungsstation oder in der Natur besser aufgehoben ist.

Die Aufnahme von Igeln ist nicht unproblematisch. Die Gewöhnung an Fütterung und Pflege kann ihnen zum Verhängnis werden. Wieder in die Natur ausgesetzt, können sie desorientiert und antriebsarm sein. Untersuchungen haben ergeben, daß von wieder ausgesetzten Igeln nur ein geringer Teil längere Zeit überlebt. Igelschutz heißt vor allem Schutz der Lebensräume und Minderung ihrer Bedrohung. Diese geht in hohem Maße vom Verkehr aus. Temporeduzierungen und vorsichtige Fahrweisen würden vielen Igeln das Leben retten.

6.4.5 Achtung – das Maiglöckchen blüht!
Kinder und Giftpflanzen

Das wohlriechende Maiglöckchen wird von Kindern gerne für Blumensträuße gepflückt. „Achtung" müßte es eigentlich erst heißen, wenn das Maiglöckchen verblüht ist und die roten Beeren zum Verzehr locken. Sie sind giftig, ebenso wie die gesamte Pflanze.

Sollen wir aber deshalb das Maiglöckchen und alle anderen giftigen Pflanzen aus dem Kindergarten verbannen? Wir vertreten hierzu folgende Meinung: Kinder sollen die Natur umfassend kennenlernen. Giftpflanzen sind ein Teil der Natur, sie sollen und können aus ihr nicht entfernt werden. Insbesondere der ökologische Kindergarten bietet eine gute Voraussetzung, Kindern Kenntnisse über Pflanzen zu vermitteln. Kinder, die sich mit Pflanzen und der Natur vertraut machen können, sind besser gegen Gefahren gewappnet als Kinder, denen alle möglichen Gefahrenpotentiale aus dem Weg geräumt werden.

Was im „Öko-Kindergarten" nicht wachsen sollte

Was giftig und gefährlich ist – darüber gehen die Meinungen weit auseinander. Aufgrund der nur selten vorkommenden Vergiftungsfälle gibt es zu wenig statistisches Material, um exakte Aussagen über die Giftigkeit vieler Pflanzen machen zu können. Allgemeine Übereinstimmung gibt es in der Beurteilung von vier Pflanzen, die in Kindergärten und auf Spielplätzen nicht verwendet werden sollen:

- ☠ Daphne mezereum (Seidelbast)
- ☠ Euonymus europaeus (Pfaffenhütchen)
- ☠ Ilex aquifolium (Stechpalme)
- ☠ Laburnum anagyroides (Goldregen)

Was in der Kinderkrippe nicht wachsen sollte

Gibt es im Kindergarten eine Kleinkindgruppe, sollten in deren Spielbereich vor allem keine Pflanzen mit giftigen Früchten vorkommen. Kleinkinder erkunden Dinge in ihrer Umwelt mit Vorliebe über den Mund. Mögliche Gefahren können wir ihnen noch nicht verständlich machen.

Folgende Pflanzen oder Teile von ihnen gelten als mehr oder weniger giftig:

Gehölze:
- Buxus sempervirens (Buchsbaum)
- Colutea arborescens (Blasenstrauch)
- Daphne-Arten (Seidelbast)
- Euonymus-Arten (Pfaffenhütchen)
- Hedera helix (Efeu)
- Ilex-Arten (Stechpalme)
- Juniperus sabina (Sadebaum)

– Laburnum-Arten (Goldregen)
– Ligustrum-Arten (Liguster)
– Lonicera nigra (Schwarze Heckenkirsche)
– Lonicera xylostema (Gemeine Heckenkirsche)
– Lycium barbarum (Bocksdorn)
– Nerium-Arten (Oleander)
– Prunus laurocerasus (Kirschlorbeer)
– Rhamnus-Arten (Faulbaum)
– Rhus toxicodendron (Giftsumach)
– Rhus typhina (Essigbaum)
– Ricinus communis (Wunderbaum)
– Robinia pseudoacacia (Robinie)
– Sambucus racemosa (Traubenholunder)
– Symphoricarpus rivularis (Schneebeere)
– Taxus baccata (Eibe)
– Thuja occidentalis (Lebensbaum)
– Viburnum-Arten (Schneeball)
– Wisteria floribunda (Reichblütige Glyzinie)
– Wisteria sinensis (Chinesische Glyzinie)

Krautige Pflanzen:
– Aconitum-Arten (Eisenhut)
– Aethusa cynapium (Hundspetersilie)
– Anemone nemorosa (Buschwindröschen)
– Arum maculatum (Aronstab)
– Atropa belladonna (Tollkirsche)
– Bryonia-Arten (Zaunrübe)
– Calla palustris (Sumpfwurz)
– Colchicum autumnale (Herbstzeitlose)
– Conium maculatum (Gefleckter Schierling)
– Convallaria majalis (Maiglöckchen)
– Cicuta virosa (Wasserschierling)
– Datura-Arten (Stechapfel)
– Delphinium-Arten (Rittersporn)
– Digitalis-Arten (Fingerhut)
– Euphorbia-Arten (Wolfsmilch)
– Helleborus-Arten (Christrosen)
– Hyoscyamus niger (Bilsenkraut)
– Lupinus polyphyllus (Lupine)
– Nicotiana-Arten (Tabak)

– Paris quadrifolia (Einbeere)
– Phaseolus-Arten (Bohne)
– Solanum-Arten (Nachtschatten)

6.5 Umgestaltungs-Abschnitt: „Umfeld"

Als Umfeld eines Kindergartens betrachten wir ein Gebiet, das dem Aktionsradius der Kinder entspricht. Das ist ein Bereich mit einem Radius von max. 500 m, den sie kennen, in dem sie sich nicht verlaufen und den sie als Wegstrecke von zuhause bis in den Kindergarten zu Fuß bewältigen können.

Der ökologische Kindergarten darf keine grüne Oase in einer grauen Steinwüste sein. Sein Umfeld – der Stadtteil, die Straßen und die Plätze – ist Wohn- und Lebensraum von Menschen und sollte daher ebenfalls eines ökologischen Umbaus unterzogen werden. Anstrebenswert ist das lebensfreundliche, grüne und verkehrsberuhigte Kindergarten-Umfeld mit einer hohen Wohn-, Lebens- und Spielqualität. Hier sind die Umweltbelastungen spürbar geringer und die lufthygienischen Verhältnisse deutlich besser.

Das ökologisch umgestaltete Umfeld bietet den Kindern nicht nur ein Netz abwechslungsreicher Spielräume, es ist grundsätzlich ein Raum für Kinder, den sie für ihr Spiel erobern können. Sie werden dort wichtiger genommen als Autos, ihre Wege sind sicher und gefahrlos, und es lohnt sich, mit ihnen öfter den Kindergarten zu kleinen Ausflügen zu verlassen.

6.5.1 Projektgruppe „Grünes Umfeld"

Vertrauen Sie auf die eigene Kraft und auf die Unterstützung durch Nachbarn, Gleichgesinnte, Menschen aus Naturschutzverbänden, aus Verkehrsinitiativen und auf die Medien. Ergreifen Sie selbst die Initiative, und setzen Sie sich konkrete Ziele zur Umfeldumgestaltung:

● Rückbesinnung auf die Straße als Spielraum und Schaffung neuer Spielräume;
● Entsiegelung asphaltierter und zubetonierter Flächen;
● „Entschleunigung" des Verkehrs und Verbesserung des Angebotes öffentlicher Verkehrsmittel;
● Dach- und Fassadenbegrünungen;
● Baumpatenschaften und Baumpflanzaktionen.

Warten Sie nicht, bis Gemeindevertreter oder -verwaltung die Idee des ökologischen Umfeldumbaues von sich aus aufgreifen. Das dauert vielleicht noch lange, und wertvolle Zeit, in der vieles hätte unternommen werden können, ginge verloren.

Ein organisatorischer Rahmen für das Vorhaben der ökologischen Umfeldumgestaltung ist unerläßlich. Wir geben ihm den Namen „Projektgruppe Grünes Umfeld". In dieser Projektgruppe können mitarbeiten: Angestellte des Kindergartens und seines Trägers, Anwohner aus dem Umfeldbereich, Vertreterinnen von Bürgerinitiativen, Behörden, Schulen, Verbände und beratende Fachleute. Die Projektgruppe als loser Zusammenschluß verfügt über den Vorteil, sich ganz den inhaltlichen Aufgaben widmen zu können, da die sonst bei Vereinen anfallenden Verwaltungs- und Gremienarbeiten entfallen.

Versuchen Sie, Mitglieder einer Projektgruppe über persönliche Kontakte zu gewinnen, und informieren Sie auf diesem Wege über Ihr Anliegen. Setzen Sie kein allzu großes Vertrauen auf die Wirkung von Anschreiben. Schriftstücke sind zu förmlich und zur Begeisterung von Menschen für eine Aufgabe ungeeignet.

Die erste Tätigkeit nach der Gründung der Projektgruppe ist die Aufgabenverteilung: Zuständigkeiten für Öffentlichkeits- und Medienarbeit, für Behördenkontakte und für die Planung und Verwirklichung der Umfeldumgestaltung müssen übernommen werden. Danach kann die Gruppe ihre erste Pressemitteilung verfassen, um über ihre Existenz und die Ziele ihrer Arbeit zu informieren.

Zur weiteren Information lesen Sie:
Pressemitteilung verfassen im Kapitel 8.1: „Die Pressemitteilung" auf Seite 298.

6.5.2 Grüne, kindgerechte Stadtlandschaften

Untersuchungen ergeben immer wieder übereinstimmend, daß sich Kinder am meisten von Autos, dem Verkehr und der Verbauung offener Räume in ihren Spielmöglichkeiten beeinträchtigt fühlen. Kinder wünschen sich für ihr Wohn- und Spielumfeld mehr bespielbare Grünflächen, autofreie Straßen, Plätze und zugängliche Erlebnisräume, die Gestaltung und Veränderungen zulassen.

Weil Kinder keine Lobby haben, weil Grün- und Spielräume in der Stadt keine Gewinne abwerfen, sind ihre Wünsche in der Vergangenheit selten berücksichtigt worden. Eine ökologische Umgestaltung des Umfeldes setzt sich zum Ziel, grüne und kindgerechte Stadtlandschaften zu schaffen. Daß uns der Begriff „Stadtlandschaft" fremd vorkommt, verdeutlicht nur, wie naturfern sich unsere Städte entwickelt haben. Es gilt, die Landschaft wieder zurück in die Städte zu holen!

Spielraum Straße

Einst bot die Straße Kindern breiten Raum zur Entfaltung ihres Spiels. Mit zunehmendem Verkehr sind die Spiele in der Straße gefährlich geworden und wurden in Nischen abgedrängt. Wenn heute immer noch ein Großteil der Spielzeit auf der Straße stattfindet, liegt dies an der ungebrochenen Attraktivität, die der Spielort „Straße" aufweist: schnelle Erreichbarkeit, viel Abwechslung, Treffpunkt und Kommunikationsort, ein die Kinder ansprechendes Warenangebot der Geschäfte.

Spielstraßen für Kinder haben mit den Straßen, die durch das bekannte blaue Schild ausgewiesen sind, wenig gemein. Spielstraßen sind keine optimierten Autoabstellstraßen, sondern nur für den nichtmotorisierten Verkehr zugelassen. Einige Abschnitte sollten darüber hinaus nur Menschen vorbehalten sein, die zu Fuß unterwegs sind. Um das Ziel, viele Spielstraßen in den Städten zu verwirklichen, ist die Schaffung von Parkhäusern in der Peripherie unerläßlich. Auch Autobesitzer profitieren von der Wohnumfeldverbesserung durch die Verbannung des Individualverkehrs aus der Straße. Wahrscheinlich wird sogar weniger Zeit beansprucht, mit dem Fahrrad oder der Straßenbahn zum Autoabstellplatz zu fahren, als Zeit bei der Parkplatzsuche verschwendet wird.

Ist die Straße vom Diktat des Autos befreit, kann sie zum Erlebnisraum umgestaltet werden: Aufhebung der Trennung in Fahrbahn und Gehwege (eine Trasse für Noteinsätze und Lieferverkehr wird freigehalten), Einrichtung von Treffpunkten, Ruheplätzen und Grünflächen.

Auf Spielplätze, die mit Sandkasten (Hundeklo!), Klettergerüst und Wipppferdchen ausgestattet sind, kann verzichtet werden. Der Erlebnisraum Straße bietet den Kindern genug andere und interessantere Spielmöglichkeiten: Toreinfahrten, Treppen, Brunnen, Hydranthen, Baustellen, Plätze, Kletterbäume.

Kletterbäume in der Straße

Aus Gründen der Verkehrssicherheit dürfen Straßenbäume nicht so wachsen, wie es ihrer Art entspricht. Schon in der Baumschule werden Straßenbäume bis auf eine Stammhöhe von

4,50 m astfrei gehalten. Wer denkt schon beim Anblick eines hochgewachsenen Baumes am Straßenrand, daß es sich hierbei um ein künstlich verkrüppeltes Lebewesen handelt?

Bestimmt nicht mehr der Verkehr die Wuchsform der Bäume, gibt es ausreichend Raum zur Entfaltung ihres natürlichen Wuchses. Ein frei stehender Baum verzweigt sich schon unten am Stamm und lädt zum Klettern ein. Eine großzügig bemessene Baumscheibe, die mit einer dicken Rindenmulchschicht abgedeckt ist, fördert die Belüftung des Wurzelraumes und läßt Niederschläge in den Boden eindringen.

Einer offiziellen Erlaubnis zum Kletterbaum stehen heute sicherlich noch eine Vielzahl von Vorschriften und Bedenken im Wege. Es sollte nun aber nicht versucht werden, das Klettern der Kinder in Bäumen mit einem Paragraphengestrüpp regeln zu wollen. Das kann nur schief gehen. Schauen wir lieber den Kindern zu, wie sie sich neue Freiräume erobern.

Offene Erlebnisräume

Ungewollt hinterließ in den Städten der letzte Krieg in der Gestalt von Ruinen und eingeebneten Trümmergrundstücken Freiflächen, die sich die Kinder schnell als Spielräume erobert haben. Sie boten ihnen Raum zum Graben, Umgestalten, Bauen, zum Klettern, Springen und Balancieren auf Mauern und zum Verstecken in geheimnisvollen Kellern. Begegnungen mit Pflanzen und Tieren waren in den sich selbst begrünten Ruderalflächen möglich. Mit der zunehmenden Bebauung der Freiflächen verschwanden auch ersatzlos viele Erlebnisräume der Kinder.

Kaufhäuser, U-Bahnhöfe und verkehrsreiche Straßen sind keine offenen Erlebnisräume! Wir brauchen für die Flächennutzungspläne der Gemeinden eine neue Kategorie von ausgewiesenen Flächen: die Erlebnisraum-Bedarfsfläche! Mit Vorrang sind dort offene Erlebnisräume für Kinder einzurichten. Diese Erlebnisräume werden nicht bis ins Detail am Planungstisch gestaltet, sondern vor Ort von den Kindern! Den Anforderungen Erwachsener an Ästhetik müssen diese Plätze nicht gerecht werden. Das Unfertige ist das Gebot. Sand- und Erdhaufen, Mulden mit Pfützen, Ziegel- und Pflastersteine, Balken und Baumstämme, eine Wasserpumpe oder eine Zapfstelle sind das Inventar, mit dem die Kinder ihre Träume verwirklichen können.

Spielgrün

Die Nutzungsansprüche an Grünflächen im Siedlungsraum sind einem steten Wandel unterzogen: vom nichtöffentlichen Herrschaftsgarten zum Flanierpark, von dort zum Volkspark bis hin zum heutigen Sport- und Freizeitpark. Erst seit kurzem werden Gedanken geäußert, Kindern bespielbare Grünflächen zuzubilligen. Diese Flächen sind weit mehr als nur ein Rasen zum Toben! Hier gibt es für die Kinder Kletterbäume, Büsche zum Verstecken, Sträucher, von denen Äste für Pfeil und Bogen oder zum Hüttenbau abgeschnitten werden können, Pflanzen mit Blüten zum Schnuppern und Binden von Blumenkränzchen.

Spielgrün für Kinder beinhaltet keine exotischen und empfindlichen Pflanzen. Regenerationsfähige Pionierbäume und -sträucher, trittfeste Gräser und eine strapazierfähige Ruderalvegetation sind die zweckmäßige, grüne Ausstattung. Eine Spielgrünanlage darf ihr Gesicht verändern! Die Kinder dürfen Gräben ausheben, Hügel anhäufen und Löcher graben. Zusätzlich kann ein kleiner Bagger oder Radlader vom Gemeindebauhof in zeitlichen Abständen im Gelände modellieren, um neue Anreize zu schaffen.

Hausgrün

Die Begrünung von Hausvorplätzen, Höfen, Dächern und Fassaden kommt sowohl Kindern als auch Erwachsenen zugute. Das Stadtklima wird durch das zusätzliche Hausgrün entscheidend verbessert: Pflanzen filtern Schwebstäube und Gase aus der Luft und reichern sie mit Feuchtigkeit an. Durch die erhöhte Verdunstungsrate wird die Luft abgekühlt und kann sich im Sommer nicht auf Extremwerte erhitzen, wie sie über Stein- und Asphaltflächen anzutreffen sind. Der grüne Pelz schützt zusätzlich die Bausubstanz: Ein begrüntes Flachdach ist haltbar und dicht, im Gegensatz zum unbegrünten Dach; Fassaden sind weniger verwitterungsanfällig, wenn das Laub von Efeu oder Wildem Wein die Temperaturdifferenzen mildert und die Aufprallenergie der Niederschläge abbremst.

Viele architektonische Bausünden lassen sich unter einem grünen Kleid verstecken und machen diese Gebäude für das Auge wieder attraktiv. Hausgrün verwandelt tristes Steingrau in eine angenehme Stadtlandschaft, die zum Verweilen einlädt und keine spontanen Fluchtimpulse, hinaus ins Grüne, auslöst.

Begrünte Hinterhöfe und Vorgärten sind besonders dann für die

Kinder wertvolle Ersatzspielräume, wenn der Stadtteil noch nicht umgestaltet ist. Im halböffentlichen, sicheren Hinterhof treffen sich die Kinder mit ihren Freunden aus der Nachbarschaft und bringen ihr Spielzeug mit. Hier brauchen sie weniger Angst vor Diebstahl und Zerstörung zu haben als im öffentlichen Straßenraum. Zum kurzen Spiel und für die Kleinsten ist der kinderfreundliche, begrünte Hinterhof ideal. Väter und Mütter können Hausarbeiten verrichten und haben mit einem Blick aus dem Fenster die Kinder in Sicht- und Rufweite.

Die Naturschutzbehörden und Umweltämter bieten Broschüren zur Haus- und Hofbegrünung an und beraten Mieter, Hausbesitzer und Bürgerinitiativen bei der Umsetzung. Auch Pflanzen werden oftmals von den stadteigenen Baumschulen zur Verfügung gestellt.

Vorgärten und Hinterhöfe bergen ein großes nutzbares Potential für den Schutz von bedrohten Tieren, die die Nähe des Menschen tolerieren. Allerdings stellt die vielerorts übliche Bepflanzung am Haus mit exotischen und fremdländischen Gewächsen weder für Vögel noch für Insekten ein Nahrungsangebot zur Verfügung. Ein Ersatz des sterilen Einheitsgrüns durch standortgerechte und heimische Arten bringt Leben und Natur in die Vorgärten und Höfe zurück. Modellprojekte mit Hofbegrünungen haben außerdem gezeigt, daß Befürchtungen, Kinder würden das Hausgrün übermäßig in Mitleidenschaft ziehen, unbegründet sind.

An mehreren Stellen dieses Buches haben wir bereits heimische Pflanzen aufgelistet. Beachten Sie hierzu die nachfolgenden Querverweise!

Zur weiteren Information lesen Sie:
Begrünung und **heimische Pflanzen** im Kapitel „Vorschlag Nr. 2: Das grüne Indianerdorf" auf Seite 27 und „Ein grünes Kleid für Haus und Dach" auf Seite 79;

Heimische Pflanzen im Kapitel „Ein Staudenbeet mit Trockenmauer" auf Seite 83, im Kapitel „Die sanften Riesen…" auf Seite 88, im Kapitel „Blütengarten…" auf Seite 193, im Kapitel „Für Naschkatzen…" auf Seite 201, im Kapitel „Naturteich und Wiese…" auf Seite 210.

6.5.3 Der verkehrsarme Kindergarten

Der verkehrsarme Kindergarten bietet nur selten Anlaß, Wege von und zu ihm mit dem Auto zurückzulegen. Das gilt sowohl für den Lieferverkehr als auch für den Transport der Kinder mit dem elterlichen Auto. Voraussetzungen für den verkehrsarmen Kindergarten sind:

- ein verkehrsberuhigtes Umfeld;
- Anschluß an ein gut ausgebautes Netz öffentlicher Verkehrsmittel;
- ein engmaschiges Radwegenetz;
- eine kurze Distanz zu den Wohnungen von Eltern und Angestellten;
- Bevorzugung von Firmen und Handwerkern aus dem lokalen Umfeld.

Fahrgemeinschaften vermeiden Verkehr

Vielleicht kommt Ihnen die folgende Situation auch bekannt vor: Morgens und zur Abholzeit drängeln sich die Autos vor dem Kindergarten, denn die Eltern wollen die Kinder nicht alleine auf den Weg schicken. Daß die Eltern wiederum selbst zur Steigerung des gefährlichen Verkehrs beitragen, ist paradox! Fahrgemeinschaften sind ein erster Schritt zur Verkehrsvermeidung. Kinder, die einen weiten und gefährlichen Weg haben und die nicht mit dem Bus oder der Straßenbahn fahren können, sollten statt einzeln zu mehreren in einem Auto mitgenommen werden. Tragen Sie in einer Kopie des Stadtplanes dort Punkte ein, wo die Kinder wohnen. Verbinden Sie die Punkte zu günstigen Fahrrouten, und stellen Sie einen Zeitplan auf. Beim Fahrdienst wechseln sich die Eltern täglich oder wöchentlich ab.

Die Haltestelle „Öko-Kindergarten"

Zu einem „Öko-Kindergarten" gehört eine Haltestelle für Bus oder Straßenbahn. Falls diese fehlt, sollten Sie durch Öffentlichkeitsarbeit die Notwendigkeit der Haltestelle „Öko-Kindergarten" publik machen. Drücken Sie Ihren Wunsch nach einem Anschluß des Kindergartens ans öffentliche Verkehrsnetz durch das Aufstellen eines nachgebildeten Haltestellenschildes am Eingang (auf dem eigenen Grundstück!) aus. Das Schild sollte bewußt nicht originalgetreu kopiert werden, da die Verkehrsbetriebe sonst auf eine Entfernung bestehen könnten. Anstelle eines Fahrplanes informiert eine kleine Tafel über die zwingenden Gründe zur Einrichtung der Haltestelle. Ist das öffentliche Interesse geweckt, sind Vertreter aus Gemeindeverwaltung und -politik aufgeschlossen, sich mit der Haltestelle „Öko-Kindergarten" zu beschäftigen.

Wenn dann das richtige Schild von den Verkehrsbetrieben aufgestellt wird, ist dies ein Anlaß für einen Tag der offenen Tür und für ein großes Medienereignis im Kindergarten.

Zur weiteren Information lesen Sie:
Kapitel „Zeitung und Fernsehen im Kindergarten" auf Seite 298.

Auf der Kinderroute in den Kindergarten

Immer mehr Städte und Gemeinden richten Velorouten ein oder bauen das Radwegenetz aus. Daß auch Kinder sichere und speziell für sie eingerichtete Routen für den Weg zum Kindergarten brauchen, ist eine noch weitgehend unbekannte Erkenntnis, für deren Umsetzung wir uns einsetzen wollen.

Zunächst gilt es, die Streckenführung der Kinderrouten auszuarbeiten und das mögliche Gefahrenpotential zu analysieren. Auf Gehwegen orientieren sich die Kinder zu Fuß oder mit dem Fahrrad an einer durchgängigen orangen Linie, die sie zu gesicherten und markierten Straßenüberquerungen führt. Weitere verkehrspädagogischen Maßnahmen heben den besonderen Schutzstatus der Kinderroute hervor:

● Rückbau der zum Rasen verleitenden Straßen; Errichtung von Mittelinseln; Verbreiterung der Gehwege;
● Tempo 30 auf allen die Kinderroute tangierenden oder kreuzenden Straßen;
● besonders gekennzeichnete Zebrastreifen und Fußgängerampeln mit Grünanforderung an allen Überwegen.

6.6 Umgestaltungs-Abschnitt: „Innenraum"

6.6.1 Kindgerechte Architektur

Im ökologischen Kindergarten ist das Gebäude eigentlich nur ein Notbehelf für Zeiten schlechten Wetters, wenn sich die Kinder nicht draußen in der Natur aufhalten können. Tritt dieser Fall ein, dann sollen die Kinder auch drinnen in anregungs- und abwechslungsreichen Innenräumen spielen können.

Früher wurden in Kindergärten die Räume nach dem Gesichtspunkt „Überschaubarkeit" und nach einer auf Erwachsene bezogenen Funktionalität gestaltet. Kinder aber haben andere Bedürfnisse als Erwachsene. Zur Entwicklung ihrer kindlichen Bedürfnisse benötigen sie Vielfalt, kreatives Chaos, Veränderbarkeit von Raumstrukturen, Versteck- und Rückzugsmöglichkeiten.

Räume neu aufteilen

Im freien, rechteckigen Raum gibt es nur einen einzigen Weg: vor und zurück. Das schränkt die Spielmöglichkeiten drastisch ein, weil sich die Kinder nicht ausweichen und unterteilte Spielräume gestalten können. Ziel ist es, durch Raumteiler, Durchlässe, Zwischenebenen und Galerien alternative Wege zu schaffen, die neue Spielbahnen eröffnen. Mit Schiebetüren, Matratzen, Paravents, Vorhängen, Tüchern und Möbelelementen auf Rollen können sich die Kinder immer wieder die Räume nach ihren Spielideen neu aufteilen.

Die Höhe entdecken

Einen für sie völlig neuen Erfahrungshorizont gewinnen Kinder, wenn sie in die Höhe steigen und die Welt von oben betrachten. Draußen klettern sie deshalb gerne auf Bäume und Gerüste, drinnen können wir ihnen dieses Vergnügen durch Podeste und Zwischendecken ermöglichen. Entlang der Wände und über Türdurchlässe hinweg führen Galerien aus Holz, die auf Holzständern stehen oder ins Mauerwerk eingelassen sind. Über Treppen, Leitern und Sprossenwände sind die Galerien zu erklimmen. An geeigneten Stellen erweitert sich eine Galerie zu einer Zwischenebene im Raum. Eine Rutsche führt von dort hinunter auf den Fußboden.

Räume verbinden

Das Spielpotential auch eines noch so abwechslungsreich gestalteten Raumes ist irgendwann erschöpft. Die Kinder drängt es zur Erweiterung ihres Aktionsradius. Ein Raum, der nur durch eine einzige Tür zugänglich ist, vermittelt schnell das Gefühl von Enge. Abhilfe schaffen Verbindungen zu Nebenräumen in Form von Durchschlupfen, Tunnel und Klappen. Ein Durchschlupf auf der Galerie in einen anderen Raum ist eine aufregende Sache. Auch ein tunnelähnlicher Geheimgang, versteckt in einer Raumnische, wird von Kindern begeistert genutzt. Für den Durchschlupf muß ein ca. 50 x 70 cm großes Loch in die Wand gebrochen werden. Wie bei Türen wird auch der Durchschlupf mit einer Holzzarge versehen. Von massiven Klappen und Türen kann eine Verletzungsgefahr ausgehen, weshalb wir einem doppelten Wollfilzvorhang (bekannt im Eingang von Gaststätten) den Vorzug geben.

Der Wolkenausguck

Baumhäuser, Hochsitze und Burgtürme üben auf Kinder eine anhaltende Faszination aus. Sie wollen nach oben klettern und die Welt aus der Vogelperspektive beobachten. Anders als auf der Erde reicht ihr Blick von oben in die grenzenlose Ferne.

Diese Erlebnisse können die Kinder in einem Wolkenausguck im Kindergarten nachempfinden. Ein Oberfenster knapp unter der Raumdecke, eine Glaskuppel oder ein Glasdach eignen sich besonders gut. Errichten Sie unter oder neben einem geeigneten Fenster eine kleine Plattform mit einem Schutzgeländer. Von dort haben die Kinder einen freien Blick auf den Himmel. Sie können sich zum Träumen in den Wolkenausguck zurückziehen und das Vorbeiziehen der großen, weißen Wolkenschiffe verfolgen. Wenn die Regentropfen im Rhythmus der Windböen gegen die Scheiben trommeln, wenn grelle Blitze ihre gezackte Bahn in den Himmel brennen, ist der Aufenthalt im Ausguck eine spannendes Erlebnis.

Das Dschungelhaus

Nach Umgestaltungen in naturnahe Spiel- und Außengelände haben Kinder des öfteren den Wunsch nach ebenso begrünten Innenräumen geäußert. Sicherlich stoßen wir an nicht zu beseitigende Hindernisse, ihnen diesen Wunsch voll und ganz zu erfüllen – mit einem Dschungelhaus können wir ihnen aber ansatzweise die Natur ins Haus holen. Bei kaltem oder regnerischem Wetter ist in einem grünen Glashaus auf einem Fleckchen Rasen sowie auf einem Bodenbelag aus Rindenmulch und Holzpflaster das Barfußlaufen möglich, wenn draußen Stiefel angezogen werden müssen.

Ein Glasanbau am Haus oder ein mit einem Glasdach überspannter Innenhof werden zum „Dschungelhaus". Pflanzen aus den Subtropen und dem Mittelmeerraum sind der geeignete Bewuchs. Das Glashaus fängt die Wärmestrahlung der Sonne ein und gibt an kühlen Tagen überschüssige Wärme in das Kindergartengebäude ab. Im Winter bleibt es ungeheizt und dient zusätzlich der Überwinterung der Zimmerpflanzen. Zur Entlüftung im Sommer müssen die oberen Glasflächen zu öffnen sein, ansonsten wird es im „Dschungelhaus" zu heiß.

Zur weiteren Information lesen Sie:
Glashaus im Kapitel „Wärmefalle: Glasanbauten für den Kindergarten" auf Seite 275.

Der begrünte Kindergarten

Eine reichhaltige Ausstattung des Kindergartens mit Zimmerpflanzen schafft eine angenehme, naturnahe Atmosphäre. Außerdem befeuchten die Pflanzen die meist zu trockene Luft im Innenraum – es wird ihnen sogar nachgesagt, daß sie Schadstoffe aus der Luft aufnehmen und abbauen können.

Zur Begrünung der Innenräume eines Kindergartens sind große Pflanzcontainer erforderlich. Verwenden Sie heimische Fichten- oder Kiefernholzbretter, und bauen Sie daraus Container mit den Innenmaßen von 25 cm Höhe, 40 cm Breite und 150 cm Länge. Zur Abdichtung müssen die Pflanzcontainer innen mit Folie ausgekleidet werden. Am unschädlichsten sind Natur-Kautschukfolien, wie sie für den Teichbau angeboten werden. Befestigen Sie die Folie auf der Oberkante des Containers mit Heftzwecken, und decken Sie die Kante mit einer dünnen Leiste ab. Stellen Sie die Kästen auf einen niedrigen Sockel in Fensternähe, wo die Kinder die Pflanzen am besten betrachten können.

Achten Sie beim Kauf der Blumenerde auf ein torffreies Substrat. Durch Torfabbau wurden allein in Niedersachsen bereits 95 % der Moore zerstört. Die restlichen Flächen sind gefährdet, wenn die Torfnutzung nicht bald eingestellt wird. Die Situation ist paradox: Durch die Torfbeigabe wird eine Bodenverbesserung gewünscht, erreicht wird aber in den meisten Fällen das Gegenteil. Zu Schimmel neigende, vernäßte Torfklumpen und Bodenversauerung führen bei den Pflanzen zu Kümmerwuchs. Allenfalls bei Pflanzen, die nährstoffarmen, sauren Boden lieben wie Azaleen, ist eine Torfbeimischung sinnvoll. Rindenkompostpräparate bieten für diesen Einzelfall einen naturfreundlichen Ersatz.

Füllen sie zuunterst eine Schicht Kies in den Container ein. Setzen sie die Pflanzen ohne Blumentöpfe direkt in die Erde. Die Arbeit des späteren Umtopfens wird überflüssig. Die Pflanzen können ihre Wurzeln frei im Trog entfalten und bestechen durch einen üppigen Wuchs.

Stellen Sie für jeweils einen Pflanzcontainer Arten zusammen, die gleiche Ansprüche an Licht, Wärme und Wasser stellen. Mediterrane Pflanzen haben ihre Wachstumsperiode oft bei Kurztag im Winter,

Gießtip

Kalkhaltiges Leitungswasser führt zur allmählichen Alkalisierung der Blumenerde (pH-Wert über 7) . Die meisten Pflanzen benötigen einen pH-Wert, der zwischen 4 und 7 liegt. Das beste Gießwasser ist sauberes Regenwasser, welches zum Gießen mindestens Raumtemperatur haben sollte.

tropische und subtropische Pflanzen dagegen durchlaufen bei uns im Winter eine Wachstumsruhe, sie wollen dann kühl stehen und nur mäßig gegossen werden.

6.6.2 Kinder und Grenzwerte

Kinder sind gegenüber Schadstoffbelastungen besonders empfindlich. Ihr Organismus befindet sich noch in der Entwicklung, und ihre Immunabwehr ist noch nicht voll entfaltet. Eine giftfreie Raumausstattung und ein gesundes Raumklima sind wichtige Voraussetzungen für eine gesunde Entwicklung der Kinder.

Grenzwerte, die für Schadstoffbelastungen am Arbeitsplatz aufgestellt wurden, sind auf den Kindergarten nicht übertragbar. Bei deren Festsetzung wird immer der „erwachsene Durchschnittsmensch mit Normalgewicht" zugrunde gelegt. Ob Grenzwerte genau die Schwelle markieren, bei deren Überschreitung die Gesundheit eines Menschen Schaden nehmen kann, ist fraglich. Diese Schwelle kann weit darunter oder unter bestimmten Voraussetzungen auch darüber liegen. Grenzwerte sind vielmehr der Ausdruck einer Übereinkunft, die sich nach wirtschaftlichen und politischen Erfordernissen richtet. Der aktuelle, wissenschaftliche Kenntnisstand und die Pflicht der staatlichen Vorsorge sind eher von nachrangiger Bedeutung.

Wenn also Grenzwerte im Kindergarten zur Bewertung einer Schadstoffbelastung herangezogen werden sollen, dann müßten sie um mindestens ein Zehntel ihres Wertes herabgesetzt werden, um vergleichbare Risiken bei Erwachsenen mit denen bei Kindern abzuschätzen.

6.6.3 Den Giftquellen auf der Spur

Das Kapitel „Baubiologische Sanierung von A-Z" (siehe Seite 247) gibt einen Überblick, welche Einrichtungen und Gegenstände sanierungsbedürftig sind, und welche gesundheitsfördernden Alternativen es gibt. Lassen Sie eine genaue Untersuchung und einen Sanierungsplan von einer baubiologisch ausgebildeten Fachperson durchführen.

Anhaltspunkte über eventuell vorhandene Schadstoffbelastungen in den Innenräumen können folgende Auffälligkeiten sein:
- überdurchschnittlich hoher Krankenstand der Kinder und Angestellten;
- häufiges Fehlen der Kinder;
- Klagen von Kindern und Erwachsenen über Unwohlsein, Konzentrationsstörungen, Müdigkeit, Kopfschmerzen, Aggressivität,

Augen- und Hautreizungen, Husten, Reizungen der Schleimhäute und Atemwege, über Krankheitssymptome, die nicht auf genaue Ursachen rückzuführen sind;

● kränkelnde Zimmerpflanzen trotz guter Pflege, kranke Haustiere und deren zu kurze Lebenszeit;

● Häufung von Beschwerden nach einem bestimmten Anlaß oder Zeitpunkt (nach dem Reinemachen, nach den Ferien, wenn Handwerker da waren);

● elektrostatische Entladungen beim Anfassen von Metall.

Treffen mehrere der hier aufgeführten Punkte zu, sollten Sie auf jeden Fall nach Schadstoffquellen im Kindergarten suchen. Ziehen Sie Experten zu Rate, die Sie in Umweltlabors und Umweltinstituten finden. Rat finden Sie auch bei Verbraucherzentralen und Umweltberatungsstellen der Gemeinden.

6.6.4 Baubiologische Sanierung von A-Z

Bei der baubiologischen Umgestaltung des Kindergartens unterziehen Sie zunächst die gesamte Innenausstattung einer kritischen Prüfung. Machen Sie eine Aufstellung, und ordnen Sie die Gegenstände und Materialien einem der drei Punkte zu:

1. sofort entfernen und entsorgen
2. nur noch eingeschränkt verwendbar
3. weiterverwendbar.

Orientieren Sie sich bei der Beurteilung der einzelnen Gegenstände und der Innenausstattung an den nachfolgenden Beschreibungen. Dort wird im einzelnen die Problematik erörtert, und es werden Sanierungsvorschläge angeboten.

Computer Leiterplatten sowie Gehäuse von Computern und Bildschirmen können mit Flammschutzmitteln ausgestattet sein. Bestandteile wie Phosphorsäureester sind akut toxisch, Antimontrioxid ist krebserregend. Bereits beim Betrieb von Geräten, die mit bromierten Flammschutzmitteln behandelt sind, kann Dioxin in der Luft nachgewiesen werden. Bei einem Gerätebrand können nicht nur Dioxine und Furane entstehen, zusätzlich werden die flammhemmenden, giftigen Gase freigesctzt.

Zunehmend bieten Hersteller Computer mit alternativen Flammschutzmitteln an, die weniger gesundheitsgefährdend sind und keine Dioxine freisetzen (Polycarbonat, Aluminium- und Magnesiumhydroxid). Bringen Sie alte, mit gefährlichen Flammschutzmitteln behandelte Geräte zur Entsorgung zu Ihrem Händler oder zum Sondermüll. Achten Sie beim Neukauf auf die Verwendung von unbedenklichen Flammschutzmitteln.

Computer und Bildschirm können eine hohe, elektromagnetische Strahlung abgeben. Achten Sie beim Kauf auf strahlungsarme Geräte. Der schwedische MPR II – Standard gilt als Norm. Die Rückseite eines Bildschirmes sollte nicht auf einen gegenüberliegenden Arbeitsplatz weisen, denn nach hinten ist die Abstrahlung besonders hoch. Sortieren Sie Geräte mit schlechten Werten aus, und setzen Sie diese nur noch für Gelegenheitsarbeiten ein oder zur Nutzung als Fax-Server in einem Nebenraum.

Nähere Auskünfte und Informationen über die Strahlungsintensität Ihres Monitormodells erhalten Sie beim Hersteller, bei Verbraucherzentralen oder aus Berichten in Test- und Fachzeitschriften.

Bildschirme flimmern und belasten die Augen, wenn die Bildwiederholrate unter ca. 70 Hertz sinkt. Neue Geräte sollten eine Frequenz von 100 Hertz erreichen. An schlechten Bildschirmen nur kurzzeitig arbeiten und regelmäßig längere Pausen einlegen.

Dämmstoffe Dämmstoffe im Innenraum werden zur Wärmedämmung hinter Wandverkleidungen, unter dem Fußbodenestrich und hinter Deckenplatten verlegt oder als Schaum in Hohlräume gesprüht. Seit dem 1.1.1995 dürfen Dämmstoffe nicht mehr mit den die Ozonschicht zerstörenden FCKW aufgeschäumt werden. Allerdings kommen bei den gebräuchlichsten Dämmaterialien krebsauslösende bzw. der Krebsauslösung verdächtigte Stoffe zum Einsatz: Formaldehyd, Mineralfasern und Styrol.

Formaldehyd ist in Kunstharz-Bindemitteln enthalten, die zur Erhöhung der Festigkeit manchen Dämmaterialien zugegeben werden. Auch im sogenannten UF-Schaum (Harnstoff-Formaldehydharz-Ortschaum) ist Formaldehyd enthalten, das noch lange an die Umgebung abgegeben wird. Mineralfasern können die Raumluft mit asbestähnlichen Fasern belasten. Styrol dampft noch mehrere Jahre aus Polystyrol-Platten aus und belastet alle umgebenden Materialien.

Wurden krebsauslösende Stoffe im Kindergarten verbaut oder besteht ein Verdacht, dann sollte die Raumluft auf eventuelle Belastungen untersucht werden. Für eine Sanierung gibt es u. a. folgende umweltfreundliche Dämmstoffe:
– Blähton
– Hanffaser-Dämmatten

– Kokosfaser
– Kork (ohne Formaldehyd-Harze)
– Schafwolle
– Stroh (aus kontolliert, biologischem Anbau)
– Zellulose (aus Altpapier).

Zur weiteren Information lesen Sie:
Wärmedämmung im Kapitel „Wärmedämmung – Kleider fürs Haus" auf Seite 272.

**Decken-
verkleidung**

Deckenplatten aus Polystyrol geben das krebserregende Styrol an die Raumluft ab. Weichfaser- und andere Platten können das ebenfalls krebsverdächtige Formaldehyd enthalten, das vor allem aus Poren, Ritzen und Löchern entweicht. Eine Holzverkleidung kann mit giftigen Holzschutzmitteln behandelt sein (siehe auch unter dem Stichwort „Holzschutzmittel").

Für eine Analyse müssen Sie einige Späne an ein Umweltlabor einsenden. Wurden Holzschutzmittel nachgewiesen, reicht es nicht aus, nur das behandelte Holz zu entfernen. Verputz, Tapeten, Vorhänge, Teppiche und Mobiliar haben die Gifte ebenso in sich aufgenommen und müssen zum Sondermüll.

Verwenden Sie beim Einbau einer neuen Deckenverkleidung Platten aus Recycling- oder Naturmaterial (Altpapier, Kork) und verlangen Sie eine schriftliche Versicherung des Herstellers, daß keine Schadstoffe an die Umgebung abgegeben werden. Achten Sie bei Holz auf heimische Herkunft (dies spart Transportenergie und schont die Regenwälder und die borealen Urwälder). Streichen Sie das Holz, wenn überhaupt, nur mit einer Natur-Imprägnierfarbe und danach gegebenenfalls mit einer Natur-Lasurfarbe.

Elektrogeräte

Stromführende Kabel und Geräte bauen um sich herum ein Magnetfeld auf. Dies auch, wenn keine Stromverbraucher in Betrieb sind. In der Bundesrepublik ist die Diskussion noch in Gange, inwieweit elektromagnetische Felder die Gesundheit beeinträchtigen können. In Schweden und in den USA gelten bereits bis zu 2 % der Bevölkerung als elektrosensibel.

Präventiv sollte im intensiv genutzten Aufenthaltsbereich der Kinder und am Arbeitsplatz immer genügend Abstand zu Leitungen und Geräten eingehalten werden. Das Magnetfeld nimmt im Quadrat zur Entfernung ab. Ziehen Sie bei nichtbenutzten Geräten den Netzstecker, oder lassen Sie einen Freischalter einbauen (Freischalter unterbrechen den Stromkreis und schalten wieder ein, wenn ein Gerät oder das Licht angestellt werden). Aus- und vor allem Stand-by-Schalter von Radios und Fernsehern unterbrechen den Niedrigvolt-strom hinter dem Netzteil, welches Strom verbraucht und ein akti-viertes Magnetfeld unterhält. Schalten Sie die Sicherung für den Raum aus, in dem die Kinder einen Mittagsschlaf halten.

Weitere Probleme bei Elektrogeräten können sein: Verwendung gesundheitsgefährdender Kunststoffe (PVC, ABS oder Polystyrol), Lärm, hoher Stromverbrauch und schlechte Wiederverwertbarkeit von Altgeräten aufgrund der Vielzahl der eingesetzten Materialien. Geräte, die vor 1982 hergestellt wurden, können zudem Asbest ent-halten. Überprüfen Sie keinesfalls selbst den Innenteil, sondern fra-gen Sie den Hersteller unter Angabe der Kennzeichen auf dem Ty-penschild.

Bestehen Sie beim Kauf von Geräten auf einem Probebetrieb im Kindergarten. Erst dort kann die Lärmentwicklung richtig beurteilt werden. Umweltverbände, Testzeitschriften und Verbraucherzentra-len veröffentlichen Produktlisten mit energiesparenden und umwelt-freundlichen Modellen. Bevorzugen Sie Hersteller und Lieferanten, die später das zu entsorgende Gerät einer fachgerechten Wiederver-wertung zuführen.

> **Sicherheitshinweis:**
>
> Kaufen und betreiben Sie nur sicherheitsgeprüfte Geräte mit dem VDE-Zeichen. Geräte für Kinder dürfen nur mit einer Span-nung von max. 24 Volt betrieben werden. Ausnahmen sind Kin-der-Bügeleisen und Kinder-Kochherde (der Grund für diese Ausnahmen ist nicht ganz nachvollziehbar).

Elektroherd Die Umwandlung von Strom in Wärme ist von geringer Effektivität. Elektroherde haben daher einen wesentlich höheren Gesamt-Ener-gieverbrauch als Gasherde. Bereits im Kraftwerk gehen bis zu 65 % der eingesetzten Primärenergie als Abwärme verloren.

Falls im Kindergarten eine Umstellung auf Gas nicht möglich ist, können durch folgende Maßnahmen bis zu 20 % Energie beim Ko-chen mit Strom eingespart werden:

- Restwärme nutzen; Kochplatten rechtzeitig ausschalten;
- Verwendung von Dampfdrucktöpfen und -kesseln, Töpfe mit pla-

nem Boden, Topfböden mit gut wärmeleitendem Metall (Kupfer, Sandwichboden);

- der Topfboden darf nicht kleiner im Durchmesser als die Kochplatte sein;
- Töpfe zum Nachgaren des Inhaltes in eine Kochkiste stellen (Kiste mit isolierten Wänden).

Farbanstriche Farbanstrichen im Kindergarten gilt die besondere Aufmerksamkeit, können doch die Inhaltsstoffe einen wahren Giftcocktail enthalten. Farben bestehen in der Regel aus drei Komponenten: Farbpigmenten, Binde- und Lösemitteln.

Die Pigmente der heutigen, konventionellen Farben und Lacke sind ausschließlich künstlicher Herkunft. Hervorzuheben sind die aus Schwermetallen (Blei, Cadmium, Chrom) erzeugten anorganischen Farbstoffe mit ihrer hohen umweltschädigenden und giftigen Wirkung. Die weitverbreiteten organischen Azofarben haben sich als krebserregend erwiesen.

Bindemittel schließen die Pigmentkörper ein und machen die Farbe abriebfest. Bei konventionellen Farben werden Kunstharze wie Acrylat-, Alkyd-, Epoxid-, Polyester und Polyurethanharze verwendet. Die toxische Wirkung der Kunstharze ist abhängig von ihren Ausgangsstoffen und den Beimengungen wie Weichmacher und Flammschutzmitteln.

Lösemittel sollen die Verarbeitbarkeit der Farben und Lacke ermöglichen und können bis zu 70 % des Farbanteiles betragen. Die Stoffe sind flüchtig und werden fast vollständig an die Umgebung abgegeben. Wegen der hohen Gesundheitsgefährdung vor allem durch das Einatmen sind Lösemittel in die öffentliche Diskussion geraten. Seit einigen Jahren bieten Farbenhersteller Acryllack-Dispersionsfarben mit einem reduzierten Lösemittelgehalt von 1–10 % an. Unbedenklich sind diese Farben aber keinesfalls.

Neben den drei Farbkomponenten können Farben und Lacke eine schier unüberschaubare Zahl von Zusatzstoffen enthalten mit zum Teil hochgiftigen Substanzen. Eine Vorschrift zur Auflistung der Inhaltsstoffe gibt es nicht. Wer bei Herstellern um eine Produktdeklaration nachsucht, erhält meist wenig informative Werbeschriften. Nur für Wiederverkäufer existieren gelegentlich ausführliche Produktbeschreibungen.

Für den Einsatz im Kindergarten empfehlen wir ausschließlich die Verwendung von Natur- oder Biofarben. Sie enthalten natürliche

Farbpigmente, Naturharze und ätherische Öle als Lösemittel. Die meisten Hersteller von Naturfarben geben außerdem freiwillig Informationen über die Zusammensetzung ihrer Produkte an die Kunden weiter. Auch konventionelle Farben werben verschiedentlich mit dem nichtgeschützten Begriff „Bio", wenn sie einige natürliche Komponenten enthalten.

Auch bei einer Renovierung mit Naturfarben sollte der Kindergarten oder die betroffenen Räume erst nach einer Woche wieder für die Kinder zugänglich sein. Natürliche ätherische Öle können in hoher Konzentration in der Raumluft bei längerem Aufenthalt Übelkeit und Kopfschmerzen verursachen. Zur besseren Farbtrocknung sollten die Fenster so lange wie möglich geöffnet sein. Arbeiten die Kinder mit Farben, sollte dies im Freien oder allenfalls bei geöffneten Fenstern im Innenraum geschehen.

Faxgerät Wenn ein Hersteller von der Qualität seiner technischen Geräte überzeugt ist, dann gewährt er auch längere Garantiezeiten als gesetzlich vorgeschrieben. Dies ist ein wichtiges Kriterium auch bei der Anschaffung eines Faxgerätes. Fehlkäufe führen zu Ausgabensteigerungen, erhöhtem Energieverbrauch und wachsendem Müllberg. Ein Faxgerät mit umweltbelastendem Thermopapier sollte heute nicht mehr gekauft werden. Laserfaxgeräte können aufgrund der Abgabe von Ozon gesundheitsschädigend sein. Wer mit Modem und Computer Faxe empfängt, spart Papier, weil die Mitteilungen auf dem Bildschirm gelesen werden können.

Verlangen Sie einen Eintrag im Kaufbeleg über die spätere Rücknahme des Gerätes zur fachgerechten Wiederverwertung.

Lesen Sie auch die Hinweise über Flammschutzmittel unter dem Stichwort „Computer".

Holzschutzmittel Chemische Holzschutzmittel im Kindergarten sind unnötig, und fast alle Mittel gefährden die Gesundheit und die Umwelt. Nur die Borverbindungen gelten als relativ ungefährlich und werden vor allem bei der Imprägnierung des Dachgebälkes verwendet. Ein trockener und wärmegedämmter Dachstuhl ist vor Insektenbefall geschützt und bedarf keiner Behandlung durch Holzschutzmittel. Für den Außenbereich ist der konstruktive Holzschutz im Kindergarten die beste Lösung.

Besteht ein Anfangsverdacht auf Verwendung von Holzschutzmitteln im Kindergarten, sollten einige streichholzgroße Proben zur

Analyse in ein Umweltlabor eingesandt werden. Bestätigt sich der Verdacht, genügt es insbesondere bei PCP-haltigen Holzschutzmitteln (Pentachlorphenol, Lindan) nicht, nur die behandelten Hölzer zu entfernen – es müssen vielmehr Möbel, Textilien, Teppiche, Tapeten und eventuell sogar der Verputz von Wänden und Decken als Sondermüll entsorgt werden. Für PCP gilt in der Bundesrepublik inzwischen ein Herstellungsverbot. Aber auch alte Anstriche haben von ihrer Gefährlichkeit nichts verloren.

Bei neueren Holzschutzmitteln werden polycyclische aromatische Kohlenwasserstoffe (PAK) eingesetzt. Viele Verbindungen dieser Gruppe sind als krebserzeugend eingestuft.

Jalousien Jalousien haben nur als wetterfeste Außenjalousien eine gewisse Berechtigung, weil sie im Sommer die Aufheizung der Innenräume durch die Sonneneinstrahlung verringern können. Fensterklappen aus Holz (heimische Hölzer verwenden, auf Importholz verzichten!) mit verstellbaren Lamellen erfüllen den gleichen Zweck und mindern zusätzlich in kühlen Nächten Wärmeverluste.

Für den Innenraum eignen sich Vorhänge und Rollos aus Naturmaterialien, die das Raumklima günstig beeinflussen.

Klebstoffe Während in Büro und Haushalt giftige, lösemittelhaltige Klebstoffe immer mehr durch wasserlösliche Klebstoffe verdrängt werden, nimmt im Baubereich die Verwendung gesundheitsgefährdender Klebstoffe zu. Die Gefährdung geht sowohl von den Lösemitteln als auch von den Kunstharzen und von Formaldehyd aus (vgl. hierzu auch Kunstharze unter dem Stichwort „Farbanstriche").

Bei der Verlegung von Teppichen, Kork, Parkett, Fliesen und beim Verputzen von Wänden müssen Sie besondere Vorsorge treffen, damit keine lösemittelhaltigen Klebstoffe verwendet werden. Bestehen Sie auf Klebstoffen, die auf Naturharz und Wasser basieren, und verlangen Sie von der bauausführenden Firma in der Auftragsbestätigung die namentliche Auflistung aller verwendeten Materialien.

Entsorgen Sie eventuell noch vorhandene lösemittelhaltige Klebstoffe und Zweikomponenten-Klebstoffe als Sondermüll.

Unbedenkliche Klebstoffe setzen sich unter anderem aus Casein, Gummi-Arabicum, Stärke und Wasser zusammen. Zwei Rezepte für Klebstoffe, die leicht selbst herzustellen sind, haben wir im Kapitel „Wo der Holzwurm gern zuhause wär.." auf Seite 43 aufgeführt.

Kopierer Bei Kopierern gibt es zwei Problemstoffe, die besonders hervorzuheben sind: zum einen Toner und zum anderen Ozon bei Laser-Kopierern.

Inzwischen sollen, laut Angaben der Hersteller, die Anteile von polyzyklischen aromatischen Kohlenwasserstoffen (PAK) in Tonern deutlich vermindert worden sein. Füllen Sie Tonerpatronen trotzdem nicht selbst nach. Das Einatmen der Stäube kann immer noch gesundheitsgefährdend sein. Achten Sie beim Kopierer-Kauf auf einen zugesicherten Nachfüllservice für entleerte Patronen.

Kopierer, die Ozon abgeben, sollten mit einem ozonmindernden Aktivkohlefilter ausgerüstet sein. Falls in den Innenräumen des Kindergartens ozonabgebende K. aufgestellt sind, muß auf jeden Fall eine zusätzliche Luftabsaugvorrichtung installiert werden. Seit dem 1.8.1995 gilt der MAK-Wert (MAK = maximale Arbeitsplatz-Konzentration) für Innenräume von 100 Mikrogramm Ozon pro Kubikmeter Luft.

Jeweils abhängig von den verwendeten Kunststoffen bei Kopierern können Schadstoffe über die Haut oder die Atemwege aufgenommen werden (siehe hierzu unter dem Stichwort „PVC" und „Telefon"). Lassen Sie sich außerdem vom Lieferanten oder Hersteller schriftlich bestätigen, daß im Gerät keine dioxinabgebenden Flammschutzmittel enthalten sind.

Achten Sie beim Kauf von Kopierern auf das RAL-UZ-62-Zeichen. Diese Geräte erfüllen eine Reihe von umweltfreundlichen Normen.

Zu Flammschutzmitteln siehe unter dem Stichwort „Computer".

Kork Immer häufiger wird Kork als Fußbodenbelag eingesetzt. Die Oberfläche ist erstaunlich robust und strapazierfähig. Wählen Sie zum Verlegen Kork-Platten mit einer Mindeststärke von 10 mm. Bei Abnutzungen und Kratzern kann die Oberfläche mehrmals abgeschliffen werden und weist trotzdem immer noch eine ausreichende Stärke auf, die eine gute Elastizität garantiert. Aus orthopädischen Gründen ist Kork im Kindergarten positiv zu bewerten. Anders als harte Fußbodenbeläge unterstützt die Elastizität von Kork die anatomisch gesunde Entwicklung der Kinder.

Zwar ist Kork ein Naturprodukt, verlegefertige Kork-Platten können jedoch kunstharz- und formaldehydhaltige Bindemittel enthalten. Im Naturbaustoffhandel wird Kork auch mit Naturharzen angeboten, der dann konsequenterweise mit einem Naturharzklebstoff verlegt werden sollte. Nur ein glatter, ebener Untergrund eignet sich zum Verkleben von Kork-Fliesen.

Baubiologisch vorteilhaft ist Kork nur ohne Kunstharzlack-Oberflächenversiegelung. Ähnlich wie Parkett sollte auch Kork mit Hartöl getränkt und mit Wachsen gepflegt werden, um die Poren atmungsaktiv zu belassen.

Kork ist auch eine Alternative zu Tapeten und Deckenplatten. Eine schlechte Lichtreflexion und Ausleuchtung der Räume muß beim Naturton allerdings hingenommen werden.

Kühlschrank Kühlschränke sind große „Stromfresser". In einem Privathaushalt kann ein Drittel der Stromrechnung auf sein Konto gehen. Auch im Kindergarten können einige hundert Mark jährlich eingespart werden. Neue energiesparende Geräte machen die Anschaffungskosten schon in wenigen Jahren wieder wett. Beim Kauf sollten Sie darauf achten, daß Ihnen nicht noch ein Gerät mit FCKW-haltigem Kühlmittel angeboten wird (FCKW's zerstören den Ozon-Schutzschild der Erde).

Durch das Verdichten des Kühlmittels wird diesem Wärme entzogen, die über ein Gitter an der Kühlschrank-Rückseite in den Raum abgegeben wird. Im Winter ist es angenehm, die Abwärme zum Heizen des Raumes mitzunutzen. Von Nachteil ist allerdings der Standort des Kühlschranks im geheizten Raum. Im Sommer führt die Kühlschrank-Abwärme zur zusätzlichen Erwärmung des Raumes und damit zu längeren Laufzeiten des Kompressors. Sie sollte daher besser nach draußen abgeleitet werden.

Zu einem besonders energiesparenden Kühlschrank-Betrieb müßte das Abwärmegitter abnehmbar sein und im Sommer in einen Kaltraum, im Winter in der Küche angebracht sein. Der Kühlschrank sollte paßgenau in einen Mauerdurchbruch eingebaut sein und mit der Rückseite in den Kaltraum hineinragen. Bei kühlen Außentemperaturen und geheizten Innenräumen reduzieren sich die Laufzeiten des Kompressors erheblich, und die Stromeinsparung macht sich bezahlt. Wenn sich Architekten und Kühlschrank-Hersteller auf Normgrößen verständigen, können Kühlschränke in vorgefertigte Mauernischen paßgenau eingebaut werden (vgl. Abb. 114).

Kunststoffe Die Ausgangsbasis von Kunststoffen sind Erdöl und Erdgas. Deutschland produziert rund 10 Mill. Tonnen Kunststoffe jährlich. Durch die Einsparung von Kunststoffen und deren Ersatz durch nachwachsende Rohstoffe können nicht nur die Probleme und Risiken bei der Herstellung und Verwendung verringert werden, es ist

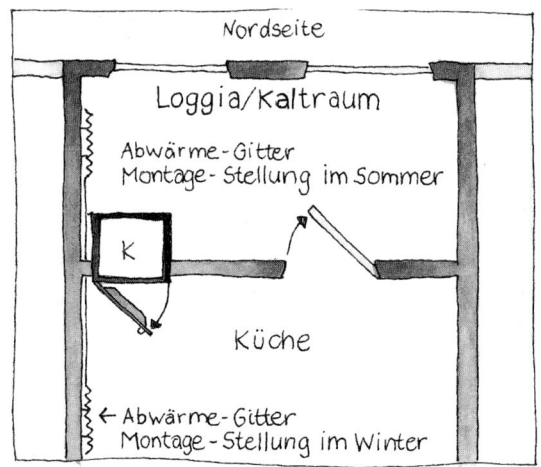

Abb. 114
Energiesparender
Betrieb eines Kühl-
schrankes

auch ein Beitrag zur Schonung der fossilen Energiereserven und zur Reduzierung des Treibhausgases Kohlendioxid.

Auch im Kindergarten können Kunststoffe durch Ausgasungen giftiger Inhaltsstoffe, durch Abrieb, durch Verschlucken und durch Hautkontakt Probleme bereiten. Eine Bestimmung der Kunststoffe ist schwierig, da es keine Deklarationspflicht gibt. Die Deutsche Gesellschaft für Kunststoffrecycling hat für die Beteiligten am Dualen System ein Zeichen zur Kennzeichnung von einigen Kunststoffen eingeführt. Dies soll das Sortieren für eine Wiederverwertung erleichtern.

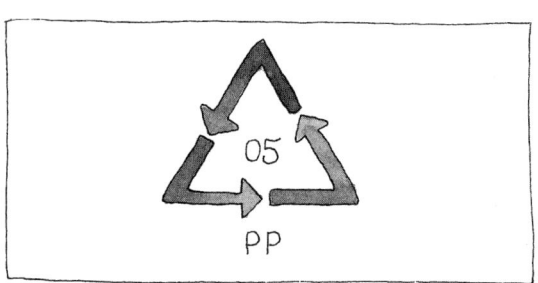

Abb. 115
Kennzeichnung von
Kunststoffen für das
Duale System

Die Abkürzungen bedeuten:
01 = PET   Polyethylenterephthalat
02 = PE   Polyethylen
03 = PVC   Polyvinylchlorid
04 = PE LD   Polyethylen Low Density

05 = PP   Polypropylen
06 = PS   Polystyrol
07 = EPS   expandiertes Polystyrol

weitere gebräuchliche Abkürzungen:
ABS   Acrylsäurenitril-Butadien-Styrol
PTFE   Polytetrafluorethylen (Teflon)
PUR   Polyurethan

Die Gefährdung durch Kunststoffe und ihr Ersatz durch umweltfreundliche Alternativen sind unter den jeweiligen Stichworten beschrieben.

Leuchtstoff-lampen

Bis 1983 wurden bei Leuchtstofflampen PCB-haltige Kondensatoren verwendet. Bei Überhitzungen oder Undichtigkeiten kann das giftige PCB (Polychlorierte Biphenyle) in die Raumluft gelangen. Alte Kondensatoren sollten von Fachleuten ausgetauscht und zum Sondermüll gebracht werden. Auch andere, alte Elektrogeräte wie Waschmaschinen, können noch PCB-haltige Kondensatoren enthalten.

Leuchtstofflampen, die mit Wechselstrom von 50 Hz betrieben werden (Normalfall), stören durch ihr Flimmern. Ein Hochfrequenzwandler kann hier Abhilfe schaffen. Das von Leuchtstofflampen erzeugte Licht setzt sich nur aus einigen schmalen Ausschnitten des natürlichen Lichtspektrums zusammen und wird deshalb oft als unangenehm empfunden. Besser sind neuere Leuchtstofflampen mit breiterem Spektrum und den Bezeichnungen „Tageslicht," „Tageslicht de Luxe" oder „Truelite".

Neue Energiesparlampen mit Glühlampenfassung haben bereits einen Hochfrequenzwandler integriert und zünden elektronisch. Ältere Modelle benutzen dazu radioaktive Stoffe wie Krypton oder Tritium. Weil Energiesparlampen eine geringe Menge Quecksilber enthalten, müssen sie unbeschädigt zu Schadstoffsammelstellen gebracht werden. Wegen ihres starken elektromagnetischen Feldes sind Energiesparlampen für elektrosensible Menschen als Schreibtischlampen ungeeignet. Bei längerem Aufenthalt in der Nähe sollte auf einen Abstand von mindestens einem halben Meter geachtet werden.

Die Anschaffung moderner Energiesparlampen lohnt sich aus folgenden Gründen:
● eine bis zu achtmal längere Lebensdauer als bei einer Glühlampe;
● eine fünffache Lichtausbeute gegenüber einer Glühlampe;
● neben der Stromkosteneinsparung werden durch den Betrieb einer

Energiesparlampe bis zu 290 kg CO$_2$ eingespart (bezogen auf ihre durchschnittliche Lebensdauer).

Linoleum

Linoleum besteht aus einem Jute-Grundgewebe mit einem Auftrag aus Korkmehl, Holzmehl, Kolophonium und Leinöl. Diesen unbedenklichen Naturstoffen wird leider oft eine chemische Oberfläche aus Polyacrylat, PVC oder Vinylacetat aufgesetzt. PVC und Vinylacetat sind stark gesundheitsgefährdend. Das Jutegewebe kann zusätzlich einen Feuchtigkeitsschutz aus einer Kunststoffdispersion aufweisen.

Im Natur-Baustoffhandel wird inzwischen zunehmend Linoleum ohne Kunststoffe angeboten. Linoleum muß auf einem vollkommen ebenen Untergrund verlegt werden, wofür ein Estrich-Boden oder Fliesen in Frage kommen. Die großflächige Verlegung von Linoleum kommt kaum ohne Verklebung mit dem Untergrund aus. Hierbei muß besonders auf die Verwendung von unbedenklichen Naturharzklebern (Bioklebern) geachtet werden. Verwenden Sie keinesfalls einen lösemittelhaltigen Kunstharzkleber (siehe unter dem Stichwort „Klebstoffe").

In vielen Kindergärten wird Linoleum bereits wieder verlegt, und es erweist sich als sehr strapazierfähig und pflegeleicht. Allerdings sollten nicht alle Fußböden mit Linoleum ausgelegt werden, da der Belag nicht federt und harte Unterlagen der gesunden anatomischen Entwicklung der Kinder hinderlich sein können.

Matratzen

Hersteller in Großbritannien haben Kindermatratzen mit stark gesundheitsgefährdenden Flammschutzmitteln ausgestattet. Partikel können als Abrieb über die Haut und Atemwege in den Körper gelangen. Großbritannien will eine EU-Richtlinie zur Verwendung von Flammschutzmitteln in Matratzen und Polstermöbeln durchsetzen. Sollte diese Richtlinie übernommen werden, steht eine hohe Gefährdung der Umwelt und der Gesundheit vieler Menschen ins Haus.

Bei Matratzen mit einem Kokoskern wurden Fungizide (PCP) nachgewiesen. Textilbezüge und Baumwollfüllungen können Formaldehyd, Kunstharze und Rückstände von Bioziden aufweisen.

Da beim Mittagsschlaf im Kindergarten oder auf einem Tobeplatz aus Matratzen Kinder engen und langen Kontakt mit Matratzen haben, gilt ihren Materialien besondere Aufmerksamkeit. Ob im Kindergarten bereits vorhandene Matratzen belastet sind, sollten Sie durch Rückfragen bei Lieferanten oder Herstellern klären. Falls Sie von dort keine befriedigenden Auskünfte erhalten, wenden Sie sich an ein Umweltinstitut oder -labor. Mit Flammschutzmitteln behandelte Matratzen müssen als Sondermüll entsorgt werden.

Da von Kunststoffen, abhängig von den Ausgangsmaterialien, eine erhebliche Gefahr für die Gesundheit ausgehen kann, raten wir beim Neukauf zu Matratzen aus reinen Naturmaterialien aus kontrolliert biologischem oder rückstandsüberwachtem Anbau. Kokosfasern, Baumwolle und Schafwolle sind häufig verwendete Materialien. Matratzen und Futons gibt es auch mit einem Latexkern. Kinder mit einer Latexallergie sollten nicht auf diesen Matratzen schlafen.

Zu Flammschutzmitteln siehe unter dem Stichwort „Computer".

Möbel Von Möbeln mit Spanplatten geht eine hohe Gefährdung der Gesundheit aus, da sie Formaldehyd in hohen Konzentrationen enthalten können. Vor allem aus Bohrlöchern, Nuten und offenen Sägekanten dampft auch noch nach vielen Jahren der krebserregende Stoff aus. Möbel mit Spanplatten sollten Sie deshalb aus dem Kindergarten entfernen.

Als Ersatz für Formaldehyd werden zunehmend Isocyanate für Lacke, Schaumstoffe und Spanplatten eingesetzt, die allergische Reaktionen, Kopfschmerzen und Reizungen der Atemwege verursachen können.

Auch von Farb- und Lackanstrichen der Möbel kann eine Gefährdung ausgehen (siehe „Farbanstriche"). Ferner darf der Sicherheitsaspekt nicht vernachlässigt werden: Scharfe Kanten und Ecken an Möbeln bedeuten Verletzungsgefahr. Besonders Schubladen und Türen müssen allseitig abgerundet sein.

Wir empfehlen Vollholzmöbel aus heimischen Hölzern und eine Oberflächenbehandlung mit Naturlasurfarbe und Bienenwachs. Achten Sie auch auf eine Verleimung mit ungiftigen Naturharzklebern.

Papier Altpapier sollte nicht nur gesammelt, sondern auch als Recycling-Papier für den Bedarf im Kindergarten gekauft werden: Malbogen, Brief-, Kopier-Papier, Toiletten- und Küchenrollen. Zeitweilig gab es auf dem Markt Absatzschwierigkeiten beim Altpapier, weil zwar der Sammelfleiß der Bevölkerung hoch, die Kaufbereitschaft für Recycling-Papier aber gering war.

Wegen des hohen Energie- und Rohstoffverbrauches und der hohen Wasserverschmutzung bei der Herstellung sollte weißes Papier nur dort sparsam verwendet werden, wo es nicht durch Umweltschutzpapier ersetzt werden kann. Chlorfrei gebleichtes Neupapier hat zusätzlich dem Umweltschutz-Papier Marktanteile genommen. Weil es ebenfalls mit hohem Energie- und Rohstoffverbrauch hergestellt wird, ist chlorfrei gebleichtes Papier keine Alternative zum Umweltschutz-Papier. Die Verwendung weißen Papieres hat grundsätzlich nur eine Berechtigung für Kopier- und Druckvorlagen und beim Druck hochqualitativer Farbbilder.

Haben Sie im Kindergarten schon eine grüne Schmierpapierkiste? Wenn nein, dann stellen Sie Holz- oder Pappkisten für DIN-A 4-Format neben Kopierer und Schreibtische. Einseitig bedruckte Papiere werden darin gesammelt und können rückseitig bedruckt oder beschrieben werden. Dies spart Rohstoffe, Energie und Ausgaben für Neu-Papier. Beidseitig beschriebenes Altpapier sammeln Sie am besten in einer grauen Kiste. Ist diese voll, kann die nächste Recycling-Karawane die Kiste zum Sammelbehälter befördern. Mit dicken Farbaufträgen bedrucktes Papier ist nicht mehr zur Herstellung von Recycling-Papier geeignet.

Zur weiteren Information lesen Sie:
Recycling-Karawane im Kapitel „Vorschlag Nr. 10: Kommt gar nicht in die Tonne" auf Seite 52.

Parkett und Dielen

Parkett als Fußbodenbelag im Kindergarten ist nur in Vollholzausführung in einer gebräuchlichen Stärke ab 22 mm und aus harten Hölzern wie der heimischen Trauben- und Stieleiche erwägenswert. Schicht-Parkett und Weichhölzer eignen sich nur in schonend genutzten Privatwohnungen.

Die einzelnen Parkett-Segmente werden auf einem Jutefilz verlegt und miteinander verklammert und/oder verleimt. Der Untergrund muß eben sein. In baubiologisch gestalteten Räumen wird Parkett nicht mit den üblichen Kunstharzlacken versiegelt, sondern mit Hartöl getränkt und mit Naturwachsen oberflächenbehandelt. In dieser Weise bleibt der Naturwerkstoff Holz atmungsaktiv und begünstigt ein positives Raumklima.

Parkett fühlt sich bei Hautkontakt, beim Barfußlaufen und Spielen, angenehm an. Bei nicht schwingfähigen Unterböden, wie dies bei Betondecken der Fall ist, sollte der Jutefilz mindestens 10 mm stark sein, damit der Parkett-Belag beim Begehen federn kann. Dies schont die Bandscheiben und Gelenke. In Räumen mit Wassergebrauch und mit häufig benutzten Ausgängen sollte Parkett nicht verlegt werden.

Eine leichte Empfindlichkeit von Parkett gegenüber Nässe und Sand würde dort einen höheren Pflegeaufwand erfordern.

PVC (Polyvinyl-chlorid)

In Haushalten, an Arbeitsplätzen und auch in Kindergärten ticken Zeitbomben, meist ohne daß sich die Menschen der Gefahr bewußt sind! Die Zeitbombe heißt „PVC" und ist allgegenwärtig. Bauteile von Elektrogeräten, Bodenbeläge, Eimer, Fensterrahmen, Folien, Isolierungen, Küchenartikel, Kunstleder, Modelliermasse (PVC-Knete), Plastikgeschirr, Puppen, Rohre, Schläuche, Schüssel, Spielgeräte, Spielzeug, Textilfasern, Verpackungen oder Vorhänge können ganz oder teilweise aus PVC bestehen.

Der hoch krebserregende Ausgangsstoff Vinylchlorid wird bei der Produktion freigesetzt, gefährdet dort die Menschen am Arbeitsplatz und ist auch in Restmengen in den Endprodukten enthalten. Eine Vielzahl von Zusatzstoffen wie Weichmacher und Schwermetalle bergen ein zusätzliches Risiko. Aufgrund der vielen Zusätze ist PVC nicht wiederzuverwerten. Zur Zeitbombe wird PVC:

● im Brandfall (Erhitzung über 300°C): Dioxine werden freigesetzt und können die betroffene Einrichtung, Tapeten und Verputz irreversibel verseuchen;

● wenn Kinder Spielzeugfiguren in den Mund nehmen oder verschlucken: Der Speichel löst die Schwermetalle, Weich-PVC ist nicht nur krebsauslösend, im Magen können sich verschluckte Figuren in harte Teile umwandeln, die zu Verletzungen und Blutungen führen.

Aufgrund der Gefahren für Mensch und Umwelt muß es schnellstmöglich ein Produktions- und Vertriebsverbot für PVC geben. Der „PVC-freie Kindergarten" ist ein Ziel, das schrittweise erreicht werden sollte. Ersetzen Sie hierzu alle PVC-Materialien durch unbedenkliche Stoffe (z. B. Küchengeräte aus Edelstahl). Achten Sie beim Kauf auf PVC-freie Produkte, und lassen Sie sich im Zweifel die PVC-Nichtverwendung vom Hersteller oder Lieferanten schriftlich bestätigen.

Spielzeug

Aufgrund der vielfältigen Gefahren, die von Kunststoff-Spielzeug ausgehen kann, lautet die unkomplizierteste und konsequenteste Lösung: Verzicht! Ersetzen Sie Kunststoff-Spielzeug durch Vollholzmaterialien und Spielzeug, das die Natur liefert: Kastanien, Eicheln, Äste, Kieselsteine …

Schadstofffreies Vollholz-Spielzeug aus dem Natur- und Biowarenhandel hat wegen der sorgfältigen Verarbeitung und manuellen Herstellung einen höheren Preis als die Massenware aus dem Kaufhaus. Falls der Etat des Kindergartens eine Anschaffung nicht zuläßt, gibt es eine Möglichkeit, wie Sie mit etwas Glück umsonst an Vollholz-Bauklötze kommen: Holen Sie aus einem Sägewerk Holzabfälle, die beim Zersägen von Balken, Kanthölzern und Leisten anfallen. Nun müssen nur noch scharfe Kanten und ungehobelte Flächen bearbeitet werden. Eine Winkel- oder Bandschleifmaschine und eventuell eine Oberfräse leisten hier gute Dienste. Mit einem Fräser für die Kantenabrundung, der einen Kurvenradius von 6–8 mm hat, sind im Nu alle Kanten sauber verarbeitet.

Die Kinder können gleich mit den unlackierten Bauklötzen spielen. Aber auch ein Anstrich mit Natur-Imprägniergrund und ein Auftrag mit Bienenwachs oder mit einer Natur-Lasurfarbe ist möglich.

Zur weiteren Information lesen Sie:
Spielzeug aus PVC unter dem Stichwort: „PVC" auf Seite 261;
Spielzeug aus ABS unter dem Stichwort: „Telefon" auf Seite 264;
Spiel- und Bastelmaterial ohne Chemie in Kapitel 3: „Vorschlag Nr. 7: Wo der Holzwurm gern zuhause wär" auf Seite 43.

Staubsauger Staubsauger sollen Schmutz ansaugen, ihn ausfiltern, und sie sollen die Luft wieder staubfrei entlassen. Ob die Luft aus dem Staubsauger allerdings wirklich staubfrei abgegeben wird, hängt vom eingebauten Filtersystem ab. Kaum ein Staubsauger ist in der Lage, feinste Partikel und Faserteile zurückzuhalten. Diese sind besonders für Allergiker ein Problem. Ungünstig ist zusätzlich der vom Staubsauger verursachte Luftstrom: Turbulenzen wirbeln neuen Staub auf, und es kann lange dauern, bis sich alle Partikel wieder gesetzt haben. Kinder, die auf Hausstaub allergisch reagieren, sollten frisch gesaugte Räume und die Nähe von Staubsaugern meiden.

Gehäuse aus Kunststoffen wie ABS oder PVC (siehe Stichworte „Telefon" und „PVC") bergen zusätzliche Gefahren.

Eine ideale Vorrichtung für den Kindergarten ist der Zentral-Staubsauger. Er ist im Keller oder in einem Abstellraum fest montiert und bläst die gefilterte Abluft nach draußen ins Freie. Die Ansaugrohre sind ähnlich wie eine Wasserleitung unter Putz verlegt und können über Anschlußdosen in allen Fluren und Räumen erreicht werden. Alles was zum Saugen getan werden muß, ist das Einstöpseln eines langen Schlauches in eine Anschlußdose und das Betätigen eines elektrischen Schalters. Diese Schalter sind zweckmäßigerweise über den Lichtschaltern angebracht, aber so hoch, daß die Kinder sie nicht erreichen. Ist der Zentral-Staubsauger in Betrieb, gibt es weder Lärm im Kindergarten noch ein lästiges Hinterherziehen des Gerätes.

Tapeten Tapeten sind die Innenhaut eines Hauses, und entsprechend der menschlichen Haut sollten Tapeten atmungsaktiv sein. Feuchtigkeit aus den Mauern sollte an eine trockene Innenraumluft abgegeben werden können. Umgekehrt sollte ein trockenes Mauerwerk Wasserdampf aus einer feuchten Innenraumluft aufnehmen. Werden nicht atmungsfähige Tapeten, Kleister und Farben verwendet, entsteht eine Dampfsperre, an der Wasser kondensiert und Schimmelpilzbefall die häufige Folge ist. Die Pilzsporen verteilen sich in der Raumluft und können aufgrund ihrer Giftigkeit eine Gefahr darstellen. Gegen Schimmelbefall wurden früher oft, heute seltener, mit fungizidhaltigem Kleister vorgeleimte Kunststoff-Tapeten verarbeitet. Vorausschauender ist es jedoch, einen Schimmelbefall von vornherein durch atmungsaktive Materialien zu verhindern, anstatt einen Baufehler im nachhinein mit einer chemischen Keule korrigieren zu wollen.

Vinyl-Tapeten bestehen aus PVC und Weichmachern, von denen eine hohe Gesundheitsgefährdung ausgehen kann. Aber auch Papier-Tapeten werden meist mit formaldehydhaltigen Kunstharzen ausgestattet, welche die Reißfestigkeit erhöhen sollen. Negative Folge ist die Formaldehydabgabe in den Innenraum.

Auch sogenannte „Naturfaser-Tapeten" und Textil-Tapeten enthalten durchweg Kunststoffbeimengungen, die eine Gefahr für die Gesundheit darstellen können. Zusätzlich sind diese Tapeten aufgrund ihrer Oberflächenstruktur Staubfänger und für Allergiker problematisch.

Tapeziertip für den Kindergarten:
Verwenden Sie eine ungefärbte, kunststofffreie Papier-Tapete und einen diffussionsfähigen (atmungsfähigen) Kleister. Wählen Sie einen Kleister für leichte Tapeten ohne Kunstharz oder Fungizide. Grundieren Sie die Tapete mit einer Kreide-Wandfarbe, die Sie auch selbst herstellen können! Bemalen Sie die getrocknete Tapete mit den Kindern unter Verwendung von Naturfarben.

Mixtur Kreide-Wandfarbe:
Verrühren Sie ein Raumteil Farbpigment (Zinkweiß oder Lithopone) und ein Raumteil Kreide oder Naturgips gründlich mit drei Raum-

teilen Wasser, bis die Mixtur völlig klumpenfrei ist. Rühren Sie in diese Mischung ein Raumteil flüssigen Kleister ein. Die verarbeitungsfertige Farbe soll von rahmähnlicher Konsistenz sein. Bei Bedarf kann noch Wasser nachgegeben werden.

Telefon Das Telefon wird häufig in die Hand genommen, der Hörer ans Ohr gepreßt und die Sprechmuschel unvermeidlich mit Mund und Nase berührt. Deshalb sollten die verwendeten Kunststoffe hohe Anforderungen an die gesundheitliche Unbedenklichkeit erfüllen.

Fast alle auf dem Markt befindlichen Geräte werden mit einem Kunststoffgehäuse aus ABS (Acrylsäurenitril, Butadien, Styrol) angeboten. Die drei Stoffe wirken als Atem- oder Nervengift und stehen unter dringendem Verdacht, Krebs zu erregen. Bei ABS-Kunststoff können die drei Ausgangsstoffe beim täglichen Gebrauch der Geräte langsam freigesetzt werden. Acrylsäurenitril und Butadien werden über Hautkontakt aufgenommen, Styrol vorwiegend über die Atmung.

Weitere Einsatzgebiete von ABS-Kunststoffen sind Haushaltsgeräte, Fernsehgehäuse und Spielzeug. Wegen der Gefahren für die Gesundheit der Kinder haben wir unter dem Stichwort „Spielzeug" bereits empfohlen, auf Kunststoffe generell zu verzichten.

Telefone mit Holzgehäuse werden gelegentlich im Naturwaren-Versandhandel angeboten. Bei einer verstärkten Nachfrage kommen diese Artikel bestimmt häufiger und mit einer größeren Modellpalette auf den Markt. Sollten Sie vorläufig kein Holz-Telefon erwerben können, kann mit der guten alten Häkelnadel eine Übergangslösung „gestrickt" werden: Ein Überzug für den Telefonhörer verhindert zumindest den direkten Hautkontakt mit den giftigen ABS-Stoffen.

Bei Funktelefonen gibt es Vermutungen über eine mögliche Gesundheitsgefährdung durch die ausgestrahlten, elektromagnetischen Wellen. Zwar ist die Stärke der Funkwellen sehr gering, aber durch die nahe Position des Gerätes am Kopf könnte womöglich eine Gefahr bestehen.

Teppichböden Eine großflächige Auslegung mit konventionellen Teppichböden kann in Kindergärten ganz entscheidend das Wohlbefinden der Kinder und der Erwachsenen beeinflussen. Eine Vielzahl der in Teppichböden verwendeten Kunststoffe kann die Innenluft in erheblichem Umfang belasten und einen Kindergarten in einen Krankheitsherd verwandeln.

Für das Obergewebe von Teppichböden sind Polyacryl, Polyamyd und Polyester die hierbei am häufigsten verwendeten Kunstfasern. Oft werden auch Mischgewebe verarbeitet. Teppichböden können Zusatzausrüstungen wie Biozide gegen Schimmel, Pilze und Motten oder antistatisch wirkende Substanzen enthalten. Die Ausgasungen der mit PVC- oder Polyurethan-Weichschaum beschichteten Unterseite von Teppichböden machen Räume für den Aufenthalt von Menschen gefährlich.

Bei der Verlegung werden Teppichböden immer noch fast ausschließlich vollflächig verklebt. Durch den Luftabschluß können unter einer Teppichboden-Beschichtung für Mikroorganismen (Bakterien, Pilze) günstige Lebensbedingungen geschaffen werden. Ein kühler Betonestrich liefert die dazugehörige Feuchtigkeit. Häufiges Reinigen mit nassem Teppichschaum fördert diesen Effekt.

Für eine Verbesserung des Raumklimas und für eine Beseitigung von Schadstoffquellen ist die vollständige Entfernung aller Kunststoff-Teppichböden und Kleberreste unabdingbar. Die Sanierung alter Teppichböden stellt für die damit beschäftigten Menschen ein Gesundheitsrisiko dar. Beim Entfernen wirbeln Stäube auf, an denen Schadstoffpartikel haften können. Das Tragen von Feinstaubmasken muß deshalb obligatorisch sein. Eine mühselige, aber notwendige Arbeit ist das Abschleifen einer oft millimeterdicken, durchgehärteten Kleberschicht. Der Staub dringt durch alle Ritzen und Poren. Die Türen des Raumes sollten beim Arbeiten mit Folien und Klebeband abgedichtet werden, damit sich der Staub nicht im ganzen Kindergarten verbreitet.

Mit ungiftigen und unbehandelten Naturfasern wie Kokos, Sisal, Wolle und Ziegenhaar lassen sich die Innenräume des Kindergartens baubiologisch wertvoll umgestalten. Eine altbewährte Methode ist das Verspannen von Teppichböden. Hierbei kann auf gesundheitsschädigende Klebstoffe verzichtet werden.

Für vielbegangene Flure und Räume eignen sich strapazierfähige Ziegenhaar-Teppichböden. Für Gruppen- und Spielräume schaffen Teppichböden aus Schurwolle mit einer Unterlegung aus 6 mm dickem Jutefilz einen angenehm weichen Bodenbelag. Dieser weiche Belag sollte im Kindergarten nicht fehlen. Er fördert die gesunde, anatomische Entwicklung der Kinder.

Natur-Teppichböden unterstützen ein angenehmes Raumklima. Sie nehmen Feuchtigkeit auf und geben sie wieder an die Raumluft ab. Ein Absinken der relativen Luftfeuchte auf ungesunde Werte unter 50 oder sogar 40 %, wie es in kunststoffausgestatteten Räumen während der Heizperiode gang und gäbe ist, kommt in baubiologisch gestalteten Innenräumen kaum vor. Für die Reinigung reicht ein regelmäßiges Absaugen mit einem Staubsauger völlig aus.

Sofern noch ein Plan des Architekten vom Kindergarten vorhanden ist, fertigen Sie eine Kopie an. Andernfalls machen Sie eine Skizze der Räumlichkeiten. Markieren Sie im Plan mit Farbstiften den zukünftigen Bodenbelag: grau für Fliesen, rot für Kork, braun für Parkett und Dielen, gelb für Linoleum, orange für Sisal-, grün für Ziegenhaar- und blau für Wollteppichboden. So erhalten Sie eine übersichtliche Darstellung über die geplante Raumausstattung, und Sie können jetzt noch leicht Änderungen auf dem Papier vornehmen.

Zur weiteren Information lesen Sie:
Bodenbeläge unter dem Stichwort „Parkett und Dielen" auf Seite 260, „Linoleum" auf Seite 258, „Kork" auf Seite 254 und „PVC" auf Seite 261.

Türen und Fenster

Tür-Zargen und Fenster-Rahmen können aus Aluminium, Stahl, Kiefernholz, Tropenholz oder PVC gefertigt sein.

Rahmen und Zargen aus PVC sollten Sie gegen solche aus heimischen Hölzern austauschen. Schleifen Sie alte Lackanstriche ab und streichen Sie die Flächen mit einem Naturharz-Lack. Tragen Sie bei Schleifarbeiten einen Staubschutz und verwenden Sie Maschinen mit Absaugevorrichtungen. Einfachverglasungen und schlecht schließende Fenster sollten aus Gründen der Heizenergieeinsparung durch Isolierglasfenster ersetzt werden.

Zur weiteren Information lesen Sie:
PVC unter dem Stichwort „PVC" auf Seite 261;
Lacke unter dem Stichwort „Farbanstriche" auf Seite 251, **Isolierglas** im Kapitel „Wärmedämmung – Kleider fürs Haus" auf Seite 272 und „Lüften mit System" auf Seite 276.

Verputze

Mit der üblichen Beimischung von Kunstharzen wirken Verputze als Dampfsperre. Schimmelbildung und ein schlechtes Raumklima sind die häufige Folge. Als weitere Bestandteile in Verputzen können unter anderem enthalten sein: Abbindeverzögerer, Biozide, Gleitstoffe, Füllstoffe, Konservierungsmittel, Metallfasern sowie die chemischen Ausgangsstoffe Acrylsäurenitril, Butadien, Styrol und Vinylchlorid. Es ist unwahrscheinlich, handelsübliche Verputze ohne die hier aufgezählten chemischen Beimengungen zu erhalten. Wurden diese im Kindergarten verarbeitet, können sie die Ursache von Müdigkeit, Kopfschmerzen und Antriebsverlust sein und später zu Allergien, Veränderungen des Erbgutes und Krebs führen.

Mit der Entfernung gesundheitsgefährdender Verputze können Sie einen wesentlichen Beitrag zur Entgiftung des Kindergartens leisten und das Raumklima baubiologisch nachhaltig verbessern. Der hiermit verbundene Arbeitsaufwand und die Schmutzbelastung werden durch den Gegenwert gesunder Innenräume mehr als wett gemacht. Allerdings ist in den meisten Fällen die Schließung des Kindergartenbetriebes in den betroffenen Gebäuden während den Sanierungsarbeiten unausweichlich.

Traditionelle Verputze aus Kalkmörtel oder Lehm haben die baubiologisch günstigsten Auswirkungen. Sie können als fertig gemischte Natur- oder Bio-Verputze gekauft werden.

Herstellungstip Kalkverputz:
Für die untere Schicht eines Innen-Verputzes mischen Sie ein Raumteil Kalk mit drei Raumteilen grobem Sand (Körnung 0,1 bis 3 mm) und rühren die Mischung mit Wasser an. Nach dem Abbinden kann der Ober-Verputz aufgetragen werden. Für den Ober-Verputz verwenden Sie anstelle des groben Sandes feinen Sand (Körnung 0,1 bis 1 mm). Der Verputz kann nach der Austrocknung gestrichen oder tapeziert werden. Farben und Tapeten dürfen keine Kunststoffe und Kunstharze enthalten und müssen atmungsaktiv sein.

Eine gute Ergänzung zum atmungsaktiven Innen-Verputz ist der wasserabweisende, aber diffusionsoffene (dampfdurchlässige) Natur-Außen-Verputz aus Traßkalk und Sand.

Zu Schutz vor Staub bei der Sanierung unter dem Stichwort „Teppichböden" siehe Seite 264.

Vorhänge und Gardinen

Wie für Teppichböden werden für konventionelle Vorhänge und Gardinen Natur- und Chemie- oder Mischfasern verwendet. Auch ein als 100 % aus Baumwolle deklarierter Stoff kann 1–10 % des Gewichtes an „Ausrüstungsmitteln" enthalten: Kunstharze, Formaldehyd, Glyoxal, Farbstoffe u.a. Bei importierten Vorhängen aus England oder Fernost muß ferner mit einer Ausrüstung durch gefährliche Flammschutzmittel gerechnet werden. Industriell gefertigte Wollgewebe enthalten meist Insektizide (Eulan, Lindan) als

Mottenschutz. Nach den Angaben des Umweltvereins „Katalyse" in Köln darf in der Bundesrepublik unverständlicherweise den Textilprodukten bis zu 1,6 % Lindan ohne jegliche Deklaration beigegeben werden!

Ausgasendes Formaldehyd aus neuen Vorhängen kann die Ursache heftiger Beschwerden sein: Reizungen der Augen und Schleimhäute, Atembeschwerden und Kopfschmerzen. Langfristig kann das Entstehen von Allergien und Krebs gefördert werden. Neben den gesundheitlichen Risiken können Kunstfasern durch ihr elektrostatisches Verhalten und die geringe Feuchtigkeitsaufnahmefähigkeit das Raumklima negativ beeinflussen.

Für den Kindergarten empfehlen wir Vorhänge und Gardinen aus biozidfreiem Baumwoll-, Hanf- oder Leinanbau ohne denaturierende chemische Behandlung. Naturwarenhersteller und -versand informieren meist ausführlich über Herkunft und Herstellungsprozeß ihrer Waren. Allerdings sollten Vorhänge und Gardinen öfter gewaschen werden, da sich an ihnen der Staub absetzt und beim Bewegen aufwirbelt.

Zu **Flammschutzmitteln** siehe unter dem Stichwort „Computer".

Warmwasserversorgung

Wasseruntersuchungen in Gemeinschaftsduschen von Hallenbädern führten zur Entdeckung einer erschreckend hohen Anzahl von Legionellen im erwärmten Wasser. Legionellen werden über die Lunge aufgenommen und lösen die Legionärskrankheit aus. Im Temperaturbereich von 25–40°C können sich Legionellen explosionsartig vermehren. Aus diesen Gründen darf eine Warmwasserversorgung nicht permanent in diesem Temperaturbereich betrieben werden. Es ist erforderlich, mindestens einmal in der Woche für eine Stunde den Warmwasserbehälter auf 60°C zu erhitzen und das lauwarme Wasser aus den Leitungen ablaufen zu lassen. Bei Temperaturen über 50°C sterben Legionellen ab.

Waschmaschine

Für Kindergärten, in denen die Kinder essen und schlafen, ist der Betrieb einer Waschmaschine unter Umständen rationeller, als wenn Geschirr- und Handtücher oder Bettwäsche zur Wäscherei gegeben würden. Beim Kauf sollte unbedingt auf sparsamen Strom- und Wasserverbrauch des Gerätes geachtet werden. Die Geräte weisen hier erhebliche Unterschiede auf. Die Verbraucherzentralen, die Stiftung Warentest und Fachzeitschriften informieren über strom- und wassersparende Waschmaschinen.

Besonders effektiv sind getrennte Wassereinläufe für kaltes und warmes Wasser. Beim Anschluß der Waschmaschine an eine zentrale Warmwasserversorgung entfällt das stromfressende Aufheizen des Waschwassers in der Maschine. Gasthermen liefern heißes Wasser besonders energiesparend.

Bei kalkhaltigem Wasser im Härtebereich 3 oder 4 ist die Zugabe von Entkalkungsmitteln notwendig. Eine Alternative besteht im Einbau einer Entkalkungsanlage. Am umweltfreundlichsten ist die Verwendung des weichen Regenwassers. Die Einsparung von Waschmittel ist erheblich, und die verhinderte Verkalkung verlängert die Laufzeit des Gerätes. Im Härtebereich 1 ist das Waschen mit reinem Seifenwaschmittel möglich, welches die Flüsse und Seen am wenigsten belastet.

Eine alte Waschmaschine sollte der Händler zurücknehmen und fachgerecht entsorgen, um eine Wiederverwendung der Wertstoffe zu ermöglichen. Außerdem können Waschmaschinen PCB-haltige Kondensatoren enthalten, die als Sondermüll behandelt werden müssen.

Zur weiteren Information lesen Sie:
PCB-haltige Kondensatoren unter dem Stichwort „Leuchtstofflampen" auf Seite 257;
Regenwasser auffangen im Kapitel „Die Hälfte des Wassers!" auf Seite 280;
Brauchwasseranlage im Kapitel „Die Hälfte des Wassers!" auf Seite 281.

6.7 Umgestaltungs-Abschnitt: „Energie"

In den sechziger und siebziger Jahren war der Umgang mit Energie und Rohstoffen noch so, als würden diese Quellen unerschöpflich fließen. Häuser, die damals gebaut wurden, zeichneten sich durch hohe Wärmeverluste aus. Das wurde nicht als Mangel empfunden, sorgte doch das Hochdrehen der Heizung für mollige Wärme. Durch Kippfenster entwich die überschüssige Hitze einfach ins Freie.

Eine Reaktion auf die Energiekrise von 1973 war der Erlaß der 82er Wärmeschutzverordnung (WSV). Darin sind für Neubauten Maximalwerte zu den Wärmeverlusten vorgegeben. Die recht niedrigen Standards wurden zuletzt durch die 1995 in Kraft getretene Wärmeschutzverordnung verschärft. Nach wie vor ist für Altbauten keine

Wärmeverluste von Häusern der 50er, 60er und 70er Baujahre von 100% eingesetzter Energie verteilen sich die Verluste wie folgt:	
Heizungsbetrieb	32%
Fenster	20%
Wände	18%
Dach	16%
Lüftung	8%
Keller	6%

nachträgliche Wärmedämmung zwingend vorgeschrieben, was das mögliche Energiesparpotential drastisch einengt.

Mit der zur WSV 95 dazugehörenden Heizungsanlagenverordnung wird ein energiesparender Betrieb von Heizungsanlagen vorgeschrieben:

● die richtig dimensionierte Größe der Heizungsanlage;
● Wärmeisolierung von Anlage und Leitungen;
● Thermostatventile an den Heizkörpern;
● Regelung der Vorlauftemperatur nach der Außentemperatur;
● mögliche Temperaturabsenkung über eine Zeitschaltuhr;
● regelmäßige Wartung der Heizungsanlage.

Strom im Haus ist nur für Licht und den Betrieb unverzichtbarer Geräte sinnvoll und energiesparend zu nutzen. Elektrische Speicherheizungen und elektrische Warmwasserversorgungen, auch das elektrische Aufheizen von Wasser in Wasch- und Spülmaschinen, sind besonders energieverschwendend. Wegen der derzeitigen umweltschädigenden und ressourcenverschlingenden Stromerzeugung (65% der eingesetzten Energie in Kraftwerken geht verloren) ist Stromsparen nicht nur ein Gewinn in Mark und Pfennig, sondern es schont die Umwelt und die noch vorhandenen Energiereserven. Alleine durch konsequentes Stromsparen wäre der Ausstieg aus der Atomenergie schon heute möglich.

Wasser spielt als Energieträger im Haushalt keine Rolle und dient fast ausschließlich als Rohstoff. Weil aber die Einsparung von Energie immer im Zusammenhang mit der Einsparung von Rohstoffen behandelt wird, finden Sie Vorschläge zur Einsparung von Wasser im Kindergarten im Umgestaltungs-Abschnitt: „Energie".

Zur weiteren Information lesen Sie:
Warmwasseranschluß an Waschmaschinen im Kapitel „Baubiologische Sanierung von A-Z" unter dem Stichwort „Waschmaschine" auf Seite 268.

6.7.1 Der Energiespar-Kindergarten

In den letzten Jahren haben die Ausgaben für Strom, Gas, Wasser und Heizung einen immer größeren Anteil an den Betriebskosten eines Kindergartens eingenommen. Auf der anderen Seite ermöglichen die gestiegenen Energiepreise jetzt wirtschaftliche Investitionen für Energiesparmaßnahmen. Eine moderne Heizanlage, eine Wärmedämmung des Gebäudes und stromsparende Geräte amortisieren sich heute schneller als noch in den 80er Jahren. Mit der Einsparung von Rohstoffen und Energie wird gleichzeitig auch die Abgabe des klimaschädigenden Kohlendioxids in die Atmosphäre reduziert.

Der Kindergarten im Niedrigenergiehaus

Der Neubau eines Kindergartens sollte von Anfang an als Niedrigenergiehaus geplant und gebaut werden. Die Niedrigenergiebauweise sieht vor:

- größtmögliches Gebäudevolumen bei kleinstmöglicher Außenoberfläche;
- eine winddichte Außenhülle;
- Wärmedämmung von Außenwänden, Dach und Keller;
- Vermeidung von Wärmebrücken;
- Isolierverglasung der Fenster;
- Nutzung passiver Solarenergie (Südorientierung der großen Fensterflächen, Glasanbau);
- Luftschleusen am Eingang;
- gesteuerte Lüftungsanlage (ohne Wärmerückgewinnung, da diese mehr Energie verbraucht als einspart);
- eine effiziente Heizungsanlage;
- Beschränkung auf notwendige elektrische Geräte, Bevorzugung energiesparender Modelle;
- bewußtes, energiesparendes Verhalten der Bewohner.

Für Niedrigenergiehäuser wird jährlich ein Heizölbedarf von rund 7 l/m² Nutzfläche veranschlagt. Für den alten Gebäudebestand ist der Verbrauch viermal so hoch. Dies macht die möglichen Einsparungen besonders deutlich.

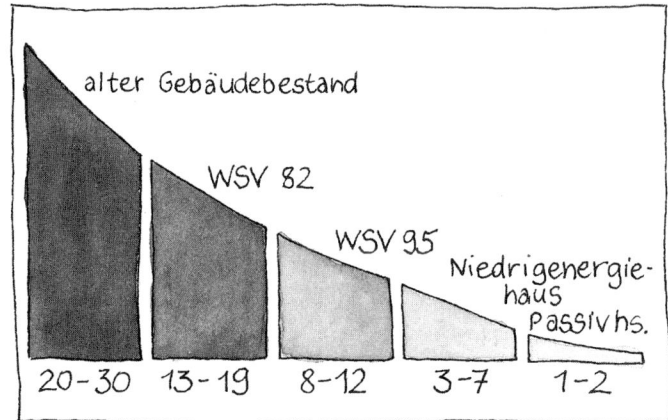

Abb. 116
Verbrauch von
Heizöl/Jahr/m² in
Liter

Wärmedämmung – Kleider fürs Haus

In unseren Breiten muß zu einem großen Teil des Jahres geheizt werden, um eine angenehme Temperatur von 20°C im Kindergarten zu erreichen. Ist es draußen kälter, würde sich ohne Heizung die Temperatur des Mauerwerks, der Glasfenster und der Dachziegel allmählich an die niedrigeren Außenwerte anpassen. Die kalte Außenhülle des Hauses kühlt auch die Innenluft ab. Heizkörper müssen die Räume wieder auf 20°C erwärmen. Je schlechter es um die Isolierfähigkeit der Wände bestellt ist, desto größer ist der Wärmeabfluß nach draußen und desto mehr Heizenergie wird verbraucht. Wie dick die Mauern sind, ist beim Wärmeabfluß weniger entscheidend, ausschlaggebend ist vielmehr die Isolierfähigkeit des Materials. Dichter Beton und dichte Ziegelsteine ermöglichen einen schnellen Wärmetransport; poröses Material, in dem Luftbläschen eingeschlossen sind, bremst den Wärmeabfluß.

Mit der Wärmedämmung eines Hauses wird versucht, dem Wärmefluß von innen nach außen durch isolierende Materialien an der Außenhaut des Gebäudes eine Sperre in den Weg zu legen. Nicht jede Wärmedämmung ist sinnvoll. Eine Isolierung der Innenwände bei fehlender Außendämmung ist unzweckmäßig, da der Taupunkt nach innen hinein verlagert wird und es in der Folge zu Feuchtigkeit und Schimmelbildung an den Wänden kommt.

Auch durch Dach und Keller geht Heizenergie verloren. Fließt weniger Wärme ab, muß im Innenraum weniger Wärme ersetzt werden. Diese Rechnung geht für den größten Teil der kalten Jahreszeit auf. Nur im Herbst und im Frühling, wenn die Sonne scheint, haben althergebrachte Ziegelwände gegenüber wärmegedämmten Fassaden einen Vorteil: Sie speichern die Sonnenwärme und verringern dadurch den Wärmeabfluß nach draußen. Während im isolierten Haus die Heizung noch in Betrieb ist, kann sie im Ziegelhaus abgedreht werden. Auf ein ganzes Jahr bezogen, steht das wärmegedämmte Haus allerdings mit einer besseren Energiebilanz da.

Umstrittene Dämmstoffe

Die meistbenutzten Dämmstoffe sind immer noch Polystyrolplatten und Mineralfasermatten, obwohl der Verdacht auf gesundheitsschädigende und umweltbelastende Wirkungen besteht.

Beim Produktionsprozeß der aufgeschäumten Polystyrolplatten entweicht der als krebsverdächtig eingestufte Ausgangsstoff Styrol. Auch aus den Platten selbst wird das in Restmengen vorhandene Styrol freigesetzt. Das im Produkt enthaltene Chromtrioxid hat sich im Tierversuch als eindeutig krebserregend erwiesen. Für den Baubereich werden Polystyrolprodukten Flammschutzmittel beigegeben, die mehrere Gefahrenpotentiale beinhalten (siehe auch Stichwort „Computer" im Kapitel: „Baubiologische Sanierung von A–Z" auf Seite 247). Eine Wärmedämmung mit Polystyrol ist unter baubiologischen Gesichtspunkten ungünstig: Das Material ist weder atmungsaktiv noch feuchtigkeitsregulierend und fördert elektrostatische Aufladungen.

Vom Feinfaseranteil der Mineralwolle werden ähnliche gesundheitsschädigende Auswirkungen wie von Asbestfasern vermutet. Zwar ist das physikalische Bruchverhalten im Vergleich zu Asbestfasern unterschiedlich, mit einem Restanteil feiner, lungengängiger und damit gefährlicher Fasern muß dennoch gerechnet werden. Wird Mineralwolle zu Dämmplatten weiterverarbeitet, geschieht dies meist unter Verwendung von Kunstharzen und Formaldehyd. Hohe Formaldehydbelastungen der Raumluft können ihre Ursache in einer Innenraumdämmung haben.

Umweltfreundliche Dämmstoffe

Als Alternativen bieten sich Naturmaterialien wie Hanffasermatten, Hobelspäne, Kork, Kokosfaser, Schafwolle und Schilfmatten, aber auch Recyclingprodukte aus Altpapier (Zellstoff) an. Diese Materialien sind atmungsaktiv und können Feuchtigkeit speichern und wieder an die Umgebung abgeben. Sie wirken antistatisch und sind von daher aus baubiologischen Gründen empfehlenswert. Durch eine Behandlung mit Borax oder Kalk erfüllen auch Hobelspäne und Zellstoffprodukte die Anforderungen des Brandschutzes. Naturmaterialien werden oft wegen ihrer im Vergleich zu Kunststoffen geringeren Wärmedämmwerte abgelehnt. Dieser kleine Nachteil kann aber leicht durch eine Verdickung der Dämmlage wettgemacht werden.

Großer Beliebtheit im biologischen Hausbau erfreuen sich Kork und Zellstoffmaterialien aus Altpapier. Kork weist folgende positive Eigenschaften auf:

- gutes Dämmvermögen;
- geringe Umweltbelastung bei der Herstellung;
- geringes Gewicht;
- Elastizität;
- Dämpfungseigenschaft von Vibrationen;
- feuerverzögernd und haltbar.

Die Korkeiche ist die Lieferantin des Korkes. Sie kommt hauptsächlich nur noch in Spanien und Portugal vor. Kunststoffe haben den Kork verdrängt, und so sind viele ökologisch wertvolle Korkeichenwälder abgeholzt worden, um auf den Flächen Getreide anzubauen.

Zur Herstellung von Kork als Dämmaterial wird er mit Wasserdampf behandelt und schmilzt zu Blöcken zusammen, die in Platten zersägt werden. Eine auf diese Weise hergestellte Korkplatte gibt keine giftigen Dämpfe an die Raumluft ab. Vorsicht ist geboten bei Korkgranulat, das mit Kunstharzklebern zu Platten gepreßt wird. Die beste Qualität und den größten natürlichen Harzanteil weist Kork der ersten Schälung auf.

Zellstoffmaterialien aus Altpapier haben folgende positive Eigenschaften:

- gutes Dämmvermögen;
- geringe Umweltbelastung bei der Herstellung;
- Wiederverwertung eines Recyclingmaterials;
- geringes Gewicht;
- leicht zu verarbeiten;
- preisgünstig.

Das lockere Material wird über ein Gebläse und über Schläuche in Hohlräume eingefüllt. Für eine Außendämmung eines Hauses ist deshalb das Anbringen einer Hohlraumschalung auf der Fassade erforderlich.

Kein Haus hält ewig. Irgendwann wird es abgerissen, und die Baustoffe müssen entsorgt werden. Bei Naturmaterialien ist dies problemlos möglich. Sie können wiederverwertet oder durch Kompostierung in den Naturkreislauf zurückgeführt werden. Kunststoffe wie Polystyrol dagegen müssen auf die Deponie und sind als Sondermüll zu betrachten, der weiterhin die Umwelt belastet.

Zur weiteren Information lesen Sie:
Dämmstoffe im Kapitel „Baubiologische Sanierung von A-Z" auf Seite 248.

Wärmefalle: Glasanbauten für den Kindergarten

Ein Glasanbau am Kindergartengebäude vereinigt viele Vorteile: Er wirkt als Wärmefalle, Windfang, Gewächs- oder Dschungelhaus. Die Heizenergieersparnis in den dahinterliegenden Räumen kann, wie Messungen ergeben haben, bis zu einem Drittel betragen.

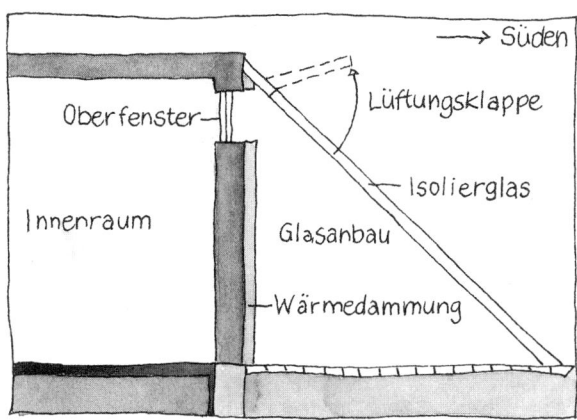

Abb. 117
Glasanbau

Ein Glashaus wird am besten auf den südlich ausgerichteten Teilen des Gebäudes angebracht. Dort sorgt die Sonne am intensivsten und längsten für eine Erwärmung. Am Tage lassen große Fensteröffnungen in oberer Höhe der Hauswand den Warmluftstrom in die Innenräume einströmen. Eine wärmegedämmte Hauswand minimiert die Wärmeverluste in der Nacht, die aus dem Innenraum durch das Mauerwerk in das Glashaus entweichen würde. Für heiße Sommertage sind Lüftungsklappen im Glashausdach unerläßlich, da ansonsten die Innentemperatur zu hoch wird. Das Öffnen und Schließen von Klappen und Fenstern sollten Lüftungsautomaten erledigen, die es inzwischen auch ohne elektrischen Antrieb gibt.

Sollen im Glashaus auch Zimmerpflanzen überwintern, kann nur durch Isolierglas die Temperatur im Plusbereich gehalten werden. Der Energiespareffekt geht verloren, wenn im Winter das Glashaus durch offene Türen zum Gebäude oder durch eine Heizung erwärmt wird.

Soll das Glashaus seine Funktion als Windfang erfüllen, ist darauf zu achten, daß beim Hinein- und Hinausgehen wie bei einer Schleuse immer eine Tür geschlossen bleibt. Fenster und Türen müssen zudem optimal abgedichtet sein.

Zur weiteren Information lesen Sie:
Dschungelhaus im Kapitel: „Kindgerechte Architektur" auf Seite 244.

Lüften mit System

Durch Energieverschwendungshäuser pfeift der Wind: Undichte Fenster, Türen und unsystematisches Lüften erzeugen Durchzug und ein ungesundes Raumklima. Die Behaglichkeit ist dahin, und die Heizungsanlage produziert Wärme hauptsächlich für die Außenluft.

Fugen und Ritzen an Türen und Fenstern sind abzudichten. Außerdem sind nicht richtig schließende Fenster und Außentüren zu reparieren oder zu ersetzen. Allerdings macht die perfekte Abdichtung eines Gebäudes systematisches Lüften unumgänglich. Ein unzureichender Luftaustausch führt umso schneller zu Sauerstoffmangel und Kohlendioxidanreicherung, je kleiner der Raum ist, und je mehr Menschen sich darin aufhalten. Müdigkeit und Konzentrationsschwäche sind die Folgen. Niedrigenergiehäuser werden über eine gesteuerte Belüftungsanlage mit Frischluft versorgt, die diese Gefahr ausschließt.

Falls der Einbau einer Belüftungsanlage im Kindergarten nicht realisierbar ist oder noch auf sich warten läßt, sollte der Luftaustausch durch eine Stoßlüftung betrieben werden.

Stoßlüftung

Drehen Sie zunächst die Heizkörper unter den Fenstern auf Null. Öffnen sie nach fünf Minuten alle Fenster weit für eine Viertelstunde. Nach dem Schließen der Fenster bringen Sie die Heizthermostate wieder in die alte Stellung zurück.

Je kleiner der Raum und je größer die Anzahl der Menschen, desto öfter müssen Sie die Stoßlüftung wiederholen.

Eine Dauerbelüftung, wie sie oft in Naßräumen oder der Kindergartenküche durch gekippte Fenster betrieben wird, ist besonders energieverzehrend. Der Wärmeverlust ist extrem hoch, und der Luftaustausch ist vergleichsweise gering.

Optimierung der Heizung

Eine schlechte und energiefressende Heizanlage läßt sich durch folgende Maßnahmen verbessern:
1. richtiger Standort der Heizkörper
2. Einbau moderner Regelthermostate
3. Wahl der richtigen Heizpumpe.
Sind die Fenster schlechter als die sie umgebende Wand isoliert, ist der richtige Platz für den Heizkörper neben dem Fenster an der Wand. Kommt ein Versetzen nicht in Frage, sollte ein breites Fensterbrett den warmen Luftstrom in den Raum umlenken. Das Anbringen einer rückstrahlenden Metallfolie an der Wand hinter dem Heizkörper mindert den Wärmeverlust nach draußen.

Tauschen Sie veraltete Heizkörperventile gegen moderne Regelthermostate aus. Die Temperatur in den Räumen sollte voreinstellbar sein. Mit einer Zeitschaltuhr können Sie die Temperatur für die Zeit absenken, zu der die Räume nicht genutzt werden.

Warmwasserkessel und Leitungsrohre sind zu isolieren, falls noch nicht oder unzureichend geschehen. Oft sind die Pumpen für den Heizwasserkreislauf überdimensioniert und verbrauchen dadurch zuviel Strom. Bei optimaler Abstimmung der Heizpumpe, des Leitungssystems und der Wasserumwälzmenge aufeinander sind große Energieeinsparungen möglich. Klopfgeräusche im Leitungssystem deuten auf Fehlabstimmungen hin und sollten untersucht werden.

Zur weiteren Information lesen Sie:
Heizungsanlagenverordnung zu Beginn des Umgestaltungs-Abschnittes „Energie" auf Seite 270.

Stromfressern auf der Spur

Bei manchen Elektrogeräten liegt der Verdacht nahe, daß sie hauptsächlich zur Steigerung des Stromverbrauchs erfunden wurden. Ob sich unter den Geräten im Kindergarten ein solcher Stromfresser verbirgt, können Sie leicht selbst herausfinden.

Auch ohne spezielle Meßgeräte können Sie den Stromverbrauch eines Gerätes feststellen. Schalten Sie alle Stromverbraucher im Kindergarten aus. Ziehen Sie die Stecker aus den Steckdosen, und schalten Sie nichtbenötigte Sicherungen aus. Beobachten Sie nun die Zählscheibe des Stromzählers: Sie darf sich keinen Millimeter mehr bewegen! Falls doch, sind irgendwo noch Geräte am Netz: Uhren, Radios, das Netzteil vom Fernseher etc. Haben Sie die Urheber ausfindig gemacht, nehmen Sie das Gerät, das Sie testen wollen in Betrieb. Notieren Sie jetzt den Zählerstand und stoppen Sie 60 Minuten ab. Schalten Sie das Gerät aus, und lesen Sie den Wert am Stromzähler erneut ab. Ziehen Sie davon den vorhin notierten Wert ab. Als Ergebnis haben Sie den Stromverbrauch des Gerätes pro Stunde vorliegen. Vergleichen Sie nun den gefundenen Wert mit den Angaben zum Stromverbrauch anderer Geräte. Danach können Sie leicht beurteilen, ob es sich um einen Stromfresser handelt. Wenn Sie die Betriebsstunden pro Jahr erfassen, ergibt eine einfache Rechnung schnell die mögliche Einsparung in Mark und Pfennig.

Verbraucherzentralen, die Stiftung Warentest in Berlin und Fachzeitschriften veröffentlichen Tests über Haushalts- und Werkzeuggeräte, die ausführlich über Qualität, Stromverbrauch und Preis informieren. In den Zeitschriften der Umweltverbände werden darüberhinaus immer wieder besonders umweltfreundliche Geräte vorgestellt.

Die Hälfte des Wassers!

„Wasser marsch!" war die Devise der Ressourcen-Verschwendungszeit, und folgerichtig stieg der Wasserverbrauch in der Bundesrepublik auf eine statistisch errechnete Pro-Kopf-Menge von 150 l am Tag. Der Zunahme des Verbrauchs steht heute die Verknappung der für Trinkwasser nutzbaren Wasservorräte gegenüber. Sauberes Trinkwasser wird immer kostbarer. Chemikalien aus der Industrie, Gifte und Dünger aus der Landwirtschaft, Abfallstoffe aus Deponien und Schadstoffe aus der Luft gelangen in den Boden und dringen ins Grundwasser vor. Viele Brunnen sind heute mit Schadstoffen belastet, etliche mußten sogar geschlossen werden, weil sie die Grenzwerte der Trinkwasserverordnung nicht mehr erfüllen konnten.

Der gestiegene Aufwand für die Trinkwasseraufbereitung schlägt sich in den gestiegenen Wasserpreisen nieder. Immer mehr Länder und Gemeinden gehen dazu über, für die entnommene Menge Wasser eine Abwasserabgabe zu erheben. Beispielhafte Modelle gibt es in Münster, Freiburg und Hessen, wo die Entsiegelung von Flächen und die Versickerung von Regenwasser gefördert werden.

In drei Schritten zum halben Wasserverbrauch

Durch den bewußten und sparsamen Umgang mit dem kostbaren Naß kann auch im Kindergarten ein Beitrag zum Schutz der Wasservorräte geleistet werden. Außerdem führt eine Halbierung des Wasserverbrauches zu einer spürbaren Senkung der Ausgaben. Eine kleine Rechnung soll dies verdeutlichen:

Wasser sparen lohnt sich!

In Freiburg kostet ein Kubikmeter Wasser inklusive Abwasserabgabe rund 5 DM. Wenn ein Kindergarten im Jahr beispielsweise 1000 Kubikmeter Wasser verbraucht, werden bei der Halbierung des Wasserverbrauchs 500 x 5 DM = 2500 DM eingespart. Dieses Geld können Sie bei der Finanzierung einer Regenwasseranlage oder bei der ökologischen Umgestaltung des Kindergartens sinnvoll verwenden.

Nachfolgend beschreiben wir einen leicht nachzuahmenden Weg, wie Sie in drei Schritten den Trinkwasserverbrauch im Kindergarten halbieren können. Zur Vorbereitung notieren Sie den bisherigen Wasserverbrauch anhand vorliegender Rechnungen, und suchen Sie die Wasseruhr im Keller auf. Sie ist meistens dort angebracht, wo die Hauptleitung in das Gebäude führt. Notieren Sie einmal in der Woche immer zur gleichen Zeit den Stand. Mit der statistischen Erfassung des Wasserverbrauchs können Sie nicht nur den Erfolg Ihrer Einsparbemühungen kontrollieren, Sie kommen auch den Ursachen von Verbrauchsschwankungen auf die Spur.

1. Wassereinsparschritt

Der dünne Wasserhahn

- Etliche Liter Wasser fließen täglich leicht- oder unverschmutzt und unnötigerweise in den Abfluß: morgens das abgestandene Wasser aus der Leitung; Wasser, das beim Umstellen von warm auf kalt abfließt; Wasser vom Salat- oder Gemüsewaschen. Dieses Wasser kann in Kanistern oder in Tonnen aufgefangen und zum Putzen und Blumengießen verwendet werden.
- Ausstattung der Wasserhähne mit Sparperlatoren: Luft wird in den Wasserstrahl eingewirbelt und bringt bis zu 50 % Ersparnis.

- Einbau von Spül-und-Stopschaltern an den Toilettenspülkästen: Es ist eine unnötige Verschwendung, wenn für jedes „kleine Geschäft" immer gleich bis zu 14 Liter Trinkwasser verlorengehen. Inzwischen gibt es kleinere Spülkästen mit 4 und 6 Litern Inhalt. Das Volumen eines überdimensionierten Kastens läßt sich auch mit einem Ziegelstein reduzieren.
- Wasch- und Geschirrspülmaschine nur dann in Betrieb nehmen, wenn sie vollständig gefüllt sind. Alte Geräte gegen neue, wassersparende Modelle ersetzen.

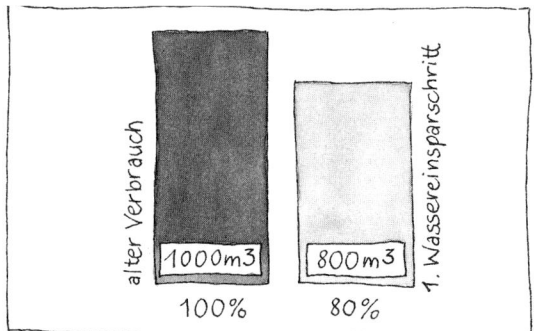

Abb. 118
1. Wassereinsparschritt, Wassereinsparung: bis zu 20 %!

2. Wassereinsparschritt

Regenwasser auffangen

Fangen Sie die vom Dach abfließenden Niederschläge in Behältern auf. Angenommen, die Größe des Daches beträgt 500 m² und die jährliche Niederschlagsmenge 1000 Liter/m², dann fließen jedes Jahr (bezogen auf ein Flachdach) eine halbe Million Liter Wasser = 500 m³ ungenutzt in die Kanalisation. Das entspricht dem halben Jahres-Wasserverbrauch eines Kindergartens aus unserem oben angeführten Rechenbeispiel!

Regenwasserbehälter müssen kühl und dunkel stehen, damit die Verkeimung und Veralgung des Wassers verhindert werden. Ein automatisch betriebener Schieber sollte erst eine halbe Stunde nach dem Regenbeginn das Wasser in die Sammelbehälter leiten, damit der Schmutz auf dem Dach zuvor abgespült wird. Mit Regenwasser können Pflanzen gegossen, die Räume gereinigt oder ein Teich nachgefüllt werden (vgl. Abb. 119).

Falls Sie das Regenwasser vom Dach direkt über ein kleines, künstliches Bächlein in den Teich einleiten wollen, ist der Durchlauf durch

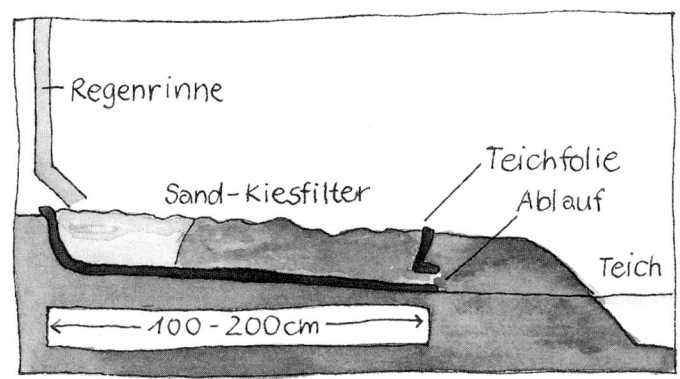

*Abb. 119
Sand-Kiesfilter
zwischen Fallrohr
und Teich*

ein filterndes Sand-Kiesbett notwendig. Dort werden Schmutzparti-
kel und Vogelkot zurückgehalten. Heben Sie eine Grube aus und
dichten Sie diese mit Teichfolie ab. Füllen Sie Sand, Feinkies und am
Ablauf Grobkies auf. Je nach Verschmutzungseintrag und Größe des
Kiesfilters ist nach einem oder mehreren Jahren der Austausch des
Filtermaterials notwendig.

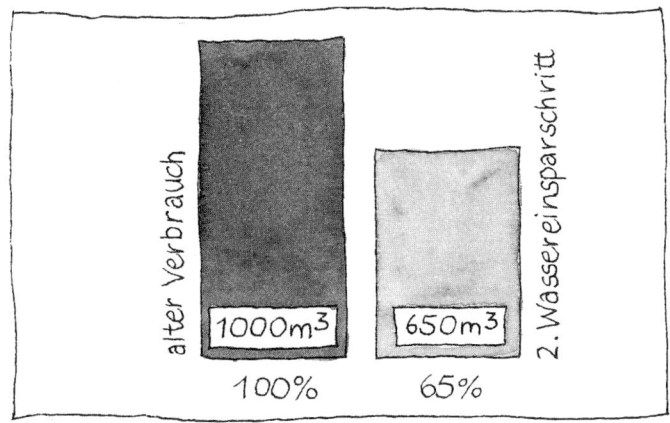

*Abb. 120
2. Wassereinspar-
schritt, Wassereins-
parung insgesamt:
bis zu 35 %*

3. Wassereinsparschritt

**„Brauchwasser-
anlage"**

Als Wasserspeicher für das aufgefangene Regenwasser benötigen Sie
einen ausreichend dimensionierten Auffangbehälter. Ein Volumen
von 5 m³ Speicherkapazität ist für einen durchschnittlich großen Kindergarten die Mindestgröße. Der Standort muß kühl und dunkel sein.
Die Plazierung im Keller oder das Vergraben im Außengelände kommen in Frage.

Filter reinigen das Wasser, und eine Pumpe leitet es in das Brauchwassernetz des Hauses. Es gibt heute sichere Systeme, die eine unbeabsichtigte Verbindung mit dem Trinkwassernetz ausschließen. Die Zapfstellen sind besonders gekennzeichnet und gesichert, damit nicht versehentlich Wasser zum Trinken entnommen wird. Ist der Regenwasserbehälter einmal leer, wird aus der Trinkwasserleitung Wasser in den Behälter gefüllt, damit Geräte und Spülung weiter betrieben werden können.

Mit einer Brauchwasseranlage können Sie betreiben: Toilettenspülung, Waschmaschine und Geschirrspüler.

Es kommt vor, daß Gesundheitsämter pauschal die Nutzung des Regenwassers im Kindergarten unterbinden wollen und dies mit hygienischen Bedenken begründen. Untersuchungen von fachgerecht installierten Anlagen haben ergeben, daß die Keimbelastung gering war und die Anforderungen an Badewasser erfüllt wurden. Ist eine Verständigung nicht zu erzielen, gibt es die Möglichkeit, über die Medien, mit Hilfe von Umweltverbänden oder Gemeindevertretern das Thema in die Diskussion zu bringen, um eine Umstimmung der Behörde herbeizuführen.

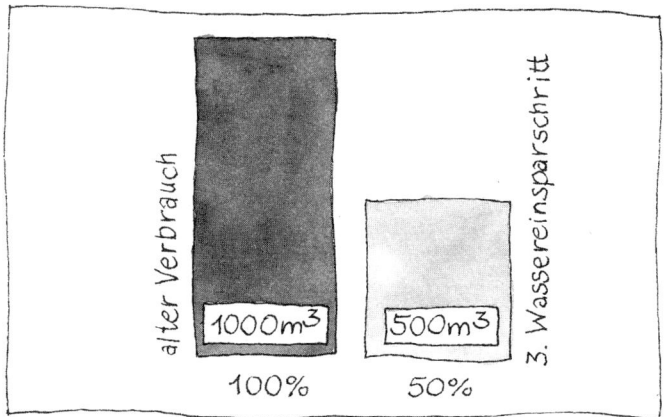

Abb. 121
3. Wassereinsparschritt, Wassereinsparung insgesamt: bis zu 50%!

Bei weiter steigenden Wassergebühren wird auch eine Brauchwasseranlage trotz relativ hoher Investitionskosten immer rentabler. Der Einbau einer Anlage kann aufgrund der komplizierten Technik und der einzuhaltenden Verordnungen nicht mehr in Selbsthilfe erfolgen. Von spezialisierten Fachbetrieben erhalten Sie weitere Informationen.

6.8 Umgestaltungs-Abschnitt: „Ernährung"

6.8.1 Essen im Kindergarten

Machen Sie das Essen im Kindergarten zu einem Erlebnis für die Kinder. Essen soll Spaß machen, und es soll schmecken! Auch wenn keine Küche vorhanden ist und die Kinder das Frühstück von zuhause mitbringen, mit Fantasie und Ideen läßt sich ergänzend immer etwas Abwechslungsreiches zaubern, das den Appetit anregt und gesund ist!

Fehlt es an Geschirr und Gerät, machen Sie aus der Not eine Tugend: Die Kinder bringen von zuhause Tassen, Teller und ein Besteck mit. In einem Regal, in dem jedes Kind sein eigenes kleines Fach hat, ist alles übersichtlich untergebracht. Irgendwo findet sich ein Platz, wo ein Spülbecken und einige Küchenutensilien untergebracht werden.

Anrichten, Aufdecken und Abwaschen ist Gemeinschaftssache. Mit verschiedenen Zutaten stellen sich die Kinder selbst Gerichte nach ihrem Geschmack zusammen. Für die Geburtstagskinder der Woche gibt es eine besondere Überraschung: Die anderen Kinder bereiten ihnen kleine Leckerbissen zu, die am geschmückten Geburtstagsplatz serviert werden.

Dort, wo in einer Küche gekocht wird, sollten die Kinder bei der Essenszubereitung miteinbezogen werden. Wer selbst Gemüse putzt, eine Salatsoße würzt und anrührt, der bekommt dabei Appetit und kann es kaum noch erwarten, bis das Essen auf den Tisch kommt.

6.8.2 Was Kinder gerne essen

Knackige Salate mit selbstgepflückten Kräutern, frisches Obst aus dem Garten mit selbstangerührtem Quark und Haferplätzchen aus dem Backofen der Kinderküche – welches Kind möchte da nicht gerne zugreifen?

Was für die Entdeckung der Natur und der Umwelt gilt, gilt auch für die Welt des Essens: Stimulation weckt die Neugierde der Kinder, Bekanntschaft mit noch unbekannten Speisen und Früchten zu machen und sie auszuprobieren. Fehlen Anreize, kommt es leicht vor, daß Kinder bei einigen wenigen favorisierten Gerichten „hängenbleiben" und sich einseitig von Pommes frites mit Mayonnaise oder Spaghetti mit Ketchup ernähren. Geschickt setzt die Werbung der Nahrungsmittelindustrie an dem noch nicht gefestigten Ernährungsverhalten der Kinder an und versucht, sie vor allem an ihre vitalstoffarmen Fastfood- und Zuckerprodukte zu binden.

Untersuchungen haben ergeben, daß Kinder, bevor sie dem Einfluß von Werbung und Naschereien unterliegen, ihr Essen aus einer breiten Palette abwechslungsreicher Gerichte und unterschiedlichster Lebensmittel zusammenstellen.

Der erfolgversprechendste Weg, der massiven Beeinflussung durch Werbung und falsche Vorbilder zu begegnen, ist eine gesunde Ernährung, die durch Geschmack und Vielfalt überzeugt. Wenn es heißt, Erbsen sind das bei Kindern am wenigsten beliebte Gemüse, so hat eher eine vielerorts übliche, langweilige Zubereitung zu diesem „Absteigerplatz" geführt. Probieren Sie es einfach selber aus, und bieten Sie den Kindern Erbsen auf indische Art an: in Rahmcurry mit Gewürzreis. Oder auf italienische Art: gedünstete, frische Erbsen mit Kräutern von der Kräuterspirale, mit Tomaten und Gnocchi.

Viele Dinge sind den Kindern noch nicht vertraut, und sie brauchen Zeit und und müssen Lust haben, sich mit Neuem bekannt zu machen. Wird Druck auf sie ausgeübt, kann es vorkommen, daß sie ein Leben lang eine Abneigung gegen bestimmte Lebensmittel entwickeln. Essen für Kinder sollte deshalb möglichst aus einem Angebot mit Alternativen bestehen. Nicht zuletzt ist es bei der Entscheidung, was Kinder gerne essen, von Belang, wie die Speisen gewürzt sind. Anders als viele Erwachsene sind Kinder mit Salz und verschiedenen Gewürzen eher zurückhaltend.

6.8.3 Vollwert gewinnt

Kinder sind in einer Entwicklungsphase, in der sich ihr Organismus aufbaut. Sie benötigen deshalb frische, vitalstoffreiche und unverfälschte Lebensmittel, aus denen sie die Kraft schöpfen, die notwendige Aufbauleistung zu vollbringen. Nur eine vollwertige Ernährung kann dies leisten. Für Kinder besonders wichtig ist die reichliche Versorgung mit Milch und Milchprodukten, die für den Knochenaufbau wichtiges Kalzium liefern. Die Immunabwehr der Kinder ist noch nicht voll entfaltet, weshalb sie öfter mit Infektionen zu kämpfen haben als Erwachsene. Eine vollwertige Ernährung stärkt ihre Abwehrkräfte. Gesund ernährte Kinder sind weniger häufig krank.

Die wesentlichen Merkmale einer vollwertigen Ernährung sind:
- schonende Zubereitung (Dünsten auf kleiner Flamme, Kochen im Dampftopf);
- hoher Anteil von Rohkost, Verzehr von Obst und Gemüse in frischem und nicht in weiterverarbeitetem Zustand;

- Verwendung des ganzen Getreidekorns mit allen wichtigen Vitaminen und Ballaststoffen;
- Mehl und Schrot nur frisch gemahlen verarbeiten;
- sparsame Verwendung natürlicher Zucker (Honig, Trockenfrüchte, Fruchtsaft);
- Verwendung kaltgepresster Pflanzenöle mit mehrfach ungesättigten Fettsäuren; sparsame Verwendung von Fett und Öl;
- wenn Fleisch und Eier, dann aus artgerechter Tierhaltung von einem kontrolliert biologisch wirtschaftendem Bauernhof verwenden;
- zum Trinken Trinkwasser, Fruchtsaft, Kräutertee und Vollmilch bevorzugen.

Bei einer vollwertigen Ernährung werden vermieden:
- Zerkochen von Nahrung;
- Konserven und industriell weiterverarbeitete Lebensmittel mit Zusatz- und Konservierungsstoffen (H-Milch, Kondensmilch, Päckchensuppen, Soßenmischungen, Kartoffelpulver, Fertiggerichte);
- Auszugsmehle (Weißmehl), Stärkemehle;
- isolierte Zucker (auf der Verpackung deklariert als Dextrose, Fruktose, Glucose, Kandis, Karamel, Milchzucker, Sacharose);
- minderwertige, gehärtete tierische und pflanzliche Fette;
- Fleisch und Eier aus der Massentierhaltung mit Rückständen von Bioziden und Pharmaka;
- gezuckerte Limonaden und Fruchtsaftgetränke; koffeinhaltige Limonaden, Tee und Kaffee.

Der Schlüssel zur Umstellung

Auch Kinder haben ihre liebgewonnenen Gewohnheiten. Bei radikalen Einschnitten in die Ernährung hört auch für sie der Spaß auf. Da im wesentlichen in der Familie entschieden wird, was und wie gegessen wird, muß eine Umstellung der Ernährung im Kindergarten mit der Einbeziehung der Eltern beginnen. Nicht graue Theorie weckt das Interesse, sondern die Bekanntschaft mit Zunge und Gaumen. Setzen Sie für den nächsten Elternabend das Thema „Ernährung" auf die Tagesordnung, und beginnen Sie den Einstieg mit einem Vollwert-Imbiß. Haben die kleinen Leckereien die Eltern neugierig gemacht, sind sie anschließend sicher interessiert zu erfahren, wie eine sanfte Umstellung auf vollwertige Ernährung im Kindergarten mit ihrer Hilfe umgesetzt werden kann. Ein Ernährungsberater oder eine Erzieherin mit einer Weiterbildung über Vollwertkost können am besten ausführlich informieren und Fragen beantworten.

Am Ende dieses Abends sollte eine Vereinbarung getroffen werden, die eine Umstellung wesentlich erleichtert: Zuckerkonsum, Naschereien und Fastfood werden zuhause reduziert. Die Eltern geben den Kindern keine Süßigkeiten und kein Geld zum Kauf von Naschereien mit auf den Weg. Zucker wirkt wie ein Suchtmittel und muß bei Gewöhnung ständig verabreicht werden. Die Kinder sind dadurch regelrecht blockiert und für eine Umstellung auf gesundes Essen nur schwer zugänglich.

Bei einem Kind mit einer gesunden Ernährungsbasis führt der gelegentliche Biß in einen Hamburger nicht gleich zu ernährungsbedingten Organschädigungen. Bei fehlernährten Kindern dagegen kann jeder Griff zu Gezuckertem und Fastfood ein weiterer Baustein zu späterem Leiden sein.

Der gute Wille zur Umstellung allein zaubert im Kindergarten noch kein Vollwertmenü herbei. Koch und Köchin müssen hierzu qualifiziert sein oder sich nachträglich weiterbilden. Auch bei der Ernährung brauchen die Kinder Erwachsene als glaubhaftes Vorbild. Wie können wir von Kindern etwas verlangen, was wir selbst nicht ernst nehmen?

Die Umstellung auf Vollwertkost ist kein spektakuläres Ereignis, sondern geschieht eher im stillen und ganz allmählich: Denaturierte Lebensmittel werden Schritt für Schritt durch frische, vollwertige ersetzt. Das Angebot wird vitamin-, ballaststoff- und aromareicher. Der Speisezettel macht durch Abwechslung und Vielfalt schon auf das Gericht am nächsten Tag Appetit. Neue Speisen aus der Vollwertküche wie Sojawürstchen und Tofu, die für die Kinder gewöhnungsbedürftig sind, werden zunächst als zusätzliche Beilage vorgestellt. Wenn die Kinder selbst experimentieren, welche Gerichte aus Tofu herzustellen sind, ist ihre Neugier geweckt, und Hemmungen entstehen erst gar nicht.

Frühstück – der Tag fängt gut an — Anstelle eines kleinen, eigenen Frühstücks bringen die Kinder von zuhause verschiedene Zutaten mit. Dann gibt es beim Auspacken jeden Morgen spannende Überraschungen und eine bunte Frühstückstafel. Zusammen mit den im Kindergarten vorhandenen Lebensmitteln kommt ein reichhaltiges, gutes Frühstück auf den Tisch: Frischkornbreimüsli mit frischem Obst, Nüssen und Getreidekeimsaat; Vollkornbrot (möglichst drei Tage gelagert), Butter oder Margarine (nur aus ungehärteten Pflanzenfetten), Kräuterquark, Joghurt, Käse und zum Trinken Wasser, ungezuckerter frischgepreßter

Fruchtsaft oder Kräutertee (ohne künstliche Aromastoffe und Zucker), Milchkakao und Milch.

Alle Speisen werden auf einem langen Tisch hergerichtet, wo sich die Kinder nach Herzenslust ihr Lieblingsfrühstück zusammenstellen können.

Zur weiteren Information lesen Sie:
Frühstück im Kapitel 3: „Vorschlag Nr. 6: Lecker und gesund: Ein vollwertiges Frühstücksbuffet" auf Seite 41.

Mittagessen – das Kraftpaket

Ein vollwertiges Mittagessen ist leichtverdaulich und fettarm. Es ist dennoch ein Kraftpaket, da wertvolle Inhaltsstoffe und keine Füllstoffe wie bei Fastfoodgerichten aufgenommen werden. Hungergefühle kommen erst sehr viel später auf und der Hang nach kleinen Naschereien zwischendurch ist unterbunden.

Ein Mittagessen beginnt mit frischen Salaten oder einem Rohkostteller. Gerne stippen die Kinder streifig geschnittene Möhren, Kohlrabi, Paprika, Gurken, Fenchel oder Minitomaten in verschiedene Joghurtsoßen. Vollwertige Hauptgerichte schmecken nicht fade und müssen nicht langweilig aussehen: Was sagen die Kinder zu einer ofenfrischen Vollwertpizza oder zu einer überbackenen Gemüselasagne?

Frische Erdbeeren mit Schlagsahne, ein mit Honig leicht gesüßter Quark mit selbstgepflückten Brombeeren oder ein in der Kinderküche selbstgemachtes Bananeneis sind Desserts, die die Kinder begeistern.

Essen nach Jahreszeiten

Mit der Umstellung auf Vollwertkost erleben die Kinder auch beim Essen bewußter die Jahreszeiten. Erdbeeren und Spargel erinnern an den Frühling, wenn Kirschen und Himbeeren aufgetischt werden, ist es Sommer, der Herbst ist den Kindern durch Weintrauben ein Begriff, und im Winter kommt die Zeit der Keimsprossen und Hülsenfrüchte.

Tiefkühlware und mit dem Schiff und Flugzeug aus Übersee importierte Früchte haben das Essen nach der Jahreszeit aus der Mode gebracht. Die Vollwertkost greift bewußt auf alte Gepflogenheiten zurück – und das nicht aus Nostalgie: Einfrieren und lange Transportwege sind energieverzehrend und damit auch ein Beitrag zur Klimagefahr, da Flugzeuge und Kraftwerke große Mengen von Kohlendioxid in die Atmosphäre entlassen. Die unreif gepflückten Früchte

Das Kresseschwein

In der Werkstatt töpfern die Kinder ein hohles Kresseschwein aus Ton, das sie anschließend im Lehmofen einbrennen (vorläufig tut es auch ein auf den Kopf gestellter Blumentopf).
Das Kresseschwein 3 Stunden wässern, mit Kressesamen bestreuen und in eine wassergefüllte Schale ans Fenster stellen. Schon bald keimt die Kresse auf und bedeckt die Figur mit einem grünen Pelz. Nach 5–8 Tagen ist die Kresse erntefertig.

sind arm an Aroma und meist durch hohe Nitratwerte und Biozidrückstände belastet. Die Anbaubedingungen in fernen Ländern sind von uns aus schwer zu überschauen. Agrochemikalien, deren Anwendung in Deutschland schon verboten ist, werden in Entwicklungsländern häufig noch eingesetzt.

Wann immer es möglich ist, kaufen Sie direkt ab Bauernhof, dann wissen Sie, wo die Lebensmittel herkommen und wie sie produziert werden.

Supermarkt oder Bioladen Ein schmales Budget verführt oft dazu, die scheinbar so günstigen Angebote aus dem Supermarkt zu kaufen. Ist eine Ernährung mit Produkten aus dem kontrolliert biologischen Anbau aber wirklich teurer? Wer nur Preise vergleicht, kann zu diesem Schluß kommen.

Wer aber seine Ausgaben für Ernährung über einen längeren Zeitraum erfaßt, wird feststellen, daß nicht mehr Geld ausgegeben wird. Woran liegt dies? Eine vollwertige Ernährung ist fleischarm, eine vegetarische ist grundsätzlich fleischlos. Fleisch und Wurst sind sehr teuer und nehmen in der herkömmlichen Küche einen beachtlichen Anteil des Etats ein. Vollwertkost basiert auf einem großen Anteil frisch verarbeiteten Getreides und frischen, unverarbeiteten Lebensmitteln. Diese Produkte sind preiswerter als die vielen weiterverarbeiteten Nahrungsmittel, auf die die konventionelle Küche zurückgreift. Ein weiterer Gesichtspunkt tritt hinzu: Weißmehlprodukte und mineralgedüngte Pflanzen sind arm an wichtigen Inhaltsstoffen und sättigen nicht nachhaltig. Anders als beim Vollwertessen fängt der Magen früher an zu knurren, und es muß mengenmäßig mehr gegessen werden – was ins Geld geht.

Nachfolgend stellen wir Ihnen drei Tips vor, wie Sie gesunde Lebensmittel noch preiswerter einkaufen:

Tip Nr. 1 Kaufen Sie regionale Produkte nach saisonalem Angebot. Kurze Transporte begünstigen niedrige Preise. Sonderangebote gibt es auch bei Bioständen auf dem Markt und in Bioläden.

Tip Nr. 2 Viele Bauern beliefern Kunden mit sogenannten Abokisten. Die Abonnenten erhalten meist einmal die Woche eine Kiste gleichbleibenden Gewichtes mit erntefrischem Obst und Gemüse je nach Saison. Durch die regelmäßige Abnahme kann die Bäuerin besser kalkulieren und preiswerter anbieten. Der Kindergarten als Großabnehmer sollte Sonderkonditionen aushandeln und diejenigen Gemüsesorten ausschließen, welche die Kinder nicht mögen.

Tip Nr. 3 Treten Sie einer Einkaufsgemeinschaft, einer Food-Coop, bei. Die Ware wird vom Großhandel oder direkt vom Bio-Hof bezogen und ist aufgrund der großen Bestellmenge und des Eigenanteils der Arbeit beim Abpacken und Verteilen besonders preisgünstig. Um in den Genuß der Großabnehmerpreise zu gelangen, ist meistens das Erreichen eines bestimmten Limits erforderlich. Falls Sie alleine mit Ihrer Bestellung dieses Limit nicht erreichen, halten Sie Ausschau nach einer Food-Coop in der Nähe, oder gründen Sie eine neue Einkaufsgemeinschaft zusammen mit benachbarten Kindergärten, Schulen oder den Eltern. Hilfestellungen geben der Naturkosthandel oder der Verband der Naturkostläden.

7. Wenn's am Geld fehlt …

Durch die Bevorzugung von Recyclingmaterialien, durch die Wiederverwendung von Wertstoffen und die Bereitstellung von kostenlosem Material von Gemeindebauhöfen, Forst- und Grünflächenämtern, haben wir bei unseren Umgestaltungs-Vorschlägen immer schon die kostengünstigsten Möglichkeiten vorgestellt. Trotzdem gibt es bei einer Umgestaltung immer auch etliche Dinge, die noch zusätzlich finanziert werden müssen. Meistens ist das Geld in der eigenen Kasse knapp, und es stellt sich die Frage, woher das Geld für die Verwirklichung der „Träume" zu nehmen ist.

7.1 Sponsoren

Pflanzen für die Begrünung der Außenflächen, Spielgeräte, eine Kücheneinrichtung, eine Möblierung oder ein Glasanbau können Sponsoren zur Finanzierung vorgeschlagen werden. Auch Werkzeuge oder Baustoffe, die das Unternehmen eventuell selbst herstellt, kommen als Sponsorgaben in Frage. Sponsoren finden Sie in Dienstleistungsunternehmen (Banken, Krankenkassen oder Versicherungen), in Gewerbe- und Industriebetrieben.

Entschließt sich ein Unternehmen zur Förderung einer Einrichtung, verbindet es damit selbstverständlich nicht ganz uneigennützige Absichten: Werbung und Imagepflege sind die Triebkräfte des Sponsorentums. Die Unterstützung von Kindergärten kommt in der Öffentlichkeit gut an und kann über die Medien wirksam vermarktet werden. Deshalb ist die Suche nach Sponsoren für den Kindergarten erfolgversprechend.

Das 1 x 1 des Sponsorings

Definieren Sie klar die Objekte oder das Projekt, das Sie einem Sponsor zur Förderung vorschlagen wollen.

Stellen Sie einen Finanzierungsplan auf, und berechnen Sie den Anteil, den der Sponsor übernehmen soll.

Begründen Sie, weshalb Ihr Projekt für den von Ihnen angesprochenen Sponsor zur Unterstützung besonders geeignet ist.

Übergeben Sie dem Sponsor eine kurze, aber überzeugende Selbstdarstellung des Trägers und des Kindergartens.

Auf der Suche nach Sponsoren wenden Sie sich zunächst an lokale Unternehmen, und bevorzugen Sie jene, die zu Kindern oder zur Umwelt positive Aussagen machen. Knüpfen Sie persönliche Kontakte zu Unternehmen, in denen Eltern beschäftigt sind. Sprechen Sie Ihre Hausbank, Ihr Versicherungsunternehmen und die Unternehmen an, bei denen Sie Kunde sind.

Nennen Sie dem Sponsor eine Ansprechpartnerin.

Informieren Sie den Sponsor kontinuierlich über die Entwicklung des von ihm geförderten Projektes. Schlagen Sie ihm Folgeprojekte vor.

7.2 Mäzene

Anders als Sponsoren wirken Mäzene meist im Hintergrund. Sie fördern vorwiegend soziale Einrichtungen, ohne an die Finanzierung konkrete Bedingungen wie beim Sponsoring zu stellen. Die Beweggründe der Mäzene liegen in der sozialen Verantwortung, der sie sich durch ihren Reichtum verpflichtet fühlen, in Steuerersparnissen durch Spenden und in der Imagepflege.

Leider sind Mäzene rar gesät, und es bedarf einer Portion Glück, sie aufzuspüren. Hier helfen am besten Erkundigungen bei Personen und Einrichtungen, die Kontakte zu Mäzenen haben.

Das 1 x 1 der Mäzenatensuche

Stellen Sie Mäzenen das Gesamtprojekt der ökologischen Umgestaltung anschaulich in Plänen, Skizzen und Beschreibungen dar.

Fügen Sie eine kurze, aber überzeugende Selbstdarstellung des Trägers und des Kindergartens bei.

Empfehlungen anerkannter Fachleute oder Honoratioren (Bürgermeister, Bischof, Abgeordnete) verbessern Ihre Chancen bei der Suche nach Mäzenen.

Informieren Sie den Mäzen kontinuierlich über die Entwicklung der Umgestaltung.

7.3 Spenden

Die Kindergärten der Kirchen und der gemeinnützigen Vereine können ohne Umschweife öffentlich zu Spenden für das Umgestaltungsprojekt aufrufen. Andere Einrichtungen können sich an nahestehende Vereine wenden und um die Abwicklung der Spendenverwaltung bitten. Letztlich ist die Gründung eines Fördervereins möglich, der sich bei der Gemeindeverwaltung oder der Polizei, entsprechend den Bestimmungen des jeweiligen Bundeslandes oder der Gemeinde, eine Erlaubnis zur Spendensammlung einholen kann.

Der Spendenaufruf

Ein Spendenaufruf richtet sich an einen größeren Kreis potentieller Spender. Die Adressaten erreichen Sie über Anzeigen in Zeitungen, über Plakatwerbung oder durch ein Anschreiben.

Ein Spendenaufruf enthält Informationen über das zu fördernde Projekt, wie die Gelder verwendet werden sollen, wer den Aufruf verfaßt hat und ob die Spenden eventuell steuerlich absetzbar sind (dies ist bei Einrichtungen der Fall, die als gemeinnützig und besonders förderungswürdig anerkannt sind).

Die Annonce

Eine Annonce kann nur einen knappen Text beinhalten, ansonsten besteht die Gefahr, daß die Kosten einen großen Teil der Spendengelder verschlingen. Bitten Sie Zeitungen und Stadtillustrierte um einen kostenlosen Abdruck einer Anzeige als Beitrag zur Unterstützung Ihres Projektes.

Die Sammelbüchse

Öffentliche Sammelaktionen müssen vorher genehmigt werden (meist durch die Polizeibehörde). Sie können mit der Spendenbüchse dann von Haus zu Haus gehen oder auf einem Platz einen angemeldeten Infotisch aufbauen und dort um Spenden werben.

Sprechen Sie Betriebe, Banken und Vereine an, ob Sie dort eine Sammelbüchse aufstellen dürfen. Betriebs- und Weihnachtsfeiern sind günstige Anlässe, um eine Sammelaktion für den Kindergarten durchzuführen.

Einzahlungsscheine

Sprechen Sie Ihre Sparkasse oder Ihre Bank an, ob diese vorgedruckte Einzahlungsscheine für Spenden zur Unterstützung des Umgestaltungs-Projektes an den Schaltern auslegen. Sparkassen sind außerdem verpflichtet, einen Teil ihrer Gewinne für gemeinnützige Zwecke einzusetzen. Es ist einen Versuch wert, die Sparkasse als Direktspender oder Sponsor zu gewinnen.

Das 1 x 1 der Spendenwerbung

Benennen Sie immer konkrete Dinge, die mit den Spenden finanziert werden sollen. Spenderinnen möchten recht genau wissen, wie ihr Geld verwendet wird. Veröffentlichte Berichte und Abrechnungen fördern das Vertrauen und sprechen für Seriosität.

Eine kleine Spende kann eine Testspende sein. Schenken Sie deshalb auch Kleinbeträgen Beachtung. Haben Spender Vertrauen gewonnen, sind sie eventuell zu einer größeren Unterstützung bereit.

Danken Sie bei größeren Beträgen den Spendern mit einem persönlichen Brief. Informieren Sie über den Abschluß des Projektes, und bieten Sie Folgeprojekte zur weiteren Unterstützung an.

Bedanken Sie sich bei den Spendern durch einen Artikel in der Kindergartenzeitung, und führen Sie die Namen von Firmen und Einzelpersonen (ohne Anschrift!) auf. Das öffentliche Lob für gute Taten schafft auch anderen einen Anreiz, das gleiche zu tun.

Vergessen Sie nie, gegenüber Journalisten, die über die Umgestaltung berichten wollen, zu betonen, daß ohne Spenden das Projekt nicht finanzierbar ist, und geben Sie die Kontonummer an.

7.4 Stiftungen

Es gibt parteinahe Stiftungen, unabhängige, private Stiftungen und Stiftungen von großen Unternehmen, die kulturelle, soziale und umweltorientierte Projekte mit Zuschüssen fördern. Auch die Vergabe von Preisgeldern und die Ausschreibung von Wettbewerben gehören zum Förderpaket der Stiftungen.

Das 1 x 1 des Stiftungsgeldes

Wählen Sie zuerst die Stiftungen aus, die entsprechend ihrer Aufgabenstellung für ein ökologisches Umgestaltungs-Projekt eines Kindergartens in Frage kommen. Dies sind vor allem Stiftungen mit den Schwerpunkten Umwelt, Naturschutz, Ernährung und Gesundheit.

Fordern Sie die Förderrichtlinien der Stiftungen an, um zu prüfen, ob Ihr Vorhaben in das Spektrum der von der Stiftung unterstützten Projekte paßt.

Klären Sie durch einen Anruf ab, wie zur Zeit die Chancen einer Förderung stehen, ob das gesamte Projekt oder nur einzelne Teilbereiche unterstützt werden und welchen Umfang eine finanzielle Förderung einnimmt. Hält die Stiftung eine Antragstellung für sinnvoll, fragen Sie nach Einzelheiten und Formalitäten.

Reichen Sie einen schriftlichen Antrag mit einer genauen Projektbeschreibung ein (Projektinhalte und -ziele, Baubeschreibungen, Pläne, Entwurfsskizzen), einem Arbeitsplan (Einsatz von Arbeitskräften, Eigenarbeit, Termine der Fertigstellung) und einem Finanzierungsplan (Eigenanteil, Fremdanteil, Zeitplan). Berücksichtigen Sie die Ziele und Förderschwerpunkte der Stiftung, und passen Sie gegebenenfalls einzelne Projektinhalte daran an. Fügen Sie dem Antrag Stellungnahmen von Fachleuten und Empfehlungen von anerkannten Persönlichkeiten bei.

Die Stiftung macht Vorgaben, in welcher Weise Sie die Gelder verwenden dürfen, wie die Ausgaben nachzuweisen sind und wie die Abrechnung abgewickelt werden muß. Erfüllen Sie alle Anforderungen sehr korrekt und pünktlich. Dies verschafft Ihnen einen positiven Ruf und erhöht bei Folgeanträgen Ihre Chancen.

7.5 Modellprojekte und Förderprogramme

Auf Länder- und Bundesebene können zeitlich und finanziell begrenzte Programme zur Förderung von Modellprojekten oder zu Maßnahmen des Umweltschutzes existieren. Wenden Sie sich zunächst an die nächste für Jugend, Familie oder Umwelt zuständige Behörde, ob dort Informationen über solche Maßnahmen vorliegen. Fragen Sie außerdem bei verschiedenen Fachministerien der Länder und des Bundes um Auskunft nach.

Eine Förderung durch öffentliche Mittel geschieht in einem ähnlichen Verfahren wie bei der Vergabe von Geldern durch Stiftungen. Meist sind öffentliche Gelder strenger an den Zweck gebunden, und die Abrechnungen müssen noch exakter ausgeführt werden.

7.6 Stände und Feste

Der Tag der offenen Tür und das Sommerfest im Kindergarten, der örtliche Flohmarkt, ein Straßenfest oder der Weihnachtsbasar sind geeignete Anlässe, um durch den Verkauf von Eßwaren, Getränken, Second-Hand-Spielsachen und -Textilien Einnahmen zu erwirtschaften.

Stände außerhalb des Kindergartens müssen beim Veranstalter oder bei der Polizei angemeldet werden. Oft wird eine Gebühr erhoben, und es ist empfehlenswert, Kosten und Einnahmen vorher abzuschätzen. Die Teilnahme an einer Fremdveranstaltung ist auch noch bei einem Kostenanteil von 50–100 DM vorteilhaft, da viel organisatorischer Aufwand, den der Gesamtveranstalter trägt, für Sie entfällt.

Ein Stand braucht eine Attraktion, die das Publikum anzieht, ansonsten fristen Sie in der Masse der Konkurrenz ein Mauerblümchendasein. Locken Sie Kinder und Erwachsene durch den Duft frischgebackener Vollkornwaffeln, einer Pizza oder im Sommer durch selbstgemachtes Früchteeis mit Honig an. Auch Kasperletheater, Tombola, Geschicklichkeitsspiele mit Preisen und Musikdarbietungen sind Publikumsmagnete. Erlöse an Verkaufsständen in dreistelliger Summe sind keine Seltenheit, Beträge darüber sind auch schon vorgekommen.

Der Schaustellertrick

An einen leeren Stand heranzutreten erfordert Überwindung. Schausteller auf Jahrmärkten schicken deshalb oft eigene Leute als Publikum an den Stand. Im Nu bleiben andere stehen und werden neugierig, was dort denn los ist.

Garanten des Erfolges einer Aktion sind: Sonnenschein, günstiger Termin, gut erreichbarer Ort, publikumswirksame Attraktion, intensive Werbung und persönliches Engagement. Falls Sie mit dem Ergebnis nicht zufrieden sind, überprüfen Sie die einzelnen Faktoren, um beim nächsten Mal Verbesserungen vorzunehmen.

7.7 Kindergarten-Bausteine

Kindergarten-Bausteine können kleine Holzklötzchen sein, die zur Finanzierung der Umgestaltung an Spenderinnen verkauft werden. Neben dem ideellen Wert haben sie einen Gebrauchswert als Spielzeug, Briefbeschwerer, Platzfreihalter im Zugabteil, als Namensschild am Schreibtisch und bei Konferenzen oder als Schlüsselanhänger.

Die Kinder beteiligen sich aktiv an der Herstellung. In der Werkstatt sägen sie die Bausteine zurecht und malen sie hübsch an. Unterschiedliche Größen werden mit 2, 5, 10, 20 oder sogar 100 Mark angeboten. Die Geschäfte, Cafés, Gaststätten und Banken im Umfeld nehmen Kindergarten-Bausteine in Kommission und bieten sie an der Kasse an, wo das Portemonnaie eh schon geöffnet ist ...

8. Zeitung und Fernsehen im Kindergarten

Auch wenn Sie diesen Abschnitt am Ende des Buches finden, beginnt die Pressearbeit gleich zu Beginn eines Umgestaltungs-Projektes. Durch die Berichterstattung in den Medien wird nicht nur die Öffentlichkeit informiert, das Projekt erlangt zusätzlich einen öffentlichen Stellenwert. Das sind wichtige Voraussetzungen bei der Suche nach Unterstützung und finanzieller Förderung.

Firmen, Behörden, Nachbarn und Einzelpersonen werden von Berichten angeregt, ihre Hilfe anzubieten, sei es als Beratung, Arbeitsleistung, Sach- oder Geldspende. Andere Kindergärten werden motiviert, ein ähnliches Projekt zu verwirklichen. Eltern finden den ökologischen Kindergarten attraktiv und melden gezielt ihre Kinder dort an.

Zeitung, Rundfunk und Fernsehen kommen nicht von alleine in den Kindergarten. Um die Medien auf das Umgestaltungs-Projekt aufmerksam zu machen, müssen Sie die geeigneten Mittel einsetzen:
- eine Pressemitteilung;
- eine Einladung zum Medienereignis im Kindergarten.

8.1 Die Pressemitteilung

Nachdem Sie die Fantasiewerkstatt mit der Belegschaft und den Eltern durchgeführt haben, wenn erste Entwürfe und Modelle zur Umgestaltung vorliegen, dann ist die Zeit reif für die erste Pressemitteilung an die Medien.

Der Aufhänger Die Druckmedien sind immer bemüht, ihren Lesern kurzweilige und informative Artikel zu präsentieren. Damit die Aufmerksamkeit geweckt wird, braucht jede Geschichte einen Aufhänger, einen „Gag". Das kann z. B. die Aufstellung von Holdipolti, der Vogelscheuche, im Garten sein, die jetzt als Symbol der Umgestaltung alle Gäste im Kindergarten begrüßt.

Die Über-
schriften   Die Überschrift der Pressemitteilung muß griffig und leicht faßbar sein. Sie soll das Wesentliche des aktuellen Anlasses zum Ausdruck bringen und gleichzeitig als Aufhänger dienen. Die große, fette Titelzeile könnte demnach lauten: „Im Kindergarten XY wird alles ‚Öko'!" Darunter führt eine Unterzeile zum Aufhänger hin: „Die Kinder haben Holdipolti, die Vogelscheuche, in ihr Herz geschlossen". Neben den Titelüberschriften gliedern Zwischenüberschriften den Text in überschaubare Abschnitte.

Das Foto   Durch ein gutes Foto gewinnt jeder Artikel. Fügen Sie der Pressemitteilung ein Schwarzweißfoto von Holdipolti und den Kindern bei. Achten Sie auf eine gute Qualität und einen Hochglanzabzug, am besten im Format 13 x 18 cm. Auf schlechten Fotos ist im Zeitungsdruck kaum noch etwas zu erkennen. Vergessen Sie nicht, Bildunterschrift, Name und Adresse auf die Rückseite aufzukleben.

Zeitschriften, die vorwiegend in Farbe illustrieren, benötigen meist ein Dia. Gute Diakopien sind teuer und trotzdem schlechter als das Original. Eine einfache Möglichkeit, mehrere Dias eines Motives herzustellen, ist die Betätigung des Kamera-Auslösers. Drücken Sie schnell hintereinander auf den Auslöser, wenn das Motiv gut im Bild ist.

Die Einleitung   In 10 bis 15 fettgedruckten Zeilen faßt die Einleitung zusammen, worum es geht: „Was wird gemacht?" und „Wer macht was?" Knappe, prägnante Sätze sollen die wichtigsten Informationen vorab vermitteln. Meistens stehen die Journalisten unter Zeitdruck und können nicht gleich den gesamten Text durchlesen.

Der Inhalt   Schreiben Sie den Inhalt gleich so, wie er später in der Zeitung stehen könnte. Das erspart dem Redakteur die Umarbeitung oder die Abfassung eines eigenen Textes und erhöht die Chancen der Veröffentlichung.

Versetzen Sie sich in die Lage der nichtinformierten Leserin und setzen Sie keinerlei Kenntnisse über den Kindergarten voraus. Vermeiden Sie Abkürzungen, unverständliche Fachwörter und Begriffe, die nur Eingeweihten bekannt sind. Konzentrieren Sie sich auf Aktuelles und Wichtiges. Die Gliederung des Textes in Abschnitte mit Zwischenüberschriften erleichtert das Erfassen der Informationen.

Alles was über 100 Zeilen Text hinausgeht, ist zuviel. Wenn Ihnen zwanzig Zeilen plus ein kleines Foto im Lokalteil eingeräumt werden, ist dies schon ein beachtlicher Erfolg. Verschießen Sie Ihr Pulver nicht gleich beim ersten Mal, sonst geht Ihnen für weitere Artikel der Stoff aus. Besser ist es, den Lesern einen bestimmten Aspekt der Umgestaltung klar zu vermitteln, als sie mit einem Sammelsurium von Informationen zu überfordern.

Die Kontakt-adresse

Am Schluß jeder Pressemitteilung stehen zwei wichtige Informationen:
- die Kontaktadresse des Kindergartens;
- der Ansprechpartner für Journalisten.

Vergessen Sie nicht, die Durchwahl-Telefon- und gegebenenfalls die Fax-Nummer anzugeben. Es gibt für Journalisten und letztlich für den ersehnten Erfolg Ihrer Pressekampagne nichts Schlimmeres als umständliche Telefonverbindungen und am Ende der Leitung eine Person, die über das Thema nicht Bescheid weiß.

Die Gestaltung

Ein guter Inhalt allein reicht für den Erfolg nicht aus. Schlecht gestaltete und unklar formulierte Texte wandern schnell in den Papierkorb. Die Mindestanforderung an die Gestaltung der Schrift ist die Verwendung einer Kugelkopf- oder Typenradschreibmaschine mit Carbonband. Normale Farbbänder ergeben graue Buchstaben, die beim Kopieren unleserlich werden. Für die Überschrift und die Zwischenüberschriften sollten große Schriften gewählt werden. Die bequemsten Möglichkeiten, Überschriften zu erstellen, sind „Rubbelbuchstaben" oder die Verwendung von Schriftschablonen. Steht Ihnen ein Computer und ein Textverarbeitungsprogramm zur Verfügung, können Sie das Layout am Bildschirm gestalten und die fertige Vorlage dem Drucker entnehmen.

Verwenden Sie das Format DIN A4 und einen einspaltigen, maximal 10 cm breiten Textblock. Kurze Zeilen kann das Auge leichter erfassen als eine endlose Schriftreihe. Ein extrabreiter Rand auf der rechten Seite ermöglicht dem Redakteur den Vermerk von Notizen und Korrekturangaben.

Schreiben Sie in großen Fettbuchstaben „Presse-Information", oder „Presse-Mitteilung" auf den Kopf des Blattes, und versehen Sie diesen Titel mit dem Logo Ihres Kindergartens oder mit einem graphischen Symbol (Margueritenblüte, Schmetterling, Hummel, Maulwurf etc.). Damit ist klar erkenntlich, worum es geht. Das Logo fördert bei Folgeaktionen den Wiedererkennungseffekt. Die Verwendung des üblichen Briefkopfes ist eher ungünstig, da seine Gestaltung mit dem Titel konkurrieren und ihm zu wenig Platz lassen würde.

Setzen Sie die Daten aus dem Briefkopf entweder rechts oben in die Ecke oder abgetrennt unter eine Linie, in die Fußzeile der Seite: der Name des Kindergartens, des Trägers und die Anschrift. Wählen Sie aber eine kleinere Schrift als für den Titel. Die Kontaktadresse wird am Ende des Textes deutlich hervorgehoben.

Die Medien-kontakte Die meisten Trägervereine verfügen über eine Pressekartei. Dort sind neben den Anschriften der Presseorgane meist auch die Namen von Journalisten vermerkt, zu denen Kontakte bestehen oder die für Informationen des Vereins ansprechbar sind. Mit Unterstützung der Mitarbeiter, die diese Kartei betreuen und Öffentlichkeitsarbeit leisten, sortieren Sie die geeigneten Adressen aus.

Falls Sie über keine Pressekartei verfügen, dann ist jetzt der Zeitpunkt gekommen, diese anzulegen. Bei der weiteren Umgestaltung des Kindergartens werden Sie immer wieder auf die Pressekartei zurückgreifen müssen. Alles, was Sie brauchen, ist ein Stapel Karteikarten. Tragen Sie dort neben den Anschriften jeweils ein, was Sie verschickt haben und was abgedruckt wurde. Entnehmen Sie die Adressen den Impressen der Zeitungen. Größere Redaktionen listen außerdem die einzelnen Fachressorts mit den Rufnummern auf. Auch ein Anruf bringt Klarheit, wer zum Thema Kindergarten ansprechbar ist. Alle Medien der Bundesrepublik sind in einem Medienhandbuch, dem „Stamm", aufgelistet, welches in öffentlichen Bibliotheken ausliegt.

Gelingt es Ihnen, die zuständigen Journalisten an den Hörer zu bekommen, sollten Sie direkt Ihr Anliegen vortragen und auf den baldigen Erhalt der Pressemitteilung hinweisen. Es ist immer empfehlenswert, einige Tage nach dem Versand nochmals rückzufragen und die Angelegenheit in Erinnerung zu bringen. Nicht aus Gründen der Vergeßlichkeit, sondern weil Journalisten mit Zuschriften und Informationen regelrecht zugeschüttet werden – da geht eine einzelne Pressemitteilung schnell verloren.

8.2 Das Medienereignis im Kindergarten

Der Zwang zur Auflagensteigerung und zu hohen Einschaltquoten verführt die Medien oft dazu, ihr Augenmerk vorwiegend Skandalen, Katastrophen und spektakulären Ereignissen zu widmen. Wollen Sie mit einer Einladung zu einem Ortstermin im Kindergarten bei den

Medien Interesse wecken, müssen Sie mit einer gekonnten Aufmachung und mit einem Neugierde weckenden Anlaß auftreten. Ähnlich wie schon bei der Pressemitteilung gehört zur Einladung zu einem Medienereignis ein Aufhänger.

Die Einladung zum Medienereignis

Denken Sie nicht, im Kindergarten ist es schwierig, geeignete Anlässe zu finden, um diese zu einem Medienereignis aufzubauen. Erstens besteht das Geheimnis des Erfolges zu einem Drittel in der Verpackung, zu einem Drittel in der Präsentation und nur zu einem Drittel in der Idee. Zweitens gibt es im Kindergarten Aufhänger genug, wenn Sie der Fantasie Raum lassen! Kennen Sie schon Willi, die gefräßige Riesenraupe? Jeden Mittag klopft Willi an die Küchentür und verlangt nach Futter. Unter der aus grünen Tüchern genähten Haut der Raupe sind die Kinder versteckt. Willi ist ganz wild nach Kartoffelschalen, alten Teebeuteln und Papiertüten. Mit dickem Bauch macht er sich auf den Weg in den Garten zum Kompost, wo er seinen Ballast aus der Küche abwirft.

Verfahren Sie bei der Einladung ähnlich wie bei der Pressemitteilung. Wählen Sie aber als Titel: Einladung an die Medien. Nach dem Titel sind die Informationen, wozu eingeladen wird, der Termin, der Ort und wer einlädt am wichtigsten. Setzen Sie unter den Titel deshalb fett in normaler Schriftgröße die Zeile: „Willi, die Riesenraupe, kompostiert die Küchenabfälle." Darunter folgt die eigentliche Überschrift in großen, fetten Buchstaben: „Im neuen Öko-Kindergarten fühlen sich die Kinder wohl." Termin und Ort müssen sofort ins Auge fallen: Setzen Sie neben „Termin" und „Ort" einen Doppelpunkt, und schreiben Sie die Daten gut sichtbar „auf Mitte" der Zeilen. Ein Rahmen unterstützt zusätzlich das schnelle Auffinden. Zum Ort gehört neben der Anschrift auch der ausführliche Namen des Kindergartens. Verweisen Sie an dieser Stelle auf die beigefügte Anfahrtbeschreibung mit Wegeskizze. Bieten Sie Ausweichtermine an. Die Medienvertreter mögen vielleicht stark interessiert sein, sind aber zu dieser Zeit verhindert. Für eine bedeutende Zeitung oder für das Fernsehen lohnt sich auch eine Wiederholung der Medieninszenierung.

Nach dem Kasten mit Termin und Ort folgt ein Text mit Hintergrundinformation zum Medienereignis und zum Umgestaltungs-Projekt. Zu dem Aufhänger von Willi, der Riesenraupe, bieten sich Themen über Kreisläufe in der Natur, Kompostierung und Müllvermeidung im Kindergarten an. Vergessen Sie auch hier nicht, am

Schluß der Einladung die Durchwahlnummer der Ansprechperson anzuführen.

Spätestens eine Woche nach dem Versand ist es vorteilhaft, beim Adressaten sich noch einmal telefonisch in Erinnerung zu bringen.

Das Mediener-
eignis ausbauen
Willi, die Riesenraupe, ist ein spaßiger Aufhänger, mit dem Zeitungsberichte und Filmbeiträge aufzulockern sind. Durch das Auftreten von Willi werden trockene Themen wie „Müllvermeidung und Kompostierung" leicht verdaulich. Bieten Sie weitere Attraktionen zum Medienereignis im Kindergarten an: Der gemeinsame Bau von Weidenhütten durch Kinder und Eltern oder die Aufschüttung eines Spielhügels sind Aktionen, über die Journalisten gerne berichten. Versuchen Sie, die Bürgermeisterin oder eine prominente Persönlichkeit als Pate des Kindergartens zu gewinnen. An der Veröffentlichung eines Fotos oder eines Filmbeitrages mit der Bürgermeisterin, wie sie mit der Schaufel die kleine Schubkarre eines Kindes füllt, kommt keine lokale Zeitung und keine Regionalschau des Fernsehens vorbei.

Politiker sind sicher gerne zur Mithilfe bereit, können sie doch mit einer Aktion im Kindergarten ihr Image pflegen. Auch Prominente aus Sport, Kultur, Film und Fernsehen suchen die Medienöffentlichkeit, schließlich leben sie vom Rampenlicht und dem Bekanntheitsgrad ihrer Person.

Auch die Einweihung eines fertigen Bauabschnittes und die Übergabe an die Kinder sollten Sie als Medienereignis arrangieren. Vergessen Sie dabei nie, auf die Inhalte und Ziele der Umgestaltung einzugehen und Ihre Materialwünsche und Geldnöte zu erwähnen (Spendenkonto!). Es sollte Ihnen nichts ausmachen, Gästen und Journalisten immer wieder die gleichen Fragen zu beantworten und die gleichen Informationen weiterzugeben. Was Ihnen ein alter Hut ist, ist Ihrem Gegenüber vollkommen neu!

Die Presse im
Kindergarten
Die Druckmedien arbeiten mit Schrift und Bild. Halten Sie für Journalisten deshalb, neben der Pressemitteilung, ergänzende Informationen und Fotos bereit. In einem Interview können Sie weitere Einzelheiten erläutern. Lassen Sie auch die Vertreter der schreibenden Zunft an dem Ereignis vom Besuch Willis, der Riesenraupe, teilhaben. Eine selbst miterlebte Aktion führt zu einem lebendigeren Bericht als eine weitergereichte Mitteilung in Wort und Schrift.

Das Radio im Kindergarten

Radio lebt von Sprache, Klängen und Geräuschen. Interviews und Berichte werden durch die Unterlegung mit „Livegeräuschen", etwa wenn Willi die Riesenraupe beim Fressen der Küchenabfälle laut schmatzt, für die Hörer zum miterlebten Ereignis.

Sollten Sie das erste Mal eine Frage in ein Mikrofon beantworten, sind Sie im entscheidenden Moment vielleicht „sprachlos". Da es in der Regel eine Aufzeichnung sein wird, macht dies überhaupt nichts. Sie können einen neuen Anlauf nehmen und sprechen, solange bis die Aufnahme sitzt! Kein Hörer sieht außerdem, wenn Sie einen Spickzettel zu Rate ziehen. Trösten Sie sich auch mit den Patzern, die selbst bekannten Moderatoren unterlaufen. Eine hilfreiche Übung ist ein vorheriges Rollenspiel mit Kassettenrekorder im Kollegenkreis. Die Interviewsituation wird nachgespielt und ist später im „Ernstfall" schon vertraut.

Das Fernsehen im Kindergarten

Die Zahl der Fernsehsender und Programme nimmt weiterhin zu. Aber nur die öffentlich-rechtlichen Anstalten von ARD und ZDF unterhalten Regionalprogramme oder regionale Redaktionen, die für einen Beitrag aus dem Kindergarten mit einem Aufnahmeteam schnell anreisen können.

Auch Fernsehanstalten unterhalten Redaktionen, die sich schwerpunktmäßig bestimmten Themen widmen. Die ökologische Umgestaltung eines Kindergartens kann für folgende Fachressorts interessant sein: Umwelt & Ökologie, Pädagogik und Kinderprogramme. Ein Anruf beim Sender klärt am besten, wer für das Thema ansprechbar ist. Bauen Sie durch ein vorab informierendes Gespräch persönliche Kontakte auf. Nach einer ersten erfolgreichen Zusammenarbeit können Sie den Kontakt für weitere Medienereignisse nutzen. Im Laufe einer kontinuierlichen Medienarbeit können Sie unmöglich alle Vorgänge im Kopf behalten. Alle Namen, Daten und Vorfälle sollten Sie deshalb in einer Medienkartei notieren.

Erarbeiten Sie sich für jede Sendereihe oder jedes Fachressort ein eigenes Konzept, mit dem Sie das Umgestaltungs-Projekt vorstellen. Knüpfen Sie bei einer pädagogisch orientierten Sendung mit umweltpädagogischen Spielen an. Stellen Sie gegenüber einer Umweltredaktion ihre Müllvermeidungsstrategie oder die baubiologische Sanierung in den Vordergrund. Für Kinderprogramme kann Willi, die gefräßige Raupe oder Holdipolti, die Vogelscheuche, ein Aufhänger sein.

Was wir im vorherigen Kapitel über Spickzettel und das Üben einer Interviewsituation gesagt haben, gilt auch bei Fernsehaufnahmen. Verwenden Sie eine Videokamera, und lassen Sie im Kollegenkreis ein Interview-Rollenspiel aufzeichnen. Durch das anschließende Betrachten und Diskutieren lernen Sie das sichere Auftreten vor der Kamera.

Senden Sie ein Rundschreiben an ausgewählte Adressen, und weisen Sie auf die Sendung hin. Zeichnen Sie selbst die Sendung mit einem Videogerät auf, und bitten Sie Kollegen und Bekannte ebenfalls um eine Videoaufzeichnung. Sie verfügen somit über Sicherheitskopien, die Sie an Interessierte ausleihen können.

Bitten Sie die Redaktion um die Überlassung des nicht gesendeten Rohmaterials zur eigenen Verwertung. Die Urheberrechte des Filmmaterials liegen bei den Autoren und dem Sender. Die Inhaberinnen der Urheberrechte haben stets Anspruch auf Honorare, wenn ihre Produkte öffentlich vorgeführt werden. Deshalb benötigen Sie von dort eine Zustimmung, wenn Sie das Filmmaterial zur Herstellung eines eigenen Filmes über den Kindergarten verwenden wollen. Wenn Sie keine kommerziellen Absichten haben, bekommen Sie wahrscheinlich das Material unentgeltlich zur Verfügung gestellt.

Das 1 x 1 des guten Interviews

- Klären Sie im Vorgespräch, welche Inhalte und Themen den Journalisten wichtig sind;
- bitten Sie vorab um einen Fragenkatalog;
- ein vorüberlegter Anfangssatz ist ein leichter Einstieg; überlegen Sie sich schon vorher eine Schlußbemerkung;
- gliedern Sie Ihr Thema in drei bis vier Blöcke und formulieren Sie einige Schlüsselaussagen vor (Spickzettel!);
- halten Sie sich einen Zettel mit den Daten des Kindergartens bereit: Name, Anschrift, Telefon- und Kontonummer;
- verdeutlichen Sie Ihre Aussagen mit Beispielen und eingängigen Vergleichen;
- schildern Sie das Projekt mit Optimismus und einer positiven Grundhaltung; vermeiden Sie Zweifel und zögerliches Verhalten; eine kritische Frage ist kein Grund, die Fassung zu verlieren; setzen Sie positive Aussagen entgegen;
- üben Sie vorher mit anderen Interviewsituationen;

Für Funk oder Fernsehen:
- Nehmen Sie die Hilfe von Kostüm- und Maskenbildner in Anspruch, wenn sie zur Verfügung stehen;
- sprechen Sie Hörer und Zuschauer direkt an (offener Blick in die Kamera);
- legen Sie Ihren Optimismus auch in Ihre Stimme und in Ihr Gesicht.

9. Die Umgestaltung dokumentieren

Je intensiver Sie die Umgestaltung mit Mikrofon und Kamera begleiten, je mehr Unterlagen Sie sammeln und archivieren, desto besser können Sie die Entwicklung später darstellen und vermitteln. Mit dem Material können Sie eine Dokumentation erstellen, die Eltern, Erziehern und Kindergärten hilfreiche Hinweise liefert.

9.1 Unterlagen sammeln

Alle Informationen, die Sie im Zusammenhang mit dem Umgestaltungs-Projekt erhalten, sollten Sie nach Themenbereichen in Standordner und Hefter einsortieren: Produktbeschreibungen (Spielgeräte, Brauchwasseranlagen, Biobaustoffe ...), Veröffentlichungen über Umgestaltungen, Unterlagen über Einrichtungen, die Unterstützung geben können (Stiftungen, Umweltverbände, Behörden, Betriebe), sowie Pläne, Skizzen, Zeichnungen und Entwürfe.

9.2 Das Logbuch „Umgestaltung"

Protokolle über die Ergebnisse der Fantasiewerkstatt, Beschlüsse von Sitzungen und Gremien, aber auch Auswertungsberichte über einzelne Projektschritte und Maßnahmen enthalten aufschlußreiche Hinweise über den Ablauf der Umgestaltung. Für eine Nachbetrachtung ist die unaufbereitete Vielzahl der Papiere zu unübersichtlich. Besser eignet sich eine Einrichtung, wie sie aus der Seefahrt bekannt ist: das Logbuch. Tragen Sie in das Logbuch „Umgestaltung" alles kurz und prägnant ein, was in diesem Zusammenhang geschieht: Termine und Gesprächsergebnisse, Bescheide von Behörden, den Fortgang der Arbeiten, den Besuch von Gästen, Meinungen und Anregungen von Fachleuten oder die Reaktionen der Kinder und der Belegschaft auf die Veränderungen, die eine Umgestaltung mit sich bringt.

9.3 Die Kamera ist immer dabei

Schon vor der Umgestaltung gibt es Arbeit für die Kamera: Der Ausgangszustand des Kindergartens sollte umfassend abgelichtet werden, damit später Vergleichsmöglichkeiten existieren. Es lohnt sich, die Aufnahmen von einer Person machen zu lassen, die das Fotografieren amateur- oder berufsmäßig betreibt. Der Einsatz einer Kleinbild-Spiegelreflexkamera ist die Mindestvoraussetzung, um für Presse und Repro Bilder in befriedigender Qualität zu erhalten. Sparen Sie nicht am Film! Das Geheimnis gelungener Aufnahmen steckt zu einem großen Teil in der Menge der geschossenen Bilder.

Verwenden Sie Schwarzweiß- und Diafilme. Erstere benötigen Sie für Zeitungen und für eigene Ausstellungen, Dias werden meistens von Zeitschriften verlangt. Denken Sie daran, daß vom Dia ein Farbbild abgezogen werden kann, von einem Farbnegativ aber kein Dia herzustellen ist.

Aufnahmen mit der Videokamera haben den Vorteil des vertonten Bildes. Allerdings ist eine Nachbearbeitung erforderlich, um präsentierbare Filme vorführen zu können. Die beste Lösung ist die Übernahme der Videodokumentation durch professionelle Videofilmer. Die Mühe, geeignete engagierte Filmer zu finden, lohnt sich auf jeden Fall. Andere Kindergärten und Interessierte können sich die Videos ausleihen und gewinnen einen anschaulichen Eindruck vom Umgestaltungs-Projekt.

9.4 Die Kindergarten-Zeitung

Falls Sie noch keine eigene Zeitung haben, fangen Sie jetzt damit an! Dort können Sie ausführlich auf das Projekt der ökologischen Umgestaltung eingehen und Eltern, Beteiligte und andere Kindergärten fortlaufend über den Stand der Dinge informieren.

Dem Namen folgt die Schreibarbeit Die Herstellung einer neuen Zeitung fängt immer mit der Frage an: „Wie soll sie heißen?" Ist dies geklärt, können Sie an das Schreiben von Artikeln gehen. Wie schon bei der Pressemitteilung, tippen Sie den Text für die Kindergarten-Zeitung auf einer Schreibmaschine mit Carbon-Band. Ein Computer kann die Arbeit erleichtern, da die Texte im Speicher bleiben und bei Bedarf leicht zu korrigieren sind. Für Computer-Ausdrucke sind ein Laser- oder ein hochauflösender Tintenstrahldrucker notwendig.

Fotos und Zeichnungen

Für Fotos und Zeichnungen mit Grautönen müssen Sie in der fertigen Originalvorlage Ihrer Kindergarten-Zeitung den Platz freihalten. Diese werden in der Druckerei oder Reproanstalt separat abfotografiert. Numerieren Sie alle Fotos und Zeichnungen auf der Rückseite durch, und tragen Sie diese Nummer auf dem freien Platz ein, dort wo das Bild erscheinen soll. Vermerken Sie außer der Nummer auch das Format der Abbildung (Angaben in Millimeter). Das erleichtert dem Reprofotografen die Arbeit und senkt Ihre Kosten.

Vielleicht möchten Sie nur einen bestimmten Ausschnitt eines Bildes verwenden. Wie zeigen Sie hier an, welche Bildteile wegfallen sollen? Es gibt Klebebänder, die sich hinterher wieder abziehen lassen, ohne die Kunststoff-Oberfläche des Fotos zu beschädigen (z. B. Abklebeband zum Fensterstreichen). Mit kleinen Klebestreifen und jeweils einer Pfeilmarkierung ist ein Ausschnitt schnell markiert.

Abb. 122
Den Ausschnitt eines Fotos markieren

Bei Zeichnungen und Fotos mit retuschierter Oberfläche ist ein anderes Verfahren notwendig: Schneiden Sie ein gleichgroßes Stück Pergamentfolie zurecht und geben Sie 2 cm zum Umklappen des oberen Randes hinzu. Decken Sie mit der Folie die Zeichnung ab, und kleben Sie den umgeklappten Rand auf der Rückseite fest. Nun können Sie alle Markierungen auf dem Deckblatt einzeichnen.

Porto sparen   Denken Sie schon vor dem Drucken oder Kopieren an das Porto, das beim Versand durch die Post anfällt. Für eine geklammerte Zeitung aus DIN A 4-Blättern bezahlen Sie das teure Briefporto. Eine Zeitung, die auf DIN A 3-Papier gedruckt, dann gefalzt und geklammert wird, darf als ermäßigte Büchersendung verschickt werden. Erkundigen Sie sich bei der Post über das kostengünstigste Versandverfahren.

Jetzt wird Druck gemacht   Steht der Umfang der Zeitung fest, und können Sie die Kosten für Druck oder Kopie nicht selbst abschätzen, lassen Sie sich von einer Druckerei und von einem Kopierladen einen Kostenvoranschlag erstellen. Für kleine Auflagen mit geringem Seitenumfang lohnt sich in der Regel kein Druckauftrag. Hier bietet sich die Vervielfältigung auf einem Fotokopierer an. In diesem Fall kleben Sie auch Fotos und Zeichnungen sorgfältig in die Vorlage hinein (Bildausschnitte und Größenänderungen sind hierbei allerdings nicht möglich). Machen Sie vorher eine Probekopie, ob die Bilder in befriedigender Qualität reproduziert werden.

Mängel beim Kopieren von Fotos:

- Grautöne fehlen, extrem kontrastreiches Bild, keine Details erkennbar;
- schwarze Flächen mit weißen Flecken;
- Streifen im Bild;
- störende schwarze Linien an Schnittkanten von eingeklebten Teilen.

Gute Geräte haben eine zusätzliche Fototaste. Schnittkanten auf den Vorlagen können auf der Kopie als schwarze Linien erscheinen. Kleben Sie deshalb Schnittkanten sorgfältig auf das Trägerpapier fest. Verlängern Sie die Belichtungszeiten, falls die Kopie unsauber ist.

Sie benötigen grundsätzlich ein Kopiergerät, das Vorder- und Rückseite eines DIN A 3-Formates kopieren kann. Die meisten Kopierläden haben Geräte, mit denen Sie eine Rückstichheftung mit zwei Klammern anbringen können. Den Falz führen später viele fleißige Hände im Kindergarten aus.

Beginnen Sie mit dem Kopieren des Umschlages. Hierfür müssen Sie (bei einer 20seitigen Zeitung) die Seiten 1 und 20 für die Außenseite und die Seiten 2 und 19 für die Innenseite zusammenstellen.

Abb. 123
Das Zusammen-
stellen der Seiten

Wächst der Umfang des Heftes, wird es für den ungeübten Laien immer schwieriger, die richtigen Seiten einander zuzuordnen. Das fertige Heft soll schließlich von der ersten bis zur letzten Seite fortlaufend durchnumeriert sein. Ein Ausschießmuster leistet hier gute Dienste: Fertigen Sie hierzu ein Blindexemplar Ihrer Zeitung an. Für 20 Seiten benötigen Sie 5 Blätter Papier. Legen Sie die 5 Blätter aufeinander und falzen Sie diese einmal in der Mitte. Schreiben Sie die Seitenzahlen in die jeweils unteren, äußeren Ecken. Wenn Sie jetzt die Bogen wieder auffalten und einzeln auslegen, können sie genau sehen, welche Seiten wie einander zugeordnet werden müssen.

Eigentlich sollte eine Kindergarten-Zeitung bunt sein. Die Kosten für Farbdruck und Farbkopien sind aber so hoch, daß diese Möglichkeit selten in Frage kommt. In Handarbeit und mit Unterstützung der Kinder können Sie dennoch Farbe in die schon fertig kopierte Zeitung zaubern: Malen Sie mit Buntstiften das Logo und einige Elemente von Zeichnungen aus.

Literatur

Assenmacher, Harry / Botzenhardt, Gabriele / Hierdeis, Manfred
Das große Umwelthandbuch
Praxishandbuch für ein umweltfreundliches Leben
Augsburg 1995

Auswertungs- und Informationsdienst für Ernährung, Landwirtschaft
und Forsten (Hsg.)
Ernährungserziehung bei Kindern
Bonn 1991

Bachmann, Rainer
Ökologische Außengestaltung in Kindergärten
Praktisches Handbuch für Neubau und Umgestaltung
Berlin 1994

Blab, Josef u.a.
Aktion Schmetterling
Ravensburg 1987

Bodelle, Jürgen / Kursawa-Stucke, Hans-Joachim
Adreßbuch Umwelt-Experten
Taunusstein 1992

Böse, Karlheinz
Brunnen- und Regenwasser für Haus und Garten
Ein praktischer Ratgeber für den Umgang mit selbstgewonnenem Wasser
Staufen 1991

Bramigk, Detlef u.a. / Aktionszentrum Umweltschutz Berlin (Hsg.)
Kompostfibel
Berlin 1984

Bramigk, Detlef u.a. / Aktionszentrum Umweltschutz Berlin (Hsg.)
Gartenfibel
Berlin 1984

Brandt, Petra / Thiesen, Peter
Umwelt spielend entdecken
Ein Arbeitsbuch für Kindergarten, Hort und Schule
Weinheim/Basel 1992

Bredemeier, Karsten
Medienpower
Erfolgreiche Kontakte mit Presse, Funk und Fernsehen
Zürich/Wiesbaden 1991

Bredow, Wolfgang
Regenwasser Sammelanlage
Eine Bauanleitung für Regenwasser Sammelanlagen zur Einsparung von
Trinkwasser
Staufen 1988

Brodersen, Ingke
Ökotest Ratgeber Büro
Reinbek 1990

Bund für Umwelt und Naturschutz Deutschland (BUND)
Ökologisch Bauen (BUND-Themenheft)
Stuttgart 1993

Bund für Umwelt und Naturschutz Deutschland (BUND)
Globus 2/95
Es werde Licht
Stuttgart 1995

Chinery, Michael
Naturschutz beginnt im Garten
Das Buch zum BUND-Gartenjahr
Ravensburg 1986

Cornell, Joseph
Mit Kindern die Natur erleben
Mülheim 1994

Damann, Rüdiger
Öko-Test Ratgeber Haushaltsgeräte
Reinbek 1991

Dammann, Rüdiger (Hsg.)
Ökotest Ratgeber Kinder ab vier Jahren
Reinbek 1993

Dammann, Rüdiger (Hsg.)
Ökotest Ratgeber Waschen und Putzen
Reinbek 1992

Dammann, Rüdiger (Hsg.)
Ökotest Ratgeber Bauen und Renovieren
Reinbek 1993

Das alternative Branchenbuch
21000 Möglichkeiten für bewußtes Leben und Handeln
München 1996

Doernach, Rudolf
Das Naturhaus
Wege zur Naturstadt
Frankfurt/M. 1982

Doernach, Rudolf
Naturwerkstatt
Mit den Kreisläufen der Natur leben und arbeiten
Frankfurt/M 1985

Elckington, John
Umweltfreundlich einkaufen
Von Shampoo bis Champagner
München 1990

Engelhardt, Hanns
Bürger und Umwelt
Beck-Rechtsberater
München 1990

Feist, Wolfgang / Klien, Jobst
Das Niedrigenergiehaus
Energiesparen im Wohnungsbau der Zukunft
Karlsruhe 1992

Fischer, Claudia & Reinold
Chemie im Büro
Reinbek 1988

Geißler, Uli / Jolly Joggers / Lilly Lindes
Großes, grasgrünes Umwelt- Spiel- und Spaßbuch
Münster 1994

Haefele, Gottfried / Oed, Wolfgang / Sabel, Ludwig
Althauserneuerung, Ökologische Baupraxis
Umfassender Ratgeber für die ökologisch vertretbare Hauserneuerung
Staufen 1988

Haefele, Gottfried / Oed, Wolfgang / Sabel, Ludwig
Althauserneuerung
Staufen 1989

Hoffmann-Pieper, Kristina / Pieper, Hans Jürgen
Basteln ohne Gift
Mit Einkaufsführer
Reinbek 1991

Hoplitschek, Ernst / Tegethoff, Bodo M.,
Aktion Garten ohne Gift
Gesunde Umwelt durch natürlichen Pflanzenschutz
Niedernhausen 1989

Juling, Petra
Haushalt ohne Gift
Tips für ein gesünderes und natürlicheres Zuhause
Köln 1990

Jungk, Robert / Müllert, Norbert
Zukunftswerkstätten
Phantasie gegen Routine und Resignation
München 1989

Katalyse-Institut für angewandte Umweltforschung
Umweltlexikon
Köln 1988

Katalyse-Umweltgruppe Köln e. V. (Hsg.),
Chemie in Lebensmitteln
Köln 1981

Kessler, Joachim
Garten-, Landschafts- und Sportplatzbau
Band 4
Stuttgart 1987

Kinderspielgeräte und zitierte Normen
DIN-Taschenbuch 105
Berlin, Köln 1991

Klawitter, Eva
Der Öko-Schulgarten
Unterrichtsvorschläge und Informationen für die Schulgartenarbeit
Stuttgart 1992

Knauer, Raingard / Brandt, Petra
Ich schütze nur, was ich liebe
Konzepte einer ganzheitlichen Umweltpädagogik
Freiburg 1995

Knirsch, Rudolf
Komm mit, wir machen was
Das Umweltbuch für alle, die mit Kindern leben
Münster 1990

Koch, Christa
Naturkost fürs Kind
Ein Ratgeber für Eltern
Ravensburg 1992

Köhler, Manfred u. a.
Fassaden- und Dachbegrünung
Stuttgart 1992

König, Holger
Wege zum gesunden Bauen
(Ein praxisnahes Handbuch für Bauherren, Handwerker und Architekten)
Staufen 1989

Krupka, Bernd
Dachbegrünung
Pflanzen- und Vegetationsanwendung auf Bauwerken
Stuttgart 1992

Kükelhaus, Hugo / Lippe, Rudolf zur
Entfaltung der Sinne
Ein „Erfahrungsfeld" zur Bewegung und Besinnung
Frankfurt 1987

Kursawa-Stucke, Hans-Joachim / Lübke, Volkmar
Das Umweltbuch für Eltern
München 1993

La Roche, Walter von
Einführung in den praktischen Journalismus
München/Leipzig 1992

Mahlke, Wolfgang / Schwarte, Norbert
Raum für Kinder
Ein Arbeitsbuch zur Raumgestaltung in Kindergärten
Weinheim 1991

Minke, Gernot
Lehmbau-Handbuch
Der Baustoff Lehm und seine Anwendung
Staufen 1994

Mönninghoff, Hans (Hsg.)
Wege zur Ökologischen Wasserversorgung
Staufen 1993

Niedersächsisches Umweltministerium (Hsg.)
Schutt Recycling
Kreative Gestaltung mit Bauabfall in ökologischen Freiflächen
Hannover 1988

Niemeyer-Lüllwitz, Adalbert
Arbeitsbuch Naturgarten
Ravensburg 1989

Niesel, Alfred von
Bauen mit Grün
Die Bau- und Vegetationstechnik des Landschafts- und Sportplatzbaus,
Berlin 1989

Oberholzer, Alex / Lässer, Lore
Gärten für Kinder
Naturnahe Schul- und Familiengärten
Stuttgart 1991

Öko-Institut Freiburg (Hsg.),
Chemie im Haushalt
Reinbek 1987

Öko-Test Ratgeber Heimwerken
Reinbek 1989

Politische Ökologie (Hsg.)
Fundraising für die Umwelt
München 1994

Reidelhuber, Almut
Was dir die Erde sagt
Praxisvorschläge zur Umwelterziehung im Vorschulalter
Frankfurt/M. 1992

Reidelhuber, Almut
Umwelterziehung im Kindergartenjahr
Motivation und Anregung für die tägliche Praxis
Donauwörth 1993

Renken, Klaus
Umweltfreundliche Produkte
Ein Handbuch für den öko-bewußten Verbraucher
Frankfurt/M. 1981

Rose, Wulf-Dietrich
Wohngifte
Chemie in Haus und Wohnung
Oldenburg 1984

Schmidbauer, Hildegard / Hederer, Josef
Erlebnisraum Wald
Praktische Umwelterziehung im Kindergarten und der Grundschule
München 1991

Speichert, Horst / Brettschneider, Horst
Öko-Rat von A–Z
Frankfurt/M. 1990

spiel gut, Arbeitsausschuß Kinderspiel + Spielzeug (Hsg.)
Gutes Spielzeug von A–Z
Ratgeber für Spiel und Spielzeug
Ulm 1995

Stakel, Hans-Peter
Baukunst und Gesundheit
Ein praktischer Ratgeber für gesundes Bauen, Umbauen und Renovieren
Aarau 1990

Steinbach, Gunter (Hsg.)
Werkbuch Naturbeobachtung
erkennen, dokumentieren, auswerten
Stuttgart 1991

Steinbach, Gunter (Hsg.)
Werkbuch Naturgarten
Stuttgart 1992

Steinbach, Gunter (Hsg.)
Wir tun was für mehr Natur in Dorf und Stadt
Aktion Ameise
Stuttgart 1991

Stöcklin-Meier, Susanne
Natur-Spielzeug
Spielen mit Blüten, Blättern, Gräsern, Samen und Früchten
Ravensburg 1987

Strätz, Rainer / Derks-Killemann, Gisela / Bourgois, Susanne
Natur und Umwelt im Kindergarten
Köln 1991

Umweltbundesamt (Hsg.)
Umweltbewußt leben
Handbuch für den umweltbewußten Haushalt
Berlin 1994

Verbraucher-Zentrale Nordrhein-Westfalen
Bärenstarke Kinderkost
Düsseldorf 1994

Verbraucher-Zentrale Nordrhein-Westfalen (Hsg.)
Klimaschutz in Aktion
Düsseldorf 1995

Verbraucher-Zentrale Nordrhein-Westfalen (Hsg.)
Schlechtwetter für unser Klima?
Anregungen für ein neues Klimabewußtsein
Düsseldorf 1991

Vorholt, Christine / Neugebauer, Barbara
Bausteine Kindergarten
Sammelband 6
Aachen 1994

Wagner, Richard
Naturspielräume gestalten und erleben
Münster 1994

Walter, Gisela
Feuer
Die Elemente im Kindergartenalltag
Freiburg 1993

Walter, Gisela
Wasser
Die Elemente im Kindergartenalltag
Freiburg 1992

Walter, Gisela
Luft
Die Elemente im Kindergartenalltag
Freiburg 1992

Walter, Gisela
Erde
Die Elemente im Kindergartenalltag
Freiburg 1992

Waniorek, Axel und Linda
Umweltfreundlich saubermachen
Tips und Rezepte zum Selbermachen von Reinigungs-, Spül- und
Pflegemitteln für den Gebrauch im Haushalt
Durach 1989

Winkler, Adolf
Tierschutz im eigenen Garten
Lebensräume schaffen für die bedrohte Natur
Augsburg 1992

Register

Bildnachweis

Die Fotos stammen von den folgenden Fotografen:

BUND Emmendingen/St. Johannes Kindergarten, Emmendingen:
Seite 144 unten.

BUND-Projekt Umwelterziehung im Vorschulalter:
Seiten 18 unten, 44, 58, 176.

Heine, Kurt, Bund Naturschutz Bayern:
Seiten 14, 16 oben, 17, 19 oben, 22, 23, 59, 89, 103, 149, 190 (2 x), 194.

Lutz, Erich:
Seiten 16 unten, 18 oben, 19 unten, 20 (2 x), 29, 37, 38, 101, 111, 135, 143, 144 oben, 146, 173, 185, 192, 200, 211, 212, 213.

Da bewegt sich was!

Renate Zimmer
**Handbuch der
Bewegungserziehung**
Didaktisch-methodische
Grundlagen und Ideen für die
Praxis
224 Seiten, geb.,
ISBN 3-451-22940-4

Anschaulich und praxisnah werden in diesem Buch die didaktisch-
methodischen Grundlagen der Bewegungserziehung im
Kindergarten dargestellt.
Aufgrund seiner vielseitigen und umfassenden Bearbeitung von
Themen zur Theorie und Praxis der Bewegungserziehung eignet
sich dieses Buch hervorragend zur Aus- und Weiterbildung von
ErzieherInnen und sozialpädagogischen Fachkräften.

HERDER

Mit allen Sinnen...

Renate Zimmer
**Handbuch der
Sinneswahrnehmung**
Grundlagen einer ganz-
heitlichen Erziehung
216 Seiten, geb.,
ISBN 3-451-23538-2

Fachkundig entwickelt Renate Zimmer Aufbau und Funktion der Sinnessysteme sowie die Ursachen und Auswirkungen von Wahrnehmungsstörungen. Ein Fülle von Spielideen, Übungen zur gezielten Förderung der Sinne bis hin zu größeren Projekten sorgen dafür, daß die Praxis nicht zu kurz kommt.
Ein kompaktes, hilfreiches Handbuch, das theoretische Grundlagen und pädagogische Praxis „sinnvoll" verbindet und dazu anregt, sich die Sinne spielerisch zurückzuerobern.

HERDER